metro

Celil Oker

Dunkle Geschäfte am Bosporus

metro wurde
begründet von
Thomas Wörtche

Zu diesem Buch

Muazzez Güler, die toughe Chefin einer Computerfirma in Istanbul, kann es nicht leiden, wenn ihre Kunden nicht bezahlen. Um einem besonders hartnäckigen Schuldner Beine zu machen, setzt sie den Privatdetektiv Remzi Ünal auf ihn an. Der muss mitten in der Wirtschaftskrise jeden Auftrag annehmen. Als er jedoch sein Honorar abholen will, findet er Muazzez Güler tot in ihrem Büro vor, mit einem Mauskabel um den Hals.

Schnell stellt Remzi Ünal fest, dass in dieser Geschichte gar nichts zusammenpasst. Muazzez Gülers Geschäfte beschränkten sich keineswegs auf Computerteile, und ihr Politikergatte geht für seine Karriere über Leichen. Und war es wirklich die schöne und blitzgescheite Selma, die den Politiker erpresst und damit die Sache ins Rollen gebracht hat? Auf der Fähre zwischen Beşiktaş und Kadiköy kommt Remzi Ünal der Wahrheit ein Stück näher.

Der Autor

Celil Oker, geboren 1952 in Kayseri, Studium der Anglistik an der Bosporus-Universität in Istanbul. Danach Journalist, Übersetzer und Leiter einer Werbeagentur. Als er in der Zeitung die Ausschreibung las für »Kaktus«, den ersten türkischen Wettbewerb für Kriminalliteratur, beschloss er, seinen Lebenstraum zu verwirklichen, und schrieb »Schnee am Bosporus«. Er gewann den ersten Preis und hat inzwischen bereits mehrere Bände der Remzi-Ünal-Serie veröffentlicht.

Im Unionsverlag sind außerdem lieferbar: »Schnee am Bosporus«, »Foul am Bosporus« und »Letzter Akt am Bosporus«.

Mehr über Buch und Autor im Anhang
und auf *www.unionsverlag.com*

Celil Oker

Dunkle Geschäfte am Bosporus

Ein Fall für Remzi Ünal

Aus dem Türkischen von
Nevfel Cumart

Unionsverlag

Die Originalausgabe erschien
2004 unter dem Titel *Son Ceset*
bei Doğan Kitapçilik in Istanbul.

Deutsche Erstausgabe

Die Übersetzung aus dem Türkischen wurde gefördert durch das
Kultur- und Tourismusministerium der Republik Türkei.

Im Internet
Aktuelle Informationen,
Dokumente, Materialien
www.unionsverlag.com

Unionsverlag Taschenbuch 407

Rieterstrasse 18, CH-8027 Zürich
Telefon 0041-44-283 20 00, Fax 0041-44-283 20 01
mail@unionsverlag.ch

Reihengestaltung: Heinz Unternährer, Zürich
Umschlaggestaltung: Andreas Gähwiler, Zürich
Umschlagillustration: Ulrike Haseloff, Berlin
Druck und Bindung: Clausen & Bosse, Leck
ISBN 978-3-293-20407-2

Die äußeren Zahlen geben die aktuelle Auflage
und deren Erscheinungsjahr an:
1 2 3 4 5 - 11 10 09 08

Für Mete, meinen Freund

1

Wie so oft in der letzten Zeit saß ich vor dem Fernseher in meiner Wohnung und ärgerte mich darüber, dass es nichts in meiner Vergangenheit gab, das ich bereute. Ich hatte es mir in meinem skandinavischen Sessel bequem gemacht. Ein Arm hing neben der Lehne herunter. In der anderen Hand hielt ich die Fernbedienung, eines der wenigen Dinge, die mich mit der Gegenwart verbanden.

Es gibt Tage, an denen wahrscheinlich alle Menschen auf der Welt denken, dass nichts mehr so sein wird wie früher. Ich hatte seit längerer Zeit nicht mehr das Bedürfnis, mich mit dem Flugsimulator zu beschäftigen, wahrscheinlich aus genau diesem Grund. Es war schön gewesen, ich war immer in der Umgebung von Chicago geflogen, aber auch New York war nicht sehr weit weg.

Die Tage plätscherten dahin. Ich verbrachte sie damit, lang zu schlafen, zum Aikidotraining zu gehen und mich durch das Fernsehprogramm zu zappen. Dabei wechselte ich die Nachrichtensender, bevor ich bis neun zählen konnte. Wenn ich begann, mir Sorgen um die Weltlage zu machen, schaltete ich Fox Sports ein. Ich hatte mir auch längst abgewöhnt, den Laufburschen aus dem Krämerladen anzumachen, weil er mir meine Zeitung ständig zu spät brachte.

Wenn ich die Wohnung verließ, ging ich zu Fuß. Ich vermied Orte, die ich nur mit dem Auto erreichen konnte.

Wenn ich nach Hause kam, hörte ich den Anrufbeantworter gar nicht erst ab. Es rief sowieso niemand an. Selbst die Frau, die, ohne ihren Namen zu nennen, immer wieder um meine Hilfe bat, meldete sich nicht mehr. Das Frühstücksritual nach dem Training hatte ich mir auch abgewöhnt. Mein Freund, der Werbefachmann, machte ein langes Gesicht. Der Bankier machte ein langes Gesicht. Der Freund aus der Textilbranche ebenfalls.

Beim Training wendeten wir alle die gelernten Techniken mit größter Härte an, so als hätten wir uns abgesprochen. Wir bogen uns unsere Handgelenke stärker nach hinten als nötig. Unsere Gesichter verzogen sich vor Schmerz, aber wir stoppten unseren *uke* nicht mit einem »Hey, mach mal halblang«. So oder so, irgendwann war jeder an der Reihe. Und dann ließen wir den ganzen Weltschmerz an unserem Gegenüber aus.

Zur Bank ging ich öfter als gewöhnlich. Nicht um etwas einzuzahlen, sondern um abzuheben.

Als ob es sonst keine Sorgen gäbe, setzte der Winter schon früh ein. Zunächst testete er mit einigen Regenschauern, ob die Schuhsohlen der Leute Löcher hatten. Ehrlich gesagt: Ich beklagte mich nicht über den Regen. Wenn ich mich beim Zappen durch die Fernsehprogramme langweilte, setzte ich mich mit einem Kaffeebecher in der Hand ans Fenster und schaute hinaus, während mein Bein am Radiator förmlich verbrannte. Draußen sah es schön aus, wenn es regnete. Verschneit würde es sicher noch schöner aussehen.

Mein Auto musste zur Inspektion, aber ich kümmerte mich nicht darum. Ich ärgerte mich nicht mal mehr über den Krach im Haus, der tagsüber meinen Schlaf störte. Ich rächte mich, indem ich den Monatsbeitrag für die Nebenkosten nicht zahlte. Zum Glück war ich nicht der Einzige. Nachdem die Hälfte der Mieter es so handhabte wie ich, ergriff der ehrenamtliche Verwalter des Wohnblocks, mein Freund, der pensionierte Militär, die erste Sparmaßnahme: Er entließ den Hausmeister, der abends den Müll abholte. Ich konnte mir nicht vorstellen, was passieren würde, wenn die Rechnung für das Gas käme. Ich selbst hatte gerade meine Putzfrau entlassen, als sie mehr Geld für ihre Arbeit verlangt hatte.

Wenn ich mich zu sehr langweilte, ging ich in das Kino im Akmerkez-Einkaufszentrum. Vormittags waren da ältere Frauen, nachmittags Gymnasiasten, die die Schule schwänzten.

Als ich im Badezimmer gerade zum vierten Mal mein Gesicht inspizierte und mich fragte, ob ich mich rasieren sollte, klingelte es an der Tür.

Die Anzahl der Menschen, die an meiner Tür klingelten, war geringer als die der vernünftigen Sendungen im Fernsehen.

Weil er seit längerer Zeit die Hoffnung auf Bakschisch aufgegeben hatte, hängte der Laufjunge aus dem Krämerladen jeden Morgen lautlos die Plastiktüte mit der Tageszeitung und dem Brot an die Tür und ging. Einmal hatte der Briefträger den Fehler gemacht zu klingeln, bevor ich meinen morgendlichen Kaffee ausgetrunken hatte. Als er mein Gesicht sah, schwor er sich vermutlich, es nie wieder zu tun. Mein Freund, der pensionierte Militär, hatte sich über mein hartnäckiges Nichtzahlen des Nebenkostenbeitrages dermaßen geärgert, dass er mich nicht mal mehr grüßte, geschweige denn besuchte. Natürlich beachtete ich ihn auch nicht.

Mit meinem Freund aus der Werbebranche traf ich mich dreimal in der Woche beim Training im Dojo, warum sollte er noch zu mir nach Hause kommen?

Mit keinem meiner Kunden traf ich mich in meiner Wohnung.

Deshalb wunderte ich mich weniger über den schlechten Abklatsch von Philip Marlowe, der mir aus dem Spiegel entgegenblickte, als darüber, dass es an meiner Tür geklingelt hatte.

Ich hatte gerade einen Schritt vom Badezimmer in Richtung Gegensprechanlage gemacht, als es erneut klingelte.

Ich drückte auf den Knopf der Anlage. »Wer ist da?«, fragte ich mit einer Stimme, die Hausierern, Marktforschern und Drückern, die mir Probepackungen Shampoo oder anderen Kram aufschwatzen wollten, deutlich machen sollte, dass ich mich nicht im Geringsten für sie interessierte.

»Ist dort die Wohnung von Remzi Ünal?«, fragte eine Frauenstimme, die durch die Gegensprechanlage metallisch klang.

Hausierer, Marktforscher und Drücker kannten meinen Namen nicht. »Ja?« Das Fragezeichen hinter meiner Antwort betonte ich extra.

»Kann ich hochkommen?«, fragte die Frau.

»Warum?«

Für einen Moment herrschte Stille. »Ich möchte mit Ihnen über einen Auftrag sprechen.«

Mein zwei Tage alter Bart pikte, als ich über mein Gesicht strich. »Hat Ihnen derjenige, von dem Sie meine Adresse haben, nicht auch meine Telefonnummer gegeben?«

Die Frau war vorbereitet. »Es ist besser, wichtige Angelegenheiten von Angesicht zu Angesicht zu besprechen.« Ich schaute mir den Zustand des Wohnzimmers an und schätzte die Zeit ab, die sie für vier Stockwerke brauchen würde. Kein Problem, solange sie die Treppen nicht im Eiltempo hochkam.

Anstelle einer Antwort drückte ich auf den Türöffner.

Lautlos zählend machte ich mich an die Arbeit. Als Erstes beseitigte ich die Reste von dem mit Käse gefüllten Teiggebäck, die auf dem Beistelltisch lagen. In die andere Hand nahm ich den Aschenbecher und lief in die Küche. Die Küche war auch kein Problem. Schloss man die Tür, war das Chaos nicht zu sehen. Zurück im Wohnzimmer, war ich bei acht angekommen. Ich räumte die Unterhosen und die Socken weg, die ich zum Trocknen auf die Heizung gelegt hatte, ging ins Schlafzimmer und warf alles aufs Bett. Es war so gut wie sicher, dass ich mit meinem Gast nicht hierherkommen würde. Als ich aus dem Zimmer eilte, machte ich hinter mir die Tür zu. Die Tür des Gästezimmers, das nie benutzt wurde, war bereits geschlossen.

Als ich bei zwanzig ankam, stand ich mitten im Wohnzimmer und schaute mich um, ob noch irgendetwas das Bild störte.

Bei fünfundzwanzig kontrollierte ich meine Bekleidung. Für den Augenblick ganz annehmbar.

Zum Glück hatte ich nicht die Gewohnheit, in der Wohnung im Pyjama oder Trainingsanzug herumzulaufen. Auch wenn meine Jeans seit längerer Zeit nicht gewaschen war, ging sie noch durch. Ich trug eines der schwarzen T-Shirts, die ich kürzlich im Dutzend gekauft hatte. Meine nackten Füße musste mein ungebetener Gast akzeptieren. Schuld waren die Leute, die die Heizung in diesem Krisenwinter auf Hochtouren laufen ließen.

Im Fernseher schaltete ich einen Nachrichtensender ein, stellte das Gerät ganz leise und ging zum Fenster. Während ich hinausschaute, zählte ich weiter … achtunddreißig, neununddreißig …

Ich sah einen Opel Corsa auf dem Parkplatz, der von fünf Wohnblöcken umgeben war. Er parkte quer vor den Autos der Mittelstandsfamilien in unserer Siedlung, die anständig in den Parkbuchten standen. Aus dem Fenster auf der Fahrerseite ragte ein Ellenbogen, der in einer Lederjacke steckte. Bei der Kälte war das Fenster wahrscheinlich nur wegen des Rauchens geöffnet worden. Erst recht, wenn der Chef eine Frau war.

Wenn ich die Treppen hinaufstieg, holte ich immer bei ziemlich genau zweiundfünfzig meinen Schlüssel aus der Tasche. Einer Frau, die das Mehrfamilienhaus nicht kannte, räumte ich eine Zeit bis fünfundsechzig ein.

Bei sechsundsechzig klingelte es an der Wohnungstür.

Ich kontrollierte ein letztes Mal das Wohnzimmer und ging zur Tür. Beim Vorbeigehen trat ich die *Hürriyet* unter den Sessel.

Ohne den Spion in Erwägung zu ziehen, riss ich die Tür ganz weit auf. Nein, ich kannte die Frau nicht. Auf den ersten Blick machte sie den Eindruck einer Person, die man lieber nicht zum Feind haben wollte.

Ihre Hässlichkeit wurde dadurch verstärkt, dass sie ihre Jugend schon vor ziemlich langer Zeit hinter sich gelassen hatte. Die Haare, deren fehlendes Volumen kein Shampoo dieser Welt wettmachen konnte, reichten ihr kaum bis zur Schulter. Die unproportional große Nase beherrschte ihr ganzes Gesicht. Die Lippen waren fest zusammengepresst, als wollte sie deutlich machen, dass es auf dieser Welt sehr wenig Erfreuliches gab. In ihren Augen konnte ich ein entschiedenes und gleichzeitig hinterhältiges Leuchten erkennen. Ich hätte sie nicht zur Nachbarin haben wollen und schon gar nicht als ehrenamtliche Verwalterin des Wohnblocks.

Während ich sie mir genauer anschaute, musterte sie mich ebenfalls.

Aus dem Kragen des langen grauen Mantels lugte ein roter Schal hervor, der vermutlich aus Kaschmir war. Eine Hand steckte in der Manteltasche. An ihrer Schulter hing eine teure Handtasche. Sie hatte schwarze Lederhandschuhe an.

»Remzi Bey?«, fragte sie, ohne mir Gelegenheit zur Antwort zu geben. »Mein Name ist Muazzez Güler. Ich störe doch nicht, oder?«

Darauf erwiderte ich nichts. »Kommen Sie doch rein«, sagte ich stattdessen und trat zur Seite.

Ich wartete, bis sie den Mantel ausgezogen und die Handschuhe in die Manteltasche gesteckt hatte. Zum Vorschein kamen ein ebenfalls roter Pullover mit Stehkragen, der erfolgreich zwei Rundungen in Tennisballgröße versteckte, und ein ziemlich langer grauer Rock. Die Strümpfe zwischen Stiefeln und Rock konnte man nicht sehen.

Ich nahm ihr den Mantel und den roten Schal aus der Hand und hängte sie beide übereinander an den altmodischen Kaffeehaus-Kleiderständer schräg gegenüber der Eingangstür. Stumm deutete ich zum Wohnzimmer. Ohne zu zögern, ging sie mit entschlossenen Schritten weiter, blieb neben dem Sessel gegenüber dem Fernseher stehen und schaute auf meine nackten Füße.

»Setzen Sie sich doch«, sagte ich der Höflichkeit halber.

»Danke schön«, entgegnete sie und setzte sich in den Sessel. Ihre Tasche stellte sie daneben. Dann schaute sie sich schnell nach etwas Bemerkenswertem um. Es gab nichts. »Ich dachte, Privatdetektive hätten ein Büro«, sagte sie.

»Ich habe keins«, sagte ich.

Auf einmal hatte ich großen Durst. »Möchten Sie einen Kaffee?«

»Ja, bitte«, sagte sie. »Mit viel Milch, falls Sie haben ...«

»Es müsste welche da sein«, sagte ich.

Eigentlich hatte ich keine Milch. Auf dem Weg in die Küche fiel mir das ein. Dann war ich kreativ.

Mit den beiden Kaffeebechern in der Hand, zog ich mit dem Fuß die Tür so weit zu, dass man das Chaos in der Küche nicht sehen konnte, und ging eilig ins Wohnzimmer zurück. Muazzez Güler schaute aus dem Fenster. Meine nackten Füße machten kein Geräusch, dennoch hatte sie mich bemerkt. Sie drehte sich um. Ich meinte, Reue in ihrem Blick zu erkennen. Manchmal überkommt einen so etwas.

»Haben Sie einen Parkplatz gefunden?«, fragte ich in beiläufigem Konversationston. Ich stellte ihren Kaffee auf den Beistelltisch neben dem Sessel.

»Ich bin mit einem Taxi gekommen«, antwortete sie. »Ihre Wohnung hat eine schöne Aussicht auf das Akmerkez-Einkaufszentrum ...«

»Erinnert mich daran, dass ich in der Stadt lebe.«

»Ich habe die Nase voll von der Stadt«, entgegnete sie.

Ich sagte nichts weiter. Das war ihre Meinung. Ich trank einen Schluck von meinem Kaffee. Sie wandte sich vom Fenster ab und setzte sich wieder in den Sessel. Sie schob ihren Po hin und her und machte es sich bequem, nahm ihren Kaffee und rührte mit dem Löffel, der bereits im Becher war, noch etwas darin herum. Dann trank sie einen Schluck. »Kein Zucker«, sagte sie und verzog das Gesicht.

»Entschuldigen Sie«, sagte ich, ohne mich von meinem Platz zu bewegen. »Ich bringe ihn sofort. Die Macht der Gewohnheit.«

»Nein, nein«, sagte Muazzez Güler. »Machen Sie sich keine Mühe.«

Ich machte mir keine Mühe. »Gut«, sagte ich und setzte mich in den Sessel, der für mich übrig blieb. Ich wusste sowieso nicht, ob ich Würfelzucker dahatte oder nicht.

»Kann ich Ihnen eine Zigarette anbieten?«, fragte ich. »Oder sollen wir sofort anfangen, diesen wichtigen Auftrag zu besprechen?«

Muazzez Güler schaute mich an. »Ich bin im Moment noch unentschlossen«, erwiderte sie.

»Dann warte ich auf Ihre Entscheidung.« Ich nahm eine Zigarette aus der Packung, die auf dem Beistelltisch lag, und steckte sie in den Mund. Dann hielt ich ihr die Packung hin. Sie schüttelte den Kopf. Ich zündete meine Zigarette an und trank einen Schluck.

»Eigentlich hatte ich Sie mir anders vorgestellt«, begann Muazzez Güler.

»Was gefällt Ihnen nicht an mir?«, fragte ich. »Okay, ich gebe zu, ich hatte keine Milch zu Hause und musste Sahnepulver nehmen.«

Sie lachte. Dann zog sie ihre Lippen zusammen. »Ihr Kaffee ist eine Katastrophe, aber das ist nicht so wichtig. Ich weiß nicht, ob der Privatdetektiv in meiner Vorstellung so aussah wie Sie.«

»Wie sah er denn in Ihrer Vorstellung aus?«, fragte ich, nachdem ich noch einen ordentlichen Schluck von meinem Kaffee genommen hatte. Ich fand ihn nicht katastrophal. Wer einen besseren trinken wollte, musste ihn eben selbst machen. Und zwar in seiner Wohnung.

»Das ist ja das Problem«, erwiderte Muazzez Güler. »Wie er in meiner Vorstellung aussah, weiß ich auch nicht mehr. Ich weiß nur, dass ich bis jetzt noch nie einen echten Privatdetektiv gesehen habe.«

»Unsereins ist ein völlig neuer Typ in diesem Land«, sagte ich. »Die

Sorte, die Sie aus den Filmen kennen, hat in Wirklichkeit sowieso kein Mensch je gesehen.« Dann entschloss ich mich, sie etwas zu provozieren. »Sie sind auch nicht anders als meine anderen Kunden«, sagte ich.

Zu dem entschiedenen und hinterhältigen Leuchten in ihren Augen kam Neugier dazu. »Wie denn?«

»Fast alle lügen, wenn sie zum ersten Mal zu mir kommen«, erklärte ich.

»Ich habe Ihnen doch noch gar nichts erzählt«, sagte sie.

Da war ich anderer Meinung. »Sie sind nicht mit dem Taxi gekommen.« Ich hielt meine Zigarette in der Hand, doch ich zog nicht daran. Vielleicht war es keine Glanznummer, dies herausgefunden zu haben, aber immerhin etwas.

Sie schaute mir direkt in die Augen, als ob sie verstehen wollte, wovon ich sprach. Ich reagierte nicht. Dann nahm Muazzez Güler einen beachtlichen Schluck von dem Kaffee, den sie so katastrophal fand. Dieses Mal verzog sie das Gesicht nicht.

»Okay«, sagte sie. Noch einen Schluck, als wollte sie Zeit gewinnen. »Wollen Sie nicht fragen, warum ich das gesagt habe?«

»Nein«, sagte ich. »Warum?«

Muazzez Güler lehnte sich im Sessel zurück und legte die Hände unterhalb der Brust zusammen. Sie sah aus wie eine Mathematiklehrerin, die anfängt zu erklären, warum man in der Mathematikprüfung durchgefallen ist. Ich wartete darauf, dass sie redete.

»Ich möchte, dass Sie mein Geld retten«, sagte sie, während sie auf den lautlos durchlaufenden Schriftzug des Nachrichtensenders im Fernsehen schaute.

»Wo ist Ihr Geld?«, fragte ich.

»Bei einem niederträchtigen Typen.«

»Die Welt ist voll von niederträchtigen Typen«, sagte ich. Dann hielt ich mich wieder zurück und überließ ihr das Reden.

»Die Sache ist folgendermaßen ...«, begann Muazzez Güler. »Ich bin in der Computerbranche tätig. Computer, die aus verschiedenen Komponenten zusammengestellt werden. In Beşiktaş habe ich eine mittelgroße Firma. Wir bauen in meiner Werkstatt die Computer aus Einzelteilen zusammen. Wir verkaufen selbst, aber ich liefere auch an rund fünfzehn Computerläden. Kleine Läden in verschiedenen Stadtteilen. Einer von den Händlern ist drüben in Kadiköy. Er will seine Schulden nicht begleichen.«

»Sie brauchen keinen Detektiv, sondern einen Rechtsanwalt«, sagte ich. Anscheinend glaubte ich, was ich gerade sagte.

»In der heutigen Zeit hat es keinen Sinn, sich mit Anwälten und Richtern herumzuschlagen«, antwortete Muazzez Güler. »In den Vollstreckungsbehörden stapeln sich die Akten bis zur Decke. Bis man da ein Ergebnis erreicht, vergehen Wochen und Monate.«

Ich hatte gar kein Bedürfnis, mich über das türkische Rechtssystem zu beklagen. »Haben Sie schon mal mit dem Verantwortlichen in dem Laden gesprochen?«, fragte ich.

»Mein Mann hat gestern mit ihm telefoniert. Es schien ihn nicht zu interessieren.«

»Ich verstehe.«

Ich schaute ihr ins Gesicht, als ob ich etwas überlegte. »Vermutlich passiert Ihnen das nicht zum ersten Mal«, sagte ich.

»Nein, nicht zum ersten Mal«, antwortete sie. »Einige andere Forderungen von mir sind auch nicht erfüllt worden. Diese Krise … Ich glaube, dass dieses ganze Gerede über Krise viel schädlicher für Geschäftsleute ist als die Krise selbst. Als ob diese verdammte Krise etwas wäre, hinter dem man sich verstecken kann.«

»Aber in den anderen Fällen haben Sie nicht daran gedacht, einen Privatdetektiv zu engagieren.«

»Nein«, entgegnete Muazzez Güler. Sie schaute mir dabei ins Gesicht, als hätte sie sich über meine Frage geärgert.

»Ich verstehe«, sagte ich.

»Würden Sie für mich mit diesem niederträchtigen Mann sprechen?«, fragte sie und unterstrich damit, dass sie zum Thema zurückkommen wollte. Ihre Stimme klang nicht herausfordernd, sondern so, als wollte sie lediglich wissen, ob ich dieser Aufgabe gewachsen war. Das Wort »niederträchtig« kam ihr so selbstverständlich über die Lippen, als ob sie es dreimal täglich benutzen würde.

»Nehmen wir mal an, ich spreche mit ihm«, sagte ich. »Welches Ergebnis erwarten Sie?«

Muazzez Güler schaute mich fragend an. Was gibt es da nicht zu verstehen, sagten ihre Augen. Der Gesichtsausdruck einer Mathematiklehrerin wich jetzt dem Ausdruck eines Kindes, dem man seinen Gameboy weggenommen hatte. Sie zupfte an ihren Haaren. »Ich dachte, Sie sprechen mit unserem Mann auf eine so überzeugende Art und Weise, dass er seine Schulden begleicht«, erklärte sie. »Sie wissen schon, wie so etwas geht.« Dann lächelte sie wie ein Kind, das gerade unbemerkt einen Lolli in den Einkaufswagen seiner Mutter gelegt hat. »Der Typ ist ziemlich dickköpfig, verstehen Sie …«

Ich gab ihr keine Antwort. Ich bückte mich, um unter den Sessel zu greifen, auf dem sie saß. Weil sie nicht wusste, was ich vorhatte, zog sie erschrocken die Beine hoch. Ich schenkte dem keine Beachtung und zog die *Hürriyet*, die ich vorher unter den Sessel getreten hatte, aus ihrem Versteck. Ich fand die Seite mit den Inseraten und übersprang die Autoverkäufer, die Hausverkäufer und die Angebote für Personensuche gegen ansehnliches Honorar plus Prämie.

Muazzez Güler schaute mich verdutzt an. Ob sie glaubte, dass ich die Adresse des Schuldigen, dessen Namen sie noch nicht erwähnt hatte, finden würde?

Unter der Rubrik »Stellengesuche« fand ich, was ich suchte. »… bei Ihren Recherchen und Nachforschungen …«, las ich ihr vor, ohne mich zu bemühen, mit meinem Tonfall dem Gelesenen eine besondere Bedeutung zu geben. Ich legte eine kleine Pause ein und sprang zur zweiten Anzeige: »… bei der Suche nach Adressen, bei Ihren Nachforschungen, bei Ihren nicht lösbaren privaten Problemen …« Ich faltete die *Hürriyet* zusammen und streckte sie Muazzez Güler entgegen.

»Die Telefonnummern habe ich ausgelassen«, sagte ich. »Ich empfehle insbesondere den Letzten.«

»Was soll das heißen?«, fragte Muazzez Güler.

»Das heißt Folgendes«, begann ich. Ich musste mich beherrschen, damit ich nicht noch eine Zigarette anzündete. »Es gibt eine Menge Kollegen von mir. Die würden die Sache, die Sie von mir verlangen, noch motivierter ausführen als ich. Es ist besser, wenn Sie einen von denen aufsuchen. Die können mit dickköpfigen Typen besser reden. Insbesondere mit dickköpfigen …«

»Sie haben mich wahrscheinlich missverstanden.«

»Denke ich nicht«, sagte ich. »Sehen Sie, Muazzez Hanim, auf der linken oberen Ecke meines Ausweises gibt es ein großes Zeichen. Einen Mond und einen Stern in einem roten Kreis. Aber das ist auch fast alles, was meine offizielle Beziehung zur Türkischen Republik ausmacht. Ich möchte diese Beziehung nicht so weit ausdehnen, dass ich mich als Richter und gleichzeitig als Staatsanwalt zur Vollstreckung befugt sehe. Lassen Sie einen anderen Kollegen dieses ›überzeugende Gespräch‹ führen.«

Muazzez Güler legte die *Hürriyet* auf den Tisch. Sie kontrollierte mit der Hand ihren Rock und schlug die Beine übereinander. Ich fand, die Stiefel sahen nun noch hässlicher aus als vorher. »So ist das also«, sagte sie.

»So ist das«, wiederholte ich. »Es war nett, mit Ihnen Kaffee zu trinken.« Ich stand auf. Vielleicht würde ich auf Eurosport einen spannenden Curling-Wettkampf finden, falls ich diese Frau mit Anstand aus der Wohnung bekam.

Die Frau fühlte sich aber anscheinend nicht angesprochen und rührte sich nicht von der Stelle. Ihr Blick war jetzt auf den Fernseher gerichtet. Ein Reporter stand vor dem Amtssitz des Ministerpräsidenten und berichtete aufgeregt.

Was passiert jetzt, fragte ich mich.

Die Szenerie im Fernsehen änderte sich. Eine Weile schauten wir zu, wie Bereitschaftspolizisten lautlos mit Schlagstöcken in die Menge stießen und auf die Menschen einschlugen.

Dann drehte sie sich plötzlich zu mir. Mit der Hand strich sie über den ziemlich abgenutzten Stoff meines skandinavischen Sessels. »Ich hatte also recht, als ich daran zweifelte, dass der Privatdetektiv in meinem Kopf Ihnen ähnelt.«

»Vermutlich.« Ich setzte mich absichtlich nicht hin, damit sich das Gespräch nicht noch mehr in die Länge zog.

»Aber man hat mir gesagt, Sie seien der Kompetenteste von allen.«

»Die haben sicher gelogen.« Ich war nicht neugierig darauf, zu erfahren, wer das gesagt hatte. Jeder konnte so etwas sagen.

»Man hat mir auch gesagt, dass Sie nicht sehr umgänglich sind. Das ist zutreffend.« Muazzez Güler lachte plötzlich auf. Mir gefiel dieses Lachen ganz und gar nicht. Es sah so aus, als hätte sie eine Entscheidung getroffen. Sie strich erneut über den Stoff des Sessels. »Ich habe auch recherchiert«, sagte sie und schwieg, als hätte sie noch etwas Wichtiges mitzuteilen.

Ich ließ sie reden. Vielleicht hatte sie wirklich noch etwas Interessantes zu sagen.

Als sie sprach, sah sie plötzlich so aus, als wäre sie die stellvertretende Schulleiterin, die mir klarzumachen versucht, warum ich meine Tochter oder meinen Sohn von der Schule nehmen muss. »Mein Mann Kadir Güler ist Bezirksvorsitzender von Beşiktaş, wenn Sie verstehen.« Als sie den Namen der Partei ihres Mannes aussprach, schaute sie mich fragend an. Ich achtete darauf, keine Regung zu zeigen. Macht ist nur von vorübergehender Dauer.

»Falls ich ihn ins richtige Licht rücken muss: Er ist drei Amtsperioden hintereinander gewählt worden«, sagte Muazzez Güler weiter. »Er ist kein großer Politiker auf einem hohen Posten. Aber wenn man die richtigen Leute kennt, kann man manche Informationen etwas leichter bekommen.«

Sie war neugierig auf die Wirkung ihrer Worte. Ich bemühte mich, keine Reaktion erkennen zu lassen. Mir ging eine Frage durch den Kopf, aber ich stellte sie nicht.

Sie sah mir direkt in die Augen. »Man hat Kadir berichtet, dass in Ihrer Akte im Regierungspräsidium einige Unterlagen fehlen. Niemand kümmert sich zurzeit darum.«

Na so was, dachte ich mir. Ich hatte sowieso nie behauptet, dass ich alle Auflagen des Gesetzes Nr. 3963 vom 20. Januar 1994 zur Regelung der Tätigkeit von Privatdetekteien erfüllte. Und niemand hatte sich bislang dafür interessiert. Ich wartete neugierig ab, ob sie auch die Steuerproblematik ansprechen würde.

Sie sprach sie nicht an. Es war klar, dass ich jetzt an der Reihe war. Ich schaute ihr in die Augen, bevor ich begann. Sie sahen entschlossen und hinterhältig aus. »Vermutlich heißt das Schlüsselwort hier ›zurzeit‹«, sagte ich. Sie antwortete nicht.

Ich beabsichtigte, etwas Zeit zu gewinnen, beugte mich zum Beistelltisch zwischen den beiden Sesseln und griff nach meiner Zigarettenpackung. Muazzez Güler bot ich keine an. Mit einer Sorgfalt, als handle es sich um die wichtigste Aufgabe der Welt, zündete ich mir eine Zigarette an und ließ dann den Rauch durch die Nase ausströmen. Muazzez Güler betrachtete mich, während sie sich innerlich wahrscheinlich zu ihrem kleinen Sieg gratulierte.

Jetzt konnte ich endlich eine Frage stellen. Dadurch würden wir sogar vom Thema abkommen. Ich verlieh meiner Stimme einen sarkastischen Ton. »Konnte neben meiner Akte im Regierungspräsidium nicht auch die Akte von diesem besagten Typen durchwühlt werden?«

»Remzi Bey«, sagte Muazzez Güler mit einer Stimme, als wollte sie herausfinden, ab welchem Punkt ich mich beeindrucken lasse. »In der Politik hat man die Möglichkeit, Macht auszuüben. Doch wer seine Macht zu oft falsch einsetzt, geht schnell unter. Alles hat seine Grenzen.«

»Mit Sicherheit«, sagte ich. Ich musste eine Entscheidung treffen.

Und ich traf eine Entscheidung. Manchmal konnte ich mich eben schnell entscheiden. Ich atmete tief ein, ohne es mir anmerken zu lassen. Innerlich fluchte ich über alle Bestimmungen, die in dem Gesetz Nr. 3963 aufgeführt waren.

2

»Einige Dinge sollten wir gleich zu Anfang klären.« Im Sessel zurückgelehnt sprach ich ein wenig von oben herab.

Still auf ihrem Platz hörte Muazzez Güler mir zu. Sie machte nicht den Eindruck, als hätte sie einen Sieg errungen. »Besprechen wir sie also«, antwortete sie.

Ich verharrte in meiner Haltung. »Ich kann Ihren Typen finden und mit ihm reden«, erklärte ich. »Ebenso kann ich dafür sorgen, dass ich Worte finde, die zu einem Ergebnis führen. Das ist alles. Erwarten Sie nicht von mir, dass ich grob werde oder Gewalt anwende. So tief bin ich noch nicht gesunken.«

Sie nickte nur. Ich war neugierig, warum sie so schnell zustimmte, fragte aber nicht nach. Weil jetzt der richtige Zeitpunkt gekommen war, sprach ich das nächste Thema an. »Ich hoffe, Sie sind sich darüber im Klaren, dass Sie abgesehen davon, dass meine Akte im Schrank des Regierungspräsidiums friedlich weiterdöst, auch etwas bezahlen müssen.«

»Wie viel?«

Das musste ich mir noch überlegen. Ich schaute zur Ecke und überlegte, wie viel ein Computer mit kompletter Ausstattung kosten würde. Den Betrag multiplizierte ich mit fünf. Weil sie nicht fair gespielt hatte, fügte ich noch die Hälfte der Summe hinzu. Während ich Rauch auspustete, nannte ich ihr die Zahl. »Ich gebe auch keine Quittung oder Ähnliches«, sagte ich. Anscheinend beeindruckte der Betrag Muazzez Güler nicht. Auch die Sache mit der Quittung nicht. Sie war im Begriff, nach ihrer Handtasche zu greifen, die neben dem Sessel lag.

»Schecks will ich nicht.«

Sie stand auf. »Warum?«, fragte sie.

»Ich kenne keinen anderen Detektiv, dem ich vertrauen kann«, antwortete ich.

Muazzez Güler lächelte zum ersten Mal freundlich, seit sie meine Wohnung betreten hatte. »Das kann ich verstehen«, sagte sie.

»Sie können das Geld sofort auf mein Bankkonto einzahlen, wenn

Sie hier rausgehen. Ich werde Ihnen die Kontonummer geben«, sagte ich. »Wenn ich feststelle, dass sich mein Kontostand heute bis Feierabend nicht geändert hat, kaufen Sie sich am besten die *Hürriyet*.«

»Das geht in Ordnung«, sagte Muazzez Güler. Sie lächelte immer noch.

»Möchten Sie noch einen Kaffee?«, fragte ich.

Sie atmete tief ein. »Na dann, trinken wir noch einen«, sagte sie.

Sie stand auf. Wahrscheinlich wollte sie aus dem Fenster schauen, während ich in der Küche einen weiteren schlechten Kaffee zubereitete. Ich ließ sie an mir vorbei und griff nach den Kaffeebechern. Noch bevor ich an der Küchentür war, klingelte ein Handy.

Das war das erste Mal, dass man in meiner Wohnung ein Handy klingeln hörte, seitdem ich mit dem Makler hierhergekommen war. Abgesehen vom Klingeln aus dem Fernsehen. Die Melodie war nervig. Muazzez Güler beugte sich zu ihrer Handtasche hinunter, nahm das Handy heraus und sah aufs Display. Mit einer Mischung aus Ungeduld und Verärgerung in der Stimme sagte sie »Hallo«, während sie das Gerät ans Ohr presste.

Ich ging in die Küche, stellte die Becher ab und schaltete den Wasserkocher ein. In den Schränken hielt ich Ausschau nach zwei sauberen Bechern. Zum Glück wurde ich fündig. Saubere Löffel zu finden, war sogar noch leichter. Dieses Mal passte ich auf, dass ich in den Becher von Muazzez Güler weniger Kaffee gab. Darauf noch ein Beutelchen Sahnepulver. Dann erinnerte ich mich an den Zucker. Ich schaute nach und konnte tatsächlich keinen finden. Ich zuckte die Schultern, nahm die Tassen in die Hand und trat die Küchentür mit dem Fuß auf.

Muazzez Güler telefonierte, während sie mit dem Rücken zur Tür stand und leicht vorgebeugt aus dem Fenster schaute. »Aber ich habe ihm das schon fünfzigmal erklärt«, hörte ich sie sagen. Mit den Bechern in den Händen ging ich auf sie zu. Ich setzte mich aber nicht in den Sessel, sondern blieb stehen. Muazzez Güler hörte ihrem Gesprächspartner eine Weile zu. Dann drehte sie sich halb um, sah mich an und zog ihre Augenbrauen hoch. »Okay, ich komme sofort«, sagte sie ihrem Gegenüber am Telefon. »Ruf du den Dummkopf an.« Sie hörte noch eine Weile zu. »Nein«, sagte sie ungeduldig. »Das dauert keine halbe

Stunde. Die Straßen sind jetzt bestimmt frei. Ruf sofort an. Ich fahre jetzt los. Es ist gut, reg dich nicht auf, wir verpassen schon nichts.« Sie schaltete das Handy aus und steckte es in ihre Handtasche. Als sie sich aufrichtete, hatte sie ein Glänzen in den Augen, das gut zu einer Lehrerin passte, die ihren Schüler beim Abschreiben erwischt hat.

Sie machte einen Schritt in meine Richtung. Mit der Tasche in der Hand zeigte sie auf die Becher. »Ich fürchte, Sie haben den Kaffee umsonst gemacht, Remzi Bey«, sagte sie. »Ich muss dringend weg.«

»Kein Problem«, sagte ich. »Ich kann ihn trinken.«

Mit entschlossenen Schritten durchquerte Muazzez Güler das Wohnzimmer und ging auf die Tür zu. Weil ich sie mit Händedruck verabschieden wollte, machte ich einen Satz zum Beistelltisch, um die Kaffeebecher darauf abzustellen. Plötzlich drehte sie sich um und schaute auf ihre Uhr. »Wir machen das folgendermaßen, wenn Sie einverstanden sind«, sagte sie. »Sobald ich angekommen bin, lasse ich sofort Ihr Geld von der Bank abheben. Wenn Sie möchten, kommen Sie heute Abend vorbei, dann kann ich Ihnen das Geld gleich geben. Und Sie trinken mal meinen Kaffee.«

Mir war das egal. Kaffee ist Kaffee, Bargeld ist Bargeld. Ich zuckte mit den Schultern.

»Sagen wir um sieben? Um diese Zeit ist nicht mehr viel los.«

Ich schaute auf meine Uhr und nickte.

»Haben Sie mal Zettel und Stift?«

Zehn Minuten später saß ich allein im Wohnzimmer und verfolgte eine Nachrichtensendung, in der ein Sprecher, der einem unerfahrenen Stummfilmschauspieler ähnelte, die Geschehnisse des Vormittags in der Welt und in der Türkei vortrug. Auf dem Zettel, den ich in meiner Hand hielt, stand die Adresse der Firma von Muazzez Güler und ihre Handynummer. Sie hatte mit einer so ordentlichen Schrift geschrieben, wie ich sie von ihr nicht erwartet hätte. Rund, ausgeglichen, fehlerfrei. Mit kräftigen, aber gleichzeitig weichen Buchstaben, sodass man bei ihrer Schulbildung einen amerikanischen Einfluss ahnte. Sie hatte zwei dicke Striche gezogen und darunter Informationen über den Typen notiert, der ihr das Geld schuldete: Name, Handynummer, Adresse, Telefon- und Faxnummer seines Geschäfts.

Ich räumte die Kaffeetassen noch nicht ab und leerte auch nicht den Aschenbecher. Stattdessen machte ich es mir auf dem Sessel bequem und streckte meine Füße aus. Ich rührte mich nicht. Hätte ich eine Katze gehabt, wäre sie jetzt bestimmt auf meinen Schoß gesprungen. Aber ich hatte keine Katze. Ich musste das Zimmer lüften, rührte mich jedoch nicht vom Platz.

An meine Akte im Regierungspräsidium dachte ich nicht. Da kam eine Muazzez Güler daher und lenkte meine zukünftigen Tage in völlig andere Bahnen. Ich dachte darüber nach, was wohl alles passieren würde. Ich musste etwas unternehmen. Um jemanden von einer Sache zu überzeugen, musste ich mich hinsetzen und reden. Um sich hinzusetzen und zu reden, musste ich diesen Jemand, den ich noch gar kannte, erst kennenlernen. Das würde nicht so einfach werden. Um diesen Jemand ausfindig zu machen, den ich suchte, würde ich mich wohl auch mit anderen Leuten auseinandersetzen, mich mit einigen sogar prügeln müssen. Es könnte mal wieder sein, dass ich das Leben von einigen Menschen veränderte, auch wenn ich das eigentlich nicht wollte.

Wer weiß, vielleicht würde ich auch nicht umhinkönnen, Muazzez Güler näher kennenzulernen. Das war immer so. Ein Auftrag nahm größere Dimensionen an, als ich anfangs dachte, er wurde immer komplizierter. Dinge, die mir nicht gefielen, tauchten auf, und ich musste kluge Fragen stellen, um Dinge verstehen zu können, von denen ich keine Ahnung hatte.

Außerdem durfte ich mich mit klugen Fragen nicht zufriedengeben und musste versuchen, einzuschätzen, wie viele von den Antworten, die ich bekam, richtig waren. Alle meine Kunden hatten schlechte Angewohnheiten, was dieses Thema betraf. So gesehen, hatte ich auch schlechte Angewohnheiten. Schlechte Angewohnheiten können sich auch kreuzen und schlimme Ergebnisse hervorbringen.

Mein Schicksal war absehbar. Ich musste mich mehr oder minder gut anziehen und mich erneut auf den Weg machen. Übler Verkehr und mit Schlaglöchern übersäte Straßen, unzählige Kreuzungen, an denen mit feurigem Eifer diskutiert wurde, wer denn nun zuerst fahren durfte: All das lag vor mir.

Die Menschen, die es gewohnt sind, auf dem Landweg von A nach B zu gelangen, glauben meist, dass der Luftweg gradlinig verläuft. So ist es aber nicht. Es gibt eine ganze Menge von virtuellen *waypoints,* die wir zwischen Start und Landung passieren müssen, und zwar in der richtigen Reihenfolge. Vom *waypoint* Nummer vier zu *waypoint* Nummer fünf. Wenn man die Reihenfolge nicht einhält, dann wird man aus irgendeiner Ecke des Himmels von irgendwelchen Personen, die man nie gesehen hat und auch nie sehen wird, mit metallischer Stimme und meist in schlechtem Englisch zurechtgewiesen und auf die richtige Bahn gelenkt.

Ich fühlte mich nicht bereit für eine neue Reise, sei es in der Luft oder auf dem Landweg.

Andererseits hatte ich eine Vereinbarung mit Muazzez Güler. Erst würde sie mich bezahlen und dann würde sie mich fragen, ob ich den Mann, der die PCs erhalten und nicht bezahlt hatte, überzeugen konnte. Ich zweifelte, ob das so einfach war. Sicher würden eine Menge weiterer Zweifel aufkommen. Die Zweifel würden Fragen, diese Fragen andere Fragen, die Antworten wiederum neue Fragen aufwerfen. Manche Antworten auf bestimmte Fragen würde ich mir zusammenbasteln müssen. Das machte ich immer so. Manchmal nützte es etwas.

Ich knüllte den Zettel mit der Notiz in meiner Hand zusammen und formte einen Ball daraus. Ich wollte nicht von meinem Sessel aufstehen, also rührte ich mich nicht. Nur die Finger bewegte ich. Ich ging alle Sender in Stummschaltung durch. Bis ich bis fünf gezählt hatte, erlaubte ich den Mädchen, die in Strandbekleidung irgendwelche Lieder sangen, auf dem Bildschirm zu bleiben. Achtmal zappte ich von vorne bis hinten durch alle Sender. Ich bewegte mich nicht einmal, um nach den Zigaretten zu greifen.

Schließlich langweilte mich das Herumsitzen. Ich bekam immer die gleichen Mädchen zu sehen. Ich bewegte die Zehen meiner nackten Füße. Erst die eine Zehe am einen Fuß, dann die am anderen. Als ob es die Zehen von jemand anders wären, weit weg von mir. Ich schaute auf die Uhr. Dann öffnete ich mit Mühe das Fenster. Die kalte Luft sorgte dafür, dass ich ein wenig zu mir kam.

Während das Zimmer gelüftet wurde, brachte ich die Kaffeebecher in die Küche, spülte sie kurz mit heißem Wasser aus, drehte sie um und stellte sie zum Abtrocknen hin. Die kalte Luft von draußen mischte sich langsam mit der verbrauchten Luft im Zimmer. Nachdem ich den Inhalt des Aschenbechers in den Mülleimer geleert hatte, spülte ich ihn ebenfalls aus. Ich verknotete die randvolle Einkaufstüte aus dem Mülleimer, schob sie im unteren Schrank nach hinten und ersetzte sie durch eine neue.

Als ich die Hände an meiner Hose abtrocknen wollte, fühlte ich den Zettel, den ich zu einem Ball geknüllt und in die Hosentasche gesteckt hatte. Ich zog ihn raus und schmiss ihn in den Müll. Bis jetzt hatte ich noch keine Nummer, die ich einmal im Kopf abgespeichert hatte, wieder vergessen. Danach öffnete ich den Kühlschrank und schaute hinein. Der Inhalt war nicht gerade appetitanregend. Ich nahm einen trockenen, sauberen Aschenbecher, ging ins Zimmer und schloss das Fenster. Dann überprüfte ich die Heizung. Erneut schaute ich auf die Uhr. Statt mich zu setzen, ging ich zum Telefon.

Ein Versuch konnte nicht schaden. Bevor man mit dem Flugzeug abhebt, muss man den Reifendruck kontrollieren. Ich wählte eine Nummer und ließ am anderen Ende das Telefon eines kleinen PC-Geschäftes namens SinanComp klingeln, das sicher schon unzählige Male geklingelt hatte, wenn irgendwelche Menschen anriefen, um sich nach Preisen zu erkundigen, nach der Adresse zu fragen, um einen Rat zu bekommen, sich zu beschweren und um Zahlung zu bitten.

Es wurde sofort abgenommen. »Hier SinanComp, bitte schön«, sagte eine junge Frauenstimme, bei der ich mich nicht entscheiden konnte, ob sie gelangweilt klang. Sie hörte sich jedenfalls nicht an, als wäre sie stolz auf ihren Job.

»Sinan Bozacioğlu, bitte«, sagte ich.

»Er ist kurz rausgegangen«, antwortete die junge Frau. »Kann ich Ihnen helfen?«

»Da bin ich mir nicht so sicher«, sagte ich.

Für einen Moment zögerte sie. Dann fasste sie sich. »Wenn Sie eine Nachricht hinterlassen wollen, kann ich sie digital aufzeichnen«, sagte sie.

Ich dachte einen kurzen Augenblick nach. Na gut, sagte ich mir, irgendwo muss man ja anfangen. »Haben Sie Stift und Papier?«, fragte ich. »Ich möchte, dass Sie meine Nachricht Wort für Wort aufschreiben. Ich bin eher der altmodische Typ.«

»Einen Moment«, antwortete das Mädchen. In ihrer Stimme war die Aufregung eines Menschen zu hören, der begriffen hatte, dass er sich in einer ernst zu nehmenden Lage befand. »Ja?«

Ich gab mir Mühe, die Wörter langsam und deutlich auszusprechen. »Muazzez … Hanim … hat … mich … aufgesucht …«, sagte ich. »Sie … bat … mich … Sinan … Bozacioğlu … zu … überzeugen … seine … Schulden … zu … bezahlen.«

Das Mädchen redete aufgeregt dazwischen. »Mein Herr, diese Zahlung …«

»Bitte unterbrechen Sie mich nicht«, sagte ich mit möglichst schroffer Stimme. »Schreiben Sie weiter!«

Am anderen Ende der Leitung war nichts mehr zu hören. Ich sprach die Wörter wieder überdeutlich aus: »Ich weiß … wie man … Menschen … behandeln muss … um … sie zu überzeugen … Ich hoffe … dass es nicht … notwendig sein wird … dass ich diese … Methoden … einsetzen muss. – Haben Sie das notiert?«

»Hab ich«, erwiderte das Mädchen am anderen Ende der Leitung. »Darf ich etwas sagen?«

»Dürfen Sie nicht«, sagte ich. »Guten Tag.«

Weil ich die Ausschalttaste des Telefons mit meiner freien Hand gedrückt hielt, hörte ich nicht, ob sie mir auch guten Tag gewünscht hatte. Sonst hätte sie nämlich gehört, dass ich lachte.

Dann wollen wir mal. Hoffentlich wird es nicht nötig sein, dass du noch tiefer sinkst, Remzi Ünal. Ich lief im Zimmer hin und her und verfluchte mächtig die Wirtschaftskrise, deren Verursacher, deren Nichtverursacher, Muazzez Güler, ihren Politikergatten, meine Akte im Regierungspräsidium und auch Sinan Bozacioğlu. Nur das Mädchen am Telefon verfluchte ich nicht.

Dann beruhigte ich mich. Ich schaute noch einmal auf die Uhr. Ich hatte noch Zeit für ein kleines Schläfchen, bevor ich aufbrechen musste, um mit Muazzez Güler in ihrer Computerfirma namens Hi-Mem in Beşiktaş einen Kaffee zu trinken. Langsam ging ich ins Schlafzimmer und hoffte dabei, dass ich nichts Unangenehmes träumen würde. Damit ich nicht wach wurde, falls das Telefon klingelte, schloss ich die Tür. Die Vorhänge waren schon zugezogen. Ich zog mich schnell aus und legte mich aufs Bett. Bevor ich einschlief, dachte ich noch, dass es an der Zeit war, die Bettwäsche zu wechseln. Ich stellte meine innere Uhr auf eine akzeptable Zeit und schlief sofort ein. Doch meine innere Uhr brauchte mich nicht zu wecken.

Mochte alles auf der Welt so bleiben, wie es war oder auch nicht, die Gewohnheiten des Jungen in der Wohnung über mir waren unverrückbar. Durch die Schläge eines neuen, aber primitiven Rhythmus wurde ich in der Endphase eines Traums geweckt, der auch für Minderjährige unbedenklich gewesen wäre. Ich hatte sofort vergessen, was ich geträumt hatte. Ich schaute auf die Uhr, sobald ich die Augen geöffnet hatte. Ich hatte noch eine Menge Zeit, also schickte ich ein paar Flüche und Verwünschungen nach oben und stand dann auf. Vom Schlafzimmer aus ging ich direkt ins Bad. Ich war froh, dass Muazzez Güler kein Bedürfnis gehabt hatte, die Toilette zu benutzen. Und vergab mir schnell, dass ich bei der kleinen Aufräumaktion das Bad vergessen hatte. Dann beschloss ich, die Putzfrau anzurufen und ihr mitzuteilen, dass ich ihr das verlangte Geld zahlen würde.

Ich wusch mich langsam und lange, rasierte mich für meine Verhältnisse sehr gründlich, ging aus dem Bad, trat an das Fenster im Wohnzimmer, schaute nach draußen und rubbelte mir dabei die Haare. Es wurde dunkel. Weil ich keinen Hut trug, wie meine Kollegen aus den Filmen, trocknete ich meine Haare wegen der Erkältungsgefahr länger als sonst. Vielleicht solltest du dir einen Föhn kaufen, sagte ich mir.

Dann ging ich ins Schlafzimmer und zog mich mit der Sorgfalt eines Menschen an, der schon längere Zeit nicht mehr ausgegangen ist. Nach einer Weile stand ich mit meiner fein gestreiften Cordhose, einem schwarzen Rollkragenpullover, um meinen Hals zu schützen, mit meinen Stiefeln, die offenkundig geputzt werden mussten, und mit meinem Wende-Wintermantel vor dem Spiegel. Den Mantel hatte ich so angezogen, dass die sportlich-legere Seite nach innen und die seriös wirkende Seite nach außen gekehrt war. Er hatte innen und außen je zwei große Taschen, in denen man alles Mögliche verstauen konnte.

Manchmal waren sie nützlich. Ich sah mich im Spiegel an. Nichts Besonderes, ich sah aus wie jedermann. Remzi Ünal.

Remzi Ünal … Der bei der Luftwaffe um Entlassung nachgesucht hat, der bei der Turkish Airlines rausgeflogen ist, der sich nicht einmal bei einer achtklassigen Chartergesellschaft halten konnte, von der kein anständiger *Frequent Flyer* je den Namen gehört hatte. Remzi Ünal, der ehemalige Flugkapitän, der nicht einmal mehr die Cessna im Flugsimulator anständig zu Boden bringen kann, Remzi Ünal, der Privatdetektiv, der aus dem Nichts aufgetaucht ist.

Ich ging zur Arbeit. Ich ging wieder zur Arbeit. Ich dachte darüber nach, ob mir ein Hut stehen würde.

3

Den Autoschlüssel hatte ich nicht eingesteckt. Langsam ging ich die Treppe hinunter; die Schöße meines Wintermantels schlugen mir dabei leicht gegen die Beine. Ich begegnete niemandem im Treppenhaus. Dieses Mal schaute ich lächelnd auf den noch ausstehenden Monatsbeitrag, der auf der Tafel bei der Ausgangstür neben meinem Namen eingetragen war, und merkte mir den Betrag. Bevor ich aus der Tür ging, zog ich den Reißverschluss bis zum Hals hoch und stellte den Kragen hoch.

Auf der Straße wies ich zwei Taxifahrer, die mir mit der Lichthupe ein Zeichen gaben, ab, indem ich ablehnend meinen Kopf schüttelte. Den Dritten hielt ich an. »Nach Beşiktaş«, sagte ich, während ich mich nach hinten setzte.

Der Taxifahrer war ein junger Mann mit gegelten Haaren. Als Zeichen, dass er verstanden hatte, nickte er und fuhr los, ohne etwas zu sagen. Dass er schwieg, kam mir gelegen. Ich steckte meine Hände in die Taschen und ließ mich tief in den Sitz sinken. Die meisten Menschen auf der Straße waren auf dem Weg nach Hause. Der Blumenverkäufer aus dem Viertel hielt Ausschau nach Kunden und hauchte dabei in seine Hände. In den Geschäften waren kaum Kunden zu sehen. Als wir an einer Konditorei vorbeifuhren, beschloss ich, mir auf dem Rückweg etwas Süßes zu kaufen. Aus einem überfüllten Linienbus stiegen mehr als die Hälfte der Passagiere aus. Als wir uns dem Stadtteil Levent näherten, staute sich der Verkehr. Ich ignorierte die Zigarettenpackung in der Tasche meines Mantels, die durch die ständige Berührung meine Hand provozierte. Ich drehte mich um und schaute in den Wagen neben mir. Aufgeregt erzählte der Mann am Steuer der Frau auf dem Beifahrersitz irgendetwas. Die Frau trug einen Hut aus den Fünfzigern. Sie schaute nach vorne, als ob sie nicht hören würde, was er sagte. Als die Frau nicht reagierte, schlug der Mann mit der Handfläche auf das Steuer. Unsere Wagen standen immer noch. Dann schaute er nach links. Es sah so aus, als würde er »Der Herr sei gepriesen« rufen. Unsere Blicke trafen sich. Ich drehte mich weg. Was gingen mich seine Probleme an? Im Taxi, das mit Flüssiggas betrieben wurde, war es warm. Langsam fuhr der Fahrer wieder an. Nach drei Metern hielten wir erneut. Weil ich nicht nach rechts sehen konnte, inspizierte ich die Läden auf der linken Seite der Straße.

Das Waffengeschäft, dessen Schaufenster ich mir auf dem Weg zur Bank immer anschaute, war hell erleuchtet. Pumpguns, Luftpistolen, Jägerwesten, Gewehrhüllen und Hüte lagen genauso da wie immer. Auch das Samuraischwert lag an seinem Platz, ganz oben im Gewehrständer, genauso unpassend wie vorher. In dem Laden war niemand.

Dann wurde die Straße plötzlich frei, und Istanbul floss wieder rascher vor meinen Augen dahin. Ich ließ die Stadt an mir vorbeiziehen, ohne auf Einzelheiten zu achten. Ich entspannte mich ein wenig und lehnte meinen Kopf ans Fenster. Ein Mädchen, das gerade bei dem Sesamkringelverkäufer neben dem Akdeniz-Denkmal Gebäck kaufte, sah mich an und lächelte.

Vielleicht werden manche Sachen besser, sagte ich mir. Nichts wurde besser. Der Taxifahrer schaltete das Radio an. Eine Frau fing an, aus vollem Hals etwas zu brüllen, was ich aus den Musiksendern im Fernsehen nicht kannte, was aber fünfzehnmal schlechter war als alles bis dahin Gehörte.

Ich richtete mich etwas in meinem Sitz auf.

In der Mitte des Barbaros-Boulevards stieg ich aus. Es war Viertel vor sieben. Ich bestrafte eine der Zigaretten, die sich unter meiner Hand nicht benehmen konnten, indem ich sie mir ansteckte. Langsam ging ich die Straße hinunter.

Es war kalt. Sehr kalt sogar. Der Boulevard war voller Geräusche, die zu dieser Abendstunde passten. Das Hupen der Autos war gnadenlos. Klappernd bewegten sich Lastwagen mit Butangasbehältern auf der Ladefläche vorwärts. Ein Laster fuhr mit quietschenden Bremsen bergab. Am lautesten waren die brummenden Motoren der Sammeltaxis. Irgendwo in der Ferne tönte beharrlich eine Krankenwagensirene, die aber immer leiser wurde. Hi-Mem musste sich noch ein Stück weiter unten befinden.

Je mehr ich mich Beşiktaş näherte, desto schneller kam ich voran im Vergleich zu den Fahrzeugen, die im dichten Verkehr steckten. Natürlich war ich auch schneller als die Passanten in der Gegenrichtung, die mit ihren Einkaufstaschen bergauf stiegen. Ich warf meine Zigarette weg und steckte meine Hände wieder in die Taschen. Es war sehr kalt.

An der Ampel mischte sich unter die abendlichen Straßengeräusche auch noch die Trillerpfeife eines Verkehrspolizisten. Er versuchte die Autofahrer mit kräftigen Armbewegungen und Handzeichen anzutreiben. Als ich in seine Nähe kam, wurden auch meine Schritte wie von selbst schneller.

Auf der rechten Straßenseite reihte sich eine Busreisegesellschaft an die nächste. Wenn man sich die in kleiner und großer Schrift an die Fenster ihrer Büros geschriebenen Namen von Dörfern, Städten und Metropolen betrachtete, hätte man sich hier und jetzt entscheiden können, seine Verwandten am anderen Ende der Türkei zu besuchen. In diesen Wintertagen würde man auch leicht einen Sitzplatz finden. Gott sei Dank lag mein Ziel nicht so weit entfernt.

Nach einer Weile ging ich wieder langsamer. Am Strommast an der Ecke entdeckte ich den Straßennamen, der auf dem Zettel von Muazzez Güler gestanden hatte: Abbas-Ağa-Straße. Diese Information der Stadtverwaltung verkündete mir die erfreuliche Botschaft, dass mein Spaziergang beendet war. Diese frohe Botschaft erfuhr noch eine Steigerung, denn die erste der kleinen Schrifttafeln unter dem Straßenschild verkündete mit sachkundig ausgewählten Buchstaben, dass das Computergeschäft Hi-Mem sich nur fünfzig Meter entfernt befand.

Es blieben noch sieben Minuten bis zu unserer Verabredung. Man kann gut etwas früher zu Treffen mit Kunden kommen, aber etwas später geht auch. An der Straßenmündung vorbei ging ich weiter den Boulevard bergab. Ich passierte noch einige weitere Busreisegesellschaften, denen ich ebenfalls das Geld für ein Ticket vorenthielt. Vor dem ersten Geschäft mit hell erleuchtetem Schaufenster blieb ich stehen und schaute mir die Sofas darin an. Der Verkäufer im Laden rührte sich von seinem Platz. Nachdem er in meinen Augen aber nicht diesen bestimmten Glanz hatte entdecken können, der Personen befällt, die für ihre Wohnung ein neues Sofa suchen, kehrte er zu seiner Zeitung zurück. Ich war dem Mann nicht böse und ging einfach weiter. Vor einem Laden, dessen Schaufenster vollgestopft war mit den neuesten Handymodellen, merkte ich, dass ich vor Kälte zitterte.

Ich kehrte um und ging langsam bergauf. Ohne in die Gesichter der Menschen zu sehen, die mir entgegenkamen, ging ich an einem Büfett vorbei, hinter dessen Glasvitrine hundertfünfzig Kilo Apfelsinen darauf warteten, gepresst zu werden, und erreichte die kleine Straße, in der sich Hi-Mem befand. Die Straße, die leicht anstieg, war dunkel. Jede zweite Straßenlaterne funktionierte nicht. Die meisten der Läden im Erdgeschoss hatten bereits die eisernen Rollläden heruntergezogen. Aus einem Müllcontainer mit offenem Deckel sprang eine Katze. Ihr folgte eine zweite. Es war eine Einbahnstraße. Deswegen war es leiser hier. Sogar die Katzen machten weniger Lärm.

Nach der Hausnummer zu schließen, musste sich Hi-Mem in der zweiten Etage in einem der mehrstöckigen Gebäude auf der gegenüberliegenden Straßenseite befinden. Das kam mir gelegen, denn so konnte ich die Fassaden in Ruhe inspizieren. Dann sah ich ein Schild, das so groß war, dass es sogar von einem Kind im Grundschulalter entdeckt werden konnte, das an der Hand seines Vaters und mit dem Wunsch nach einem Harry-Potter-Computerspiel daran vorbeiging. Es war in der gleichen Schrift geschrieben wie die kleine Tafel, die an dem Mast am Anfang der Straße hing, und erstreckte sich über die ganze Front der zweiten Etage eines grauen Gebäudes. Damit die Passanten sie sich notieren konnten, stand auf dem Schild auch die Telefonnummer. Auf die Fensterscheiben waren Schriftzüge und Logos der verschiedenen Marken aufgeklebt. In allen vier Fenstern der Etage, die offensichtlich ganz der Firma Hi-Mem gehörte, brannte Licht.

Ich blieb auf dem gegenüberliegenden Bürgersteig unter einer Straßenlaterne stehen, deren Licht nicht brannte, und betrachtete das Gebäude. Es musste älter sein als die anderen Häuser der Straße, denn der Architekt hatte im Erdgeschoss keine Läden eingebaut. In den zwei Fenstern links und rechts der Eingangstür war kein Licht zu sehen. An den Fenstern der dritten Etage gab es zwei einzelne Schilder von Zahnärzten, die, ihren Namen nach zu urteilen, ein Ehepaar sein mussten. Anscheinend hatten sie im Moment gerade keine Patienten.

In der vierten Etage gab es keine Schilder. Mattes Licht drang hinter den dicken Vorhängen einer Wohnung hervor. Ich ging langsam über die Straße.

Die Haupteingangstür stand weit offen. Die Klingeltasten neben der Tür waren schon längst herausgerissen. Aus dem Schlitz des angeberischen Briefkastens, der vor Jahren von einem Bewohner mit Geschmack angebracht worden war, schaute die leere Verpackung einer Schokoladenwaffel hervor.

Ich fand den Lichtschalter und drückte drauf. Nichts. Einen Moment lang wartete ich, bis meine Augen sich an die Dunkelheit gewöhnt hatten. Dann bewegte ich mich weiter in die Richtung, in der sich die Treppe befinden musste. Der Vater von vorhin, sollte er wirklich vorhaben, mit seinem Kind das Harry-Potter-Computerspiel zu kaufen, würde hier wahrscheinlich umkehren. Meine Füße fanden die ersten Stufen. Zwischen den Etagen war es im Treppenhaus noch dunkler. Ich machte mein Feuerzeug an, bis es heiß wurde. Inzwischen hatte ich es geschafft, die Etage zu erreichen, die mein Ziel war.

Das Licht, das mitten in der Dunkelheit wie ein Strich zum Vorschein kam, sagte mir, dass die Tür von Hi-Mem nicht verschlossen war. Ich ging einige Schritte in die Richtung, aus der das Licht kam. Aus dem Inneren des Geschäfts war nichts zu hören. Ich war schon früher in Computerläden gewesen. Es gab immer irgendwelche Geräusche.

Bei Hi-Mem drang kein Laut nach außen.

Ich drückte leicht mit der Hand gegen die Tür. Sie ging geräuschlos auf. Die Umgebung wurde etwas heller. Auf dem Fußboden, der offensichtlich lange nicht gekehrt worden war, lagen überall ausgetretene Zigarettenkippen. Ich betrat das Hoheitsgebiet von Hi-Mem und befand mich im Flur einer ehemaligen Etagenwohnung. Die Lampe an der Decke verlor das meiste Licht an den bräunlichen verstaubten Lampenschirm. An der Stelle, wo normalerweise ein Garderobenständer stehen sollte, stapelten sich bis unter die Decke Kartons bekannter Marken. Die freien Stellen der Wand waren voll von den gleichen Reklameschildern, die auch an den Fenstern klebten.

Gegenüber dem Kartonstapel gab es zwei Türen. Weil ich schon oft solche Wohnungen gesehen hatte, wusste ich, dass sich hinter der einen Tür die Küche und hinter der anderen die Toilette befand. Beide Türen waren geschlossen.

Eine zweiflügelige Glastür trennte die übrigen Geschäftsräume vom Flur und Eingangsbereich. Die dicke Scheibe aus Strukturglas war grau vor Staub. Wer mit den Fingern das Glas berührte, würde sich sofort die Hände waschen müssen.

Ich machte die Eingangstür hinter mir zu. Niemand hatte etwas dagegen. Ich stieß einen Flügel der Glastür auf und streckte meinen Kopf hinein. Innen war es etwas heller.

Die Maschinen, die Muazzez Güler vertrieb, wurden also hier zusammengeschraubt. Die vier entlang den Wänden angebrachten Stahltische waren voll mit Computern, deren Innenleben auf den Tischen verstreut lag. Aus offenen Kisten quollen Drähte und Kabel hervor. Zwei Tischlampen mit runden Köpfen brannten noch. An den Türen der beiden Stahlschränke, die an der Wand aufgestellt waren, klebten viele kleine Zettel, auf denen irgendwelche Notizen standen. Neben den Tischen waren Kisten und Schachteln der gleichen Art, wie ich sie draußen im Eingangsbereich gesehen hatte. Auf dem Boden lag ein bräunlicher Mokett-Teppich, dessen ursprüngliche Farbe sich nicht mehr feststellen ließ. An den Fenstern gegenüber hingen keine Vorhänge. An der Wand auf der rechten Seite des Raumes gab es zwei geschlossene Türen.

Obwohl die elektrischen Öfen unter den Tischen eingeschaltet waren, konnten sie gegen die Kälte im Raum nichts ausrichten.

»Guten Abend«, rief ich. Keine Antwort. »Guten Abend«, sagte ich nochmals. »Muazzez Hanim?« Wieder keine Antwort.

Ich ging hinein. Abgestandener Zigarettenrauch drang mir in die Nase. Ich ging noch ein paar Schritte. Die Stille gefiel mir nicht. »Ist jemand hier?«, rief ich, diesmal in Richtung der beiden Türen. Es schien niemand da zu sein. Allah, Allah, sagte ich mir, unterdrückte mein Verlangen nach einer Zigarette und trat zur rechten Tür. Ich dachte mir, dass es nach so vielem Rufen wohl nicht notwendig war zu klopfen, und machte sie auf.

Es war niemand im Zimmer. Im trüben Licht, das aus dem Raum

hinter mir kam, schaute ich mich um. Dieser Raum musste das Büro eines leitenden Angestellten sein, vielleicht des Buchhalters. Es gab einen Schreibtisch, der aus dem billigsten Möbelgeschäft von Beşiktaş zu stammen schien, davor zwei niedrige Sessel. Hinter dem Tisch stand ein Chefsessel mit hoher Lehne. Auf dem Tisch befanden sich ein Computer, zwei Telefone, ein paar Akten und die obligatorische Schreibunterlage. Die Tischlampe war aus. Auf dem kleinen Beistelltisch zwischen den Sesseln war nichts zu sehen. Das weitere Mobiliar im Raum war ein zum Schreibtisch passender Aktenschrank. Die Jalousien an den Fenstern waren geschlossen. Der, der hier arbeitete, rauchte offensichtlich nicht.

Ich zog mich zurück. Mit zwei Schritten war ich vor der zweiten Tür. Weil ich mir sicher war, dass niemand im Zimmer war, riss ich sie auf.

Ich hatte mich geirrt. Da drinnen war jemand.

Muazzez Güler saß auf einem Chefsessel, der größer war als der im ersten Zimmer, hinter einem Schreibtisch, der ebenfalls größer war als der im ersten Zimmer, und schaute auf einen Punkt irgendwo hinter mir. Ihre Augen glichen abgegriffenen Glasmurmeln. Ein Ausdruck von Überraschung und Schmerz war auf ihrem Gesicht eingefroren. Auf dem Kragen ihres roten Pullovers wirkte die Computermaus ohne Logo wie ein riesiges Collier. Das Ende des Kabels war doppelt um ihren Hals gewickelt. Ihre Arme hingen an beiden Seiten des Sessels hinunter, die Hände waren geöffnet.

Verdammt noch mal, sagte ich zu mir. Tausend Mal verdammt. Ich trat schnell von der Türschwelle zurück und lehnte mich mit dem Rücken an die Wand, um wieder zu mir zu kommen. Verdammt noch mal, gerade als die Geschäfte begannen, gut zu laufen, hast du einen Kunden verloren, Remzi Ünal. Dann schaute ich auf meine Uhr. Ich gab mir drei Minuten, um hier abzuhauen.

Ich hoffte, dass diese drei Minuten ausreichten, um die Dinge zu sehen, die mich vor einer Katastrophe bewahren würden. Drei Minuten, die mich davor bewahren würden, dass ich einem Vater, der seinem Kind auf dem Nachhauseweg eine Freude machen wollte, sagen musste: »Heute haben wir geschlossen.« Drei Minuten, die mich davor bewahren würden, dass mir der Schweiß ausbrach, falls das Telefon klingelte und ich mich entscheiden musste, ob ich abheben sollte oder nicht. Und drei volle Minuten, um die Wahrscheinlichkeit zu reduzieren, dass irgendwelche Personen mit reflektierenden Westen, auf deren Rücken »Polizei« stand, mich an den Armen festhielten.

Mit viel mehr Mühe als vorhin unterdrückte ich mein Verlangen nach einer Zigarette. Ich fasste mich wieder einigermaßen und kehrte in das Zimmer zurück. Eilig inspizierte ich den Raum und bemühte mich dabei, der Leiche nicht ins Gesicht zu schauen.

Der große Tisch, auf dem eine angeschaltete Lampe im klassischen Bankierstil stand, war fast leer: ein Telefon, das Handy, mit dem sie in meiner Wohnung telefoniert hatte, eine durchsichtige Uhr, die gleichzeitig Zeit, Temperatur und Luftfeuchtigkeit anzeigte, ein ledernes Bleistiftetui, ein halb volles Glas mit einer Papierserviette darunter. Ein langer, schmaler und sichtlich voller Briefumschlag. Ein Computermonitor.

Vermutlich war der Computer eingeschaltet, denn auf Muazzez Gülers eine Gesichtshälfte fiel Licht. Von meinem Standort aus sah man ihre Tasche nicht, vielleicht lag sie zu ihren Füßen.

Der volle Umschlag störte mich ein wenig. Nicht nur ein wenig, sondern sehr. »Herrn Remzi Ünal« stand darauf, mit ihren runden, amerikanisch angehauchten Buchstaben. Es war offensichtlich, dass mein Name darauf geschrieben wurde, nachdem der Briefumschlag gefüllt worden war. Der Buchstabe »l« von »Ünal« traf auf eine leere Stelle, und das Papier wurde vom Füller an der Stelle leicht durchstochen.

Muazzez Güler ist eine zuverlässige Frau gewesen, sagte ich mir. Ich hatte jetzt einen weiteren Grund, hier ganz schnell abzuhauen.

Ihre Kleidung hatte sie nicht gewechselt. Zwischen ihrem Sessel und der Wand war so viel Platz, dass sogar zwei Personen durchpassen würden. Sich über die hohe Lehne des Sessels zu beugen und sie zu erwürgen, war sicher schwierig gewesen.

Dieses Zimmer war größer als das nebenan. Der Boden mit grünem Teppich ausgelegt. Direkt vor dem Fenster eine Halogen-Stehlampe mit langem Schwenkarm. Sie war nicht an. Zwei Ledersessel standen sich vor dem Schreibtisch gegenüber. Auf den Sitzflächen hatten sich

Vertiefungen gebildet. Auf einem kleinen Tisch zwischen den beiden Besuchersesseln lagen drei Computerzeitschriften. Links neben dem Tischchen stand ein großer Bücherschrank mit Glasfront. Den meisten Platz auf den Regalen nahmen Zeitschriften mit schmalen Rücken ein. Die Hälfte eines Faches war voll mit dicken ausländischen Katalogen und Gebrauchsanweisungen von verschiedenen Kommunikationssystemen. Auf die leeren Stellen hatte man drei Plaketten sowie einen kleinen und einen großen Kaffeebecher mit Parteiemblem gestellt.

Ich schaute auf meine Uhr. Noch zwei Minuten. Ich atmete tief ein.

Dann traf ich eine Entscheidung. Ich ging auf Zehenspitzen zum Tisch und streckte meine Hand nach dem Briefumschlag aus. Bevor meine Finger ihn berührten, blieb ich wie versteinert stehen. Im Gesicht von Muazzez Güler änderte sich etwas. Nein, sie fing nicht an zu lächeln. Sie hatte nicht eines ihrer erstarrten Augen zu einem Zwinkern bewegt. Ihre Wange zuckte auch nicht. Das Licht, das auf ihr Gesicht fiel, veränderte sich plötzlich.

Das Licht, das der schwachen Beleuchtung einer Videokamera ähnelte und die eine Gesichtshälfte in ein fahles Licht tauchte, verschwand. Schatten begannen sich schnell hintereinander auf ihrem Gesicht zu bewegen. Die Konturen waren mal deutlich, mal verschwammen sie. Es sah so aus, als würde sich ihr Gesicht jedes Mal, wenn ein Schatten vorbeizog, einen halben Millimeter bewegen.

Ich zog meine Hand zurück und schaute auf den Bildschirm des Computers. Er befand sich im Bildschirmschoner-Modus. Mehrere große und kleine Dollarzeichen bewegten sich darauf. Schwarze Dollars, weiße Dollars, rote Dollars, grüne Dollars. Übereinanderliegende Dollars, nebeneinanderliegende Dollars. Dollars, die sich verfolgten, Dollars, die sich allein auf dem Bildschirm herumtrieben.

Ich merkte, dass ich unbewusst die Luft angehalten hatte, und atmete wieder aus.

Dann schaute ich auf meine Uhr. Ich hatte noch eineinhalb Minuten Zeit.

Ich drehte mich um und lief schnell zur anderen Seite des Tisches. Auf dem Weg nahm ich einen daumendicken Füller aus dem Stiftebehälter. Ja, die Tasche von Muazzez Güler lag auf dem Boden. Aber ich kümmerte mich nicht darum. Ich beugte mich über die Tastatur und drückte mit der Spitze des Füllers auf die Escape-Taste. Die Dollars verschwanden. Die Beleuchtung des Zimmers änderte sich erneut. Ich schaute nicht nach, wie sich diese Veränderung auf dem Gesicht von Muazzez Güler widerspiegelte. Eine Excel-Tabelle war jetzt auf dem Bildschirm zu sehen. Eine Menge Namen, eine Menge Zahlen. Die Maus dieses Computers lag neben der Tastatur.

Ich schaute erneut auf die Uhr.

Dass der Bildschirmschoner lief, war ein schlechtes Zeichen. Ich wusste zwar nicht, auf wie viele Minuten er eingestellt war, aber kaum sehr viele. Wenn ich mich nicht vor dem Möbelgeschäft aufgehalten hätte, wäre ich vielleicht rechtzeitig am Tatort eingetroffen. Ich ärgerte mich über meine Angewohnheit, den Passanten, die mir auf der Straße entgegenkommen, nicht ins Gesicht zu schauen.

Ich konnte nicht mehr warten, bis sich der Bildschirmschoner wieder einschaltete.

Dieses Mal schaute ich nicht auf die Uhr, denn ich besaß so viel gesunden Menschenverstand, dass ich wusste, wann die Zeit gekommen war, um abzuhauen.

Ich trat an den Tisch. Mit dem Füller in der linken Hand hielt ich das Glas fest und zog mit der Rechten vorsichtig die Papierserviette darunter weg. Dann steckte ich sie ins Glas und machte die Hälfte nass. Ich wischte damit den Füller vollständig ab und achtete darauf, dass nichts auf den Boden tropfte. Ich trocknete ihn an meinem Mantels ab und stellte ihn in den Behälter zurück. Anschließend nahm ich den Briefumschlag mit meinem Namen und achtete darauf, dass ich sonst nichts berührte. Ich steckte ihn in eine der Innentaschen meines Wintermantels. Die Tür zog ich ganz leise hinter mir zu, so als würde ich Muazzez Güler nicht stören wollen. Die Nummer mit der feuchten Serviette und dem Mantel wiederholte ich auch an der Türklinke. Genau in diesem Moment klingelte das Telefon.

Verdammter Mist, sagte ich mir.

Es klang so, als ob das Telefon in allen Zimmern gleichzeitig läuten würde. Der schrille Lärm kam sowohl aus Muazzez Gülers Büro als auch aus Richtung der Tische, die in der Nähe des Fensters standen. Ich hatte das Gefühl, dass das Geklingel durch die Stille des Gebäudes noch lauter wurde. Ich zögerte.

Beim zweiten Klingeln hatte ich mich entschieden. Ich ging zum Fenster. Das Telefon lag auf dem rechten Tisch. Es war ein billiges Teil, eines, das man an jedem Telefonstand in Pazariçi finden konnte. Es lag auf einem dicken ausländischen Buch. Mit der Papierserviette hob ich den Hörer ab. Nachdem es aufgehört hatte zu klingeln, normalisierte sich alles.

Ich hielt den Hörer an mein Ohr und horchte, ohne mich zu melden. Wer auch immer am anderen Ende der Leitung war, sagte ebenfalls nichts. Aber es war jemand da, denn ich hörte Atemgeräusche. Ungefähr fünfzehn Sekunden lang warteten wir beide schweigend. Dann hörte ich, dass die Leitung unterbrochen wurde, und legte auf. Um ganze eineinhalb Minuten hatte ich die Frist überschritten, die ich mir gesetzt hatte. Als ich mich dem Ausgang näherte, horchte ich nach draußen. Es waren keine Geräusche oder Stimmen zu hören. Da ich nicht sicher war, legte ich mein Ohr an die Tür. Alles schien in Ordnung zu sein. Leise ging ich hinaus.

Die Tür ließ ich ein bisschen weiter offen, als ich sie vorgefunden hatte.

Ich stieg die Treppe hinunter. Mitten im Treppenhaus wurde es ganz dunkel. Ich zündete kurz mein Feuerzeug an, um mich zu orientieren, und ging weiter, indem ich mich mit dem Handrücken an der Wand abstützte.

Nachdem ich das Gebäude verlassen hatte, ging ich schnell in Richtung des Barbaros-Boulevard. Niemand hinter mir schrie »Halt!« Ich blieb unter einer defekten Straßenlaterne stehen und schaute zurück. Nichts hatte sich verändert. Alles in Ordnung, Remzi Ünal, sagte ich zu mir. Niemand wird sich ungebeten bei dir einhaken.

Ich stellte den Mantelkragen hoch und schritt aus, als ob ich ein stellvertretender Direktor wäre, der gerade gespeist hat und nun noch rechtzeitig in die 21.15-Uhr-Vorstellung in Taksim kommen will. Mit erhobenem Haupt und ruhigem Gewissen. Die nasse Papierserviette warf ich in den nächsten Mülleimer.

Als ich den Barbaros-Boulevard erreichte, hatte ich meine Zigarette zu Ende geraucht. Vor dem Büfett, hinter dessen Glasvitrine hundertfünfzig Kilo Apfelsinen aufgehäuft waren, trat ich sie aus. Ich schaute nicht mehr zurück, weil ich wusste, was ich zu sehen bekommen würde. Der Polizeiwagen der Marke Renault mit dem rotblauen Licht auf dem Dach bog gerade neben dem Büfett in die Straße ein, in der sich Hi-Mem befand. Aber die Sirene war nicht zu hören. Zielstrebig fuhren sie in die Einbahnstraße, als wüssten sie genau, wo sie hinmussten.

4

Weil es so kalt war, steckte ich die Hände in die Taschen und ging zügig an dem Geschäft für Mobiltelefone vorbei. Der Straßenverkehr floss immer noch träge dahin. Mein Atem war mittlerweile wieder in Ordnung. Ganz von selbst, ohne dass ich mich auf ihn konzentrieren musste. Je weiter ich die Straße hinunterging, desto belebter wurde es um mich herum. Inmitten der vielen Menschen und dem Trubel fühlte ich mich merklich wohler.

Da sind wir aber noch mal gut davongekommen, sagte ich mir mindestens zehnmal. Da sind wir aber noch mal gut davongekommen. Erst am Eingang zum Markt kam es mir wieder in den Sinn, auf die Uhr zu schauen. Die Grillhähnchen, die sich am Spieß drehten im Schaufenster des Imbisses an der Ecke, forderten mich regelrecht heraus. Ohne viel zu überlegen, ging ich hinein und setzte mich, so als wäre nichts gewesen, an einen Tisch, von dem man auf die Straße sah. Ich bemerkte den kleinen Aschenbecher auf dem Tisch und steckte mir eine Zigarette an.

»Was hast du da zu suchen gehabt?«, hörte ich irgendwo in meinem Hinterkopf einen Mann in einer leuchtenden Polizeiweste fragen.

»Ich wollte einen Computer kaufen«, entgegnete ich.

»Das Geld hier im Umschlag, wem gehört das?«

»Ich habe doch gesagt, ich wollte einen Computer kaufen.«

»Wers glaubt«, sagte der Typ in meinem Hinterkopf.

»Wirklich!«

»Da hast du dir aber die richtige Zeit ausgesucht. Und was hast du mit der Frau bei dir zu Hause gemacht?«

»Wir haben uns unterhalten«

»Schau an. Sie haben sich unterhalten.«

»Ich habe ihr einen Kaffee gemacht.«

»Schau an. Er hat ihr einen Kaffee gemacht.«

Dann stellte er mir unaufhörlich Fragen und machte mir von vornherein deutlich, dass er meinen Antworten keinen Glauben schenken würde.

Ich schwieg, protestierte also nicht.

»Was hast du da zu suchen gehabt?«, hörte ich wieder den Typen in der Polizeiweste in meinem Hinterkopf fragen und wurde langsam müde, mir eine gescheite Antwort zu überlegen.

»Ich will einen Anwalt«, sagte ich schließlich.

»Besorg meinem Abi einen Anwalt«, sagte ein anderer Mann mit einer leuchtenden Weste.

»Was soll ich dir bringen?«, fragte ein Kellner mittleren Alters mit einer Schürze voller Flecken.

»Ein halbes Hähnchen«, gab ich ihm zur Antwort.

»Besorg meinem Abi ein Halbes«, rief er einem anderen Kellner mit fleckiger Schürze zu.

Als er den Teller mit dem halben Grillhähnchen, schön ausgenommen und garniert, vor mir auf den Tisch stellte, verschwanden die Männer in den leuchtenden Westen. Sie kamen auch nicht wieder. Ich machte meine Zigarette aus.

Ich steckte mir eine Zigarette an.

Ich stand vor dem Imbiss. Mit einem Zahnstocher versuchte ich, die kleinen Brathähnchenstücke zwischen meinen Zähnen zu entfernen. Ich konnte mich nicht entscheiden, was ich als Nächstes tun sollte. Ich konnte nach Hause gehen und den Sender einschalten, der immer über Mordfälle, Verkehrsunfälle und Familien berichtete, die sich in den Gängen der Gerichte gegenseitig anschrien. Vielleicht würden sie von dem Tod einer Geschäftsfrau aus der Computerbranche berichten, die mit einem Mauskabel erdrosselt worden war. Ich würde die vielen Menschen sehen, die sich auf der Straße versammelt hatten, und die Sanitäter, die den Leichnam von Muazzez Güler in einem dunklen Sack abtransportierten. Vielleicht würde ich auch ihren Mann sehen. Und wenn der Reporter einen guten Draht zu dem Leiter der Ermittlungen hatte, könnte ich durch eine wacklige Kamera sehen, wie sie im Labor meine Fingerabdrücke untersuchten, die ich vergessen hatte abzuwischen. Am Ende des Berichts würde ich hören, dass die Ermittlungen noch andauerten.

Ich verließ den Gehsteig vor dem Imbiss und machte mich auf den

Weg. Die Stadtverwaltung ließ wieder mal Arbeiten an den Gehsteigen ausführen, überall herrschte Chaos. Im Slalom ging ich zwischen den diversen Haufen von Pflastersteinen hindurch. Die Fischverkäufer hatten an ihren Ständen längst die Lichter angemacht. Keiner von ihnen versuchte mit mir Blickkontakt aufzunehmen.

Als ich an der Adler-Statue mitten auf dem Platz angelangt war, ging ich auf den Kastanienverkäufer zu, der sich hinter seinem kleinen Stand ausgebreitet hatte, als würde er schon seit Monaten hier sitzen. Als der Mann mich kommen sah, konnte ich ein Lächeln auf dem Gesicht mit dem Dreitagebart erkennen. Ich fragte ihn, ob er wisse, in welchem Gebäude sich die Partei von Muazzez Gülers Mann befand. Er verzog das Gesicht, als er merkte, dass ich keine Kastanien kaufen wollte. Träge und unwillig wies er auf das Ende der Ihlamur-Dere-Straße.

»Vielen Dank«, sagte ich und ging in die Richtung, in die er gezeigt hatte.

Er rief mir noch etwas hinterher, aber ich verstand nicht, was er sagte. Vielleicht war es seine Meinung zur Politik der besagten Partei.

An die Gehsteige dieser Gegend hatte sich die Stadtverwaltung noch nicht gemacht. Ich ging zügig inmitten der anderen Passanten, den Blick auf die oberen Stockwerke der Gebäude gerichtet. Erst stieß ich gegen eine Frau und dann gegen einen jungen Mann, der mehr als zwanzig Damentaschen trug. Die Frau bat ich um Entschuldigung. Sie beachtete mich gar nicht. Der Mann rief mir ein »Oha!« hinterher. Ich gab ihm keine Antwort.

Die Bezirksorganisation der Partei von Muazzez Gülers Mann in Beşiktaş war auf gleich zwei Stockwerken eines neu errichteten Gebäudes untergebracht. Ein großes Schild mit dem Parteilogo zog sich über die gesamte Breite des Hauses. Der Eingangsbereich war mit Marmor verkleidet. Zwischen zwei säulenähnlichen Vorsprüngen befand sich eine Drehtür aus getöntem Glas. In beiden Stockwerken brannte Licht, aber man konnte hinter den halb geöffneten Jalousien keinerlei Bewegungen erkennen. Auf dem Gehweg direkt vor dem Gebäude war eine Fläche mit roten Plastikkegeln abgesperrt, groß genug für zwei Autos.

Ich wartete und überlegte eine Weile, ob es sinnvoll war, in das Gebäude zu gehen. Dann ließ ich den Gedanken fallen. Es hatte keinen

Sinn, denen da drinnen zu sagen, dass ich gekommen war, um Herrn Kadir Güler, Vorsitzender der Bezirksorganisation Beşiktaş, mein Beileid auszusprechen.

Ich schaute auf die Uhr, rechnete ein wenig, dann kehrte ich um.

Ich schaffte es, durch das Wirrwarr der Baustellen im Markt zu gelangen, ohne mir die Hosenbeine schmutzig zu machen. Die Brathähnchen im Schaufenster des Imbissfensters sah ich kein zweites Mal an und ging links den Barbaros-Boulevard wieder hinauf.

Die Kälte kroch mir in die Glieder. Um mich ein wenig aufzuwärmen, atmete ich tief durch. Ich hetzte nicht, aber ich ging zügig. Als ich die Straße von Hi-Mem erreicht hatte, blickte ich nach links. Keine Lichter von Polizeiwagen und Ambulanz. Ich konnte auch keine Kamerascheinwerfer erkennen. Das wunderte mich nicht. Ich unterdrückte den Wunsch, mir das Ganze aus der Nähe anzuschauen. Ich war ziemlich groß, und mein Mantel war einer von der Sorte, an die man sich leicht erinnern konnte.

Zwischen den vielen Autos, die langsam die Straße hinunterfuhren, konnte ich leicht auf die andere Straßenseite gehen. Mir war, als hätte ich trotzdem einige Flüche gehört. Aber ich drehte mich nicht um. Ein Taxifahrer, der mich am Straßenrand stehen sah, verlangsamte abrupt seine Geschwindigkeit, querte zwei Fahrspuren und hielt unweit von mir.

Mit einem kleinen Hupkonzert im Rücken, schwang ich mich auf die Rückbank des Taxis.

»Ihr seid doch nicht draufgegangen, oder, ihr Idioten?«, rief der Taxifahrer nach hinten, als er anfuhr.

Ich hielt meinen Mund.

»Mein Gott, was gibt es doch für Tölpel auf dieser Welt«, klagte er, als er in den zweiten Gang schaltete. Der Fahrersitz verschwand förmlich unter seinem großen Körper und den Schultern, die breiter waren als meine. Er hatte sich bestimmt seit zwei Tagen nicht rasiert.

»Damit dus weißt, Abi, auf die andere Seite fahre ich auf keinen Fall«, klärte er mich auf, als er in den dritten Gang schaltete. »Das packe ich bei diesem Verkehr heute nicht!«

Ich gab ihm keine Antwort.

»Du bist heute wohl nicht in rechter Stimmung, Abi«, sagte er und drehte sich zu mir. »Dann sag mir wenigstens, wohin wir fahren.«

»Entschuldige bitte, wir hatten einen Trauerfall«, sagte ich, überlegte eine Weile und meinte dann: »Wir fahren zum Profilo.«

Auch wenn der Taxifahrer mit dem Zweitagebart sich vermutlich darüber wunderte, warum ich unter diesen Umständen ausgerechnet in ein Einkaufszentrum wollte, gab er keinen Mucks von sich. Bis wir am Fahrziel ankamen, machte er kein einziges Mal mehr den Mund auf.

Im Profilo schaute ich mir einen Film an, der noch bescheuerter war als die Filme, die ich mir sonst aus Langeweile ansah. Trotzdem waren viele Leute im Kino. Weil ich mit verschränkten Armen im Sessel saß, spürte ich ständig den dicken Umschlag in meiner Herzgegend.

Ich nahm wieder ein Taxi und stieg vor einem Tekel-Kiosk in der Zeytinoğlu-Straße aus, der bis Mitternacht geöffnet hatte, und stellte mich, um mir Zigaretten zu besorgen, hinter zwei Jungs und einem Mädchen an, die den billigsten Wein kauften. Das Gesicht des Mädchens kam mir bekannt vor, wahrscheinlich war sie aus unserer Siedlung. Als sich unsere Blicke begegneten, schaute sie verschämt zu Boden.

Ich ließ die Stange Zigaretten in meiner tiefen linken Manteltasche versinken und ging weiter. Weit und breit war niemand zu sehen. Ein starker Geruch nach Kohle lag in der Luft. Zwei Autos kamen von hinten und überholten mich mit hoher Geschwindigkeit. Der Luftzug schlug kalt in mein Gesicht. Beim Parkplatz hielt ich nach meinem Auto Ausschau, ich wollte wissen, ob es immer noch dort stand. Da war es, mit einer dicken Schmutzschicht auf dem Dach. Der Parkplatz platzte aus allen Nähten. Auf dem kurzen Fußweg zu dem Hochhaus, in dem sich meine Wohnung befand, parkte ein Auto. Wäre ich ein Familienvater, der mit Tüten in der Hand vom Einkaufen kam, hätte ich sicher geflucht. Würde das unser Hausverwalter, der pensionierte Militär, sehen, der schon zig Schilder aufgestellt hatte, dass hier nicht geparkt werden durfte, er würde noch viel mehr fluchen. Ich fluchte nicht.

Der Motor des Wagens lief. Das konnte ich an dem Qualm erkennen, der aus dem Auspuff kam. Der Mann im Wagen rauchte eine Zigarette, seine Hand hing aus dem offenen Fenster.

Der Wagen wartete auf mich. Wenn ich ihn gewesen wäre, dachte ich mir, hätte ich andersrum geparkt. Dann hätte ich besser sehen können, wer kommt. Ich näherte mich dem Opel Corsa von rechts, riss die Beifahrertür auf und schwang mich auf den Sitz.

»Hast du auf mich gewartet?«, fragte ich den jungen Mann, der seine Augen auf die Eingangstür des Hochhauses gerichtet hatte.

»Allah!«, schrie der Mann in der Lederjacke und schreckte in seinem Sitz auf. Er griff zur Gangschaltung, als ob das etwas brachte. Ich konnte sogar im Dunkeln erkennen, dass er ganz bleich war. Er schaute mich an. Plötzlich begann er zu weinen. Wer weiß, was er in meinem Gesicht gesehen hatte. Beide Hände um das Steuer gekrallt, den Kopf darauf gelegt, schluchzte er jetzt laut. Jedes Mal, wenn er dem Geheule ein Ende bereiten wollte, überkam ihn ein neuer Anfall, und ich konnte erkennen, wie seine Schultern zuckten. Seine Lippen waren zusammengepresst und ließen nur die Schluchzer nach außen dringen.

Zuerst wusste ich nicht, was ich machen sollte. »Beruhige dich«, sagte ich schließlich. »Ich habe dich wohl etwas erschreckt. Es ist alles in Ordnung. Beruhige dich.«

Er versuchte, sich zu fassen, und schaute mich an. Seine Nase lief. Er war so jung, dass er seinen Führerschein bestimmt noch nicht lange besaß. Seine kurzen Haare hatte er mit Gel nach hinten gekämmt. Er hatte eine riesige Nase und schmale Lippen. Der Reißverschluss seiner Lederjacke war bis oben zugezogen. Er trug Jeans. Seine Schuhe konnte ich nicht sehen. Seine Hände am Steuer zitterten.

»Beruhige dich, mein Junge«, sagte ich wieder. Aus einer Box, die über dem Handschuhfach angebracht war, zog ich ein paar Taschentücher und reichte sie ihm. »Trockne deine Augen. Es ist alles in Ordnung. Beruhige dich.« Er putzte sich die Nase. Ich zog noch einige Taschentücher aus der Box und reichte sie ihm.

»Remzi Abi … Remzi Ünal Abi … Bist du das, Abi?«, fragte er, nachdem er sich mit der Hand über die Augen gewischt hatte. »Bitte entschuldige. Ich bin mit den Nerven am Ende. Ich habe Schiss gekriegt, als du so plötzlich eingestiegen bist.«

»Das bin ich.«

»Kadir Abi hat mich geschickt«, sagte er. »Er sagte, dass er dringend mit dir sprechen muss. Ich warte schon seit einer Stunde hier. Vor lauter Grübeln bin ich mit den Nerven am Ende.«

Nichts ist so schön, wie Fragen zu stellen, deren Antworten man bereits kennt. Obwohl ich wusste, dass ich es nicht so genießen konnte, wie ich wollte, fragte ich: »Wer ist Kadir Abi?«

»Na, Kadir Abi eben ...«, antwortete der Junge in der Lederjacke. »Der Mann von Muazzez Abla, mit der ich heute hier gewesen bin.«

Ich schwieg. Es schien so, als ob er wieder einen Weinkrampf bekommen würde. Ich hatte Mitleid, aber ich musste ihm trotzdem einige Fragen stellen. »Was will dein Kadir Abi denn mit mir besprechen?«

»Weißt du das denn nicht, Abi?«, fragte er. Seine Augen waren tränennass.

Zieh es durch, Remzi Ünal, sagte ich mir. »Was weiß ich nicht?«

»Heute ist etwas fürchterlich Schlimmes passiert«, begann er. Ich konnte erkennen, wie er beim Sprechen die Schluchzer zu unterdrücken versuchte. »Muazzez Abla ... Die Muazzez Abla, die Sie heute getroffen haben ...« Seine Lippen zitterten. »Sie haben Muazzez Abla getötet.« Das war zu viel für ihn. Er krallte wieder beide Hände um das Steuer, schlug den Kopf darauf und weinte diesmal noch lauter.

In der Hoffnung, die Zeitung morgen vielleicht mit einem ruhigeren Gewissen lesen zu können, riss ich ein paar weitere Taschentücher aus der Box und reichte sie dem Jungen. Allmählich machte ich mir auch Gedanken darüber, ob nicht die Nachbarn das Schluchzen und Weinen hörten. Der Abend war ruhig, das Autofenster offen.

»Mein Gott, was erzählst du da? Wann ist das passiert?«, fragte ich, während ich auf mein Knie schlug. »Was heißt getötet? Wer hat sie getötet? Hat man sie geschnappt?«

»Wer weiß, welcher Hurensohn so herzlos war«, wimmerte er zwischen lauten Schluchzern. »Es wimmelte vorhin nur so von Polizisten bei uns. Kadir Abi ist verzweifelt. Sie haben ihn mitgenommen. Sie wollen ihn verhören. Wer weiß, welcher Hurensohn ...«

Mir fiel auf einmal das Grillhähnchen ein, das ich gegessen hatte. »Haben sie dich auch verhört?«, fragte ich.

»Sie wollten wissen, ob sie Feinde hatte. Solche Fragen haben sie gestellt.«

»Hast du ihnen gesagt, dass ihr hierhergekommen seid?«

»Nein, Abi«, antwortete er. »Warum sollte ich? Wir sind hierhin gefahren, wir sind dorthin gefahren … Ich weiß sowieso nicht, was mit mir los ist. Ich bin gar nicht richtig bei Sinnen.«

Jetzt fühlte ich mich wohler. »Und dann?«, fragte ich. »Hat dein Kadir Abi nach mir geschickt?«

»Als sie Kadir Abi mitgenommen haben, hat er mir gesagt, dass sie ihn spät abends wieder gehen lassen würden. Er wusste, das Muazzez Abla und ich heute hier gewesen sind. Finde diesen Mann, hat er zu mir gesagt, finde ihn und bring ihn her. Wenn es sein muss, warte bis zum nächsten Morgen. Dann bin ich hierhergekommen und hab auf dich gewartet, Abi.« Er schien sich etwas beruhigt zu haben.

»Warum hat er mich nicht angerufen?«

»Woher soll ich das wissen?«, antwortete er. »Deine Telefonnummer war wohl in der Handtasche von Muazzez Abla. Die Tasche und die ganzen anderen Sachen, die ihr gehörten, haben sie zur Polizeiwache mitgenommen, als sie die Leiche weggebracht haben.«

Mit dem Wort »Leiche« schien er sich selbst den letzten Schlag verpasst zu haben. Ein Laut wie »Öörrrgh« kam aus der Tiefe seiner Kehle. Er versuchte, die Fahrertür zu öffnen, um nicht in den Wagen zu kotzen. Aber er schaffte es nicht mehr rechtzeitig. Ein Teil seines Mageninhaltes ergoss sich auf seine Hose, der andere Teil auf den Fußweg vor unserem Hochhaus. Der Geruch halb verdauter Miesmuscheln, vermischt mit Bier, schlug mir von der Seite entgegen.

Verdammter Mist, sagte ich mir. Dass er hier vor dem Hochhaus kotzte, war nicht das Problem. Aber ich konnte nur hoffen, dass Muazzez Güler meine Telefonnummer nicht in ihrem Handy gespeichert hatte. So hatte ich noch die Möglichkeit, mich lediglich als Kunde auszugeben, der sich für Computer und andere Geräte interessierte.

»Schon in Ordnung. Schon in Ordnung«, sagte ich möglichst ruhig. Ich griff erneut zu der Taschentuchbox, aber sie war leer. Mir blieb also keine andere Wahl. »Ganz ruhig, beruhige dich. Lass uns nach oben in meine Wohnung gehen. Dort kannst du dich waschen. Das kriegen wir schon alles hin. Beruhige dich.« Er versuchte, sich mit den benutzten Taschentüchern die Reste vom Erbrochenen um den Mund herum abzuwischen. Sehr erfolgreich war er damit nicht.

Als wir meine Wohnung betraten, blickte ich als Erstes auf die Anzeige des Anrufbeantworters. Keine Nachrichten. Ich zeigte dem jungen Burschen das Badezimmer. »Wasch dich erst mal ordentlich«, sagte ich. »Ich besorge dir ein paar Sachen zum Anziehen. Danach unterhalten wir uns.«

Als ich allein war, zog ich meinen Mantel und meine Schuhe aus, nahm die Stange Zigaretten aus meiner Manteltasche und legte sie neben das Telefon. Den Umschlag ließ ich vorerst in der Tasche. Ich ging ins Schlafzimmer und suchte im Schrank nach einer Hose, die ich lange nicht getragen hatte, und reichte sie ihm durch den Türspalt ins Bad. »Lass deine Hose in der Badewanne liegen«, sagte ich. Keine Antwort, dann kam er aus dem Badezimmer. Meine Hose war ihm ein wenig zu groß, aber er machte schon einen besseren Eindruck und hatte sich ein wenig gefangen. Seine Augen sahen allerdings immer noch verheult aus. Ich reichte ihm ein Glas Wasser. In schnellen Zügen trank er es aus.

»Vielen Dank, Abi«, sagte er, nachdem er sich den Mund abgewischt hatte. »Jetzt gehts mir besser. Wollen wir?«

»Wart einen Augenblick«, antwortete ich bestimmt, um die Kontrolle über die Situation nicht zu verlieren. Ich nahm ihm das Glas ab, berührte ihn sanft am Arm und führte ihn ins Wohnzimmer. »Wenn du dich gefasst hast, sollten wir uns ein wenig unterhalten.«

»Ich bin wieder auf den Beinen, Abi. Es geht mir gut«, sagte der Junge mit einem verängstigten Ausdruck im Gesicht. »Entschuldige bitte. So etwas ist mir noch nie passiert. Ich weiß auch nicht, wie es dazu kommen konnte.«

»Halb so schlimm. So etwas kann schon mal vorkommen. Setz dich einen Augenblick hin.« Ich zeigte auf den Sessel, in dem heute Morgen noch Muazzez Güler gesessen hatte. Ohne zu protestieren, nahm er Platz.

»Nachdem ihr hier aufgebrochen seid, seid ihr da direkt ins Geschäft gefahren?«, fragte ich.

»Nein«, antwortete der Junge. »Ich hab sie beim Markt abgesetzt. Wir konnten keinen Parkplatz finden. Sie hat gesagt, dass ich schon Feierabend machen soll, sie würde dann zu Fuß nach Hause gehen. Ich hab ein paar Freunde angerufen und dann haben wir einige Runden Billard gespielt. Als wir danach in einer Kneipe saßen, hat mich Kadir Abi angerufen.«

Ich freute mich erneut darüber, dass ich darauf bestanden hatte, dass die Frau mir nicht einen Scheck ausstellte. Ich ging zur nächsten Frage über. »Hat man sie im Geschäft überfallen? Hat jemand etwas gesehen?«

»Niemand hat etwas gesehen, Abi.« Es war deutlich, dass er sich noch mit niemandem über die Sache unterhalten hatte. Wahrscheinlich hatte er die Weinkrämpfe bekommen, weil er sein Herz bis dahin noch nicht ausgeschüttet hatte.

Er schien vergessen zu haben, dass er mich sofort zu Kadir Güler bringen sollte, und erzählte drauflos. »Die Jungs von der Technik hatten nach Feierabend das Geschäft verlassen. Koray Bey war sowieso unterwegs wegen irgendwelcher Einzahlungen ...«

Ich nahm die Schachtel, die auf dem kleinen Beistelltisch zwischen uns beiden lag. Es waren noch zwei Zigaretten drin. Eine reichte ich meinem Gast, die andere nahm ich selbst. »Wer ist Koray Bey?«, fragte ich, während ich ihm Feuer gab.

»Unser Buchhalter«, antwortete er, nachdem er den ersten Zug ausgestoßen hatte. »Muazzez Abla hat abends oft allein gearbeitet. Tagsüber kommen viele Kunden, da ist ständig was los. Abrechnungen und solche Sachen hat sie immer abends erledigt, weil sie dann den Kopf frei hatte.«

Ich steckte meine Zigarette an. »Niemand hat also etwas gesehen?«

»Niemand, Abi. Ein Kunde soll sie entdeckt haben. Er hat sofort die Polizei gerufen. Die sind gleich mit ganz vielen Leuten angerückt und haben auch Kadir Abi benachrichtigt.«

»Allah, Allah!«, rief ich aus, damit der Jungen weitererzählte.

»Was mich so fertig macht, ist Folgendes«, fuhr er fort. In seiner Stimme war eine neue Aufregung zu spüren. »Wenn wir einen Parkplatz gefunden hätten, dann hätte ich sie begleiten können. Dann wäre ich bei ihr gewesen. Dann wäre nichts passiert. Ich hätte sie beschützt. Niemand hätte ihr etwas antun können ...«

»Schicksal ...«

»Nach dem, was ich gehört habe, hat man sie in ihrem Büro gefunden«, sagte der Junge. »Es soll kein großes Handgemenge stattgefunden haben, sagen sie. Du weißt schon, wenn da irgendwelche Leute eingebrochen wären, um etwas zu stehlen, dann hätte Muazzez Abla zumindest geschrien oder so.«

»Allah, Allah«, wiederholte ich.

»Muazzez Abla war nicht der Typ, der sich leicht einschüchtern lässt. Einmal wollten sie ihr auf der Straße die Handtasche klauen. Sie hat so laut geschrien und getobt, dass die Räuber abgehauen sind. Kadir Abi sagt immer zu ihr: ›Du bist wie die Regierung, gewohnt, Befehle zu erteilen.‹« Plötzlich fiel ihm seine Aufgabe wieder ein. Er stand eilig auf. »Lass uns gehen, Abi«, forderte er mich auf. »Kadir Abi ist sowieso schon verzweifelt. Da wollen wir ihm nicht noch mehr Kummer bereiten.«

Ich überlegte eine Weile und beschloss dann, dem Tempo der Polizei bei den Ermittlungen zu vertrauen. »Warte eine Minute«, sagte ich. »Hast du dein Handy dabei?«

»Ja, Abi.«

»Ruf doch mal eben an, damit wir wissen, ob sie deinen Kadir Abi mittlerweile haben gehen lassen.«

Er griff in die Innentasche seiner Jacke und holte sein Handy hervor, hielt es ziemlich nahe vor die Augen, drückte auf einige Tasten, hielt es ans Ohr und wartete. »Sein Handy ist ausgeschaltet«, sagte er.

»Versuchs bei ihm zu Hause.«

Er setzte sich wieder in den Sessel, als wäre er müde. Er mühte sich erneut mit einigen Tasten ab. »Hallo«, sagte er nach einer Weile. »Ist Kadir Abi schon wieder zu Hause, Hatice Abla? Ich bins, Cenk.« Als er den Worten von Hatice Abla lauschte, schaute er mich fortwährend an. Dann runzelte er die Stirn, als würde ihm nicht gefallen, was er hörte. »Mensch, ist das wahr?«, sagte er. »Da ist also die Bude voll?« Er hörte wieder eine Weile zu. »Alles klar, Hatice Abla. Ich komme auch bald.« Dann schüttelte er den Kopf und stieß einen kurzen Pfiff aus.

»Es steht noch nicht fest, wann sie ihn entlassen werden«, kam ich ihm zuvor. Ich schaute ihn von oben herab an. »Jetzt hör mir zu. Ich habe heute Nacht noch etwas zu tun. Gib mir seine Telefonnummer, ich werde ihn gleich morgen früh anrufen. Und beschreib mir den Weg zu seinem Haus.«

Fast schien er überredet. Dann ergriff er noch eine letzte Chance. »Und wenn wir zu ihm fahren und da warten?«

»Fahr du und warte dort«, schlug ich vor, während ich zum Fenster ging. Vor dem Haus schien alles ruhig zu sein. »Nimm ihn beiseite und erklär ihm alles, sobald er wieder zu Hause ist. Und wenn er mich immer noch sprechen will, geh ich gleich morgen früh zu ihm.«

»Okay, Abi.« Er sah zu Boden, während er mir den Weg zu Muazzez und Kadir Gülers Haus beschrieb. Es befand sich südlich der Technischen Universität im Stadtteil Maçka. Dann gab er mir eine Handynummer und anschließend eine siebenstellige Festnetznummer. Er bemerkte gar nicht, dass ich mir nichts zu notieren brauchte.

»Alles klar, Cenk«, sagte ich. »Wie ist dein Nachname?«

»Bozer«, erwiderte er sehr müde und stand auf.

Sobald ich die Wohnungstür hinter ihm geschlossen hatte, zog ich den dicken Briefumschlag aus der Innentasche meines Mantels und legte ihn auf den Tisch. Ich schaute ihn mir von allen Seiten an. Dann öffnete ich ihn vorsichtig. Er war nicht zugeklebt. Darin befand sich genau der Betrag, den ich mit Muazzez Güler vereinbart hatte. Auf den Geldscheinen lag der Beleg einer Devisenwechselstube. Wer die Devisen umgetauscht hatte, stand nicht auf dem Beleg. Nur der Betrag, das Datum und die Uhrzeit waren vermerkt.

Ich nahm den Umschlag und ging ins Schlafzimmer. Ich holte eine saubere Unterhose aus der Schublade, wickelte den Umschlag darin ein und versteckte ihn unter der Matratze am Fußende meines Bettes. Dann prüfte ich mein Gewissen. Gut, das war die Frucht eines kurzen Telefonats, sagte ich mir. Aber eins ist klar: Wenn ein Künstler in zwei Minuten ein Bild malt und das Honorar dafür kassiert, dann bekommt er das Geld nicht nur für die zwei Minuten Arbeit, sondern genau genommen auch für all die Arbeit, die er in seinem Leben bisher geleistet hat.

Als ich mich auf den Weg in die Küche machte, um mir einen Kaffee zu kochen, drang mir der unangenehme Gestank aus dem Bad in die Nase. Ich fluchte. Wer sich so dubios benimmt und Spuren verwischt, Remzi Ünal, der muss auch mal als Aufwischer an die Arbeit, sagte ich mir. Die besudelte Hose lag in der Badewanne. Ich versuchte, das flaue Gefühl in meinem Magen zu unterdrücken. Ich holte alle Kleidungsstücke aus der Trommel der Waschmaschine und warf sie auf einen Haufen mitten im Badezimmer. Zu dem Gestank von Erbrochenem mischte sich nun auch der Geruch von nasser Wäsche. Dann nahm ich die Hose und durchsuchte die Taschen. Vielleicht war etwas darin, was der Waschmaschine schaden konnte.

Es war offensichtlich, dass Cenk Bozers Laster nicht nur das Zigarettenrauchen war. Ich erkannte diese verflixten Kerle auf Anhieb, ganz gleich, wo ich ihnen begegnete. Außer einem durchsichtigen Plastiktütchen, das ich aus der Hosentasche holte, fiel mir noch ein kleines Stück Haschisch in die Hände, das aus dem Papier, in das es eingewickelt gewesen war, herausgefallen war, und ein mit Plastik umwickeltes Stück Draht. Nur gut, dass ich nicht sein Vater bin, sagte ich mir, nahm die Ausbeute und warf sie gemeinsam mit dem Plastiktütchen in den Müll. Dann steckte ich die Hose in die Waschmaschine, wählte das Programm mit dem heißesten Wasser, der größten Menge an Waschpulver und den meisten Waschgängen, startete die Maschine und öffnete die Klappe des Belüftungsschachts in der Ecke des Badezimmers, damit der Gestank schneller abziehen konnte.

Eine halbe Stunde nachdem ich das Geld unter der Matratze versteckt hatte, verließ ich meine Wohnung. Zuvor hatte ich zwei Tassen Kaffee hintereinander getrunken, mich durch alle Fernsehprogramme gezappt, den Dreck in der Küche auf ein erträgliches Maß verringert, mich gegen einen kleinen Ausflug mit dem Flugsimulator entschieden und ziemlich gelangweilt auf das Telefon gestarrt.

Als ich draußen an der Lache mit Erbrochenem vorbeikam, hielt ich an. Ich nahm einige Hände voll Erde aus dem Garten und verdeckte damit die Hinterlassenschaft von Cenk Bozer. Immerhin wohnte ich ja hier.

Ich ging durch die kalte Nacht und steuerte eine neu eröffnete Bar an, die eine Straße unterhalb des Akmerkez-Einkaufszentrums lag. Während ich dort einen weiteren Kaffee trank, versuchte ich ein wenig nachzudenken. Das gelang mir nicht so richtig. Wieder zu Hause, bemerkte ich mit Freude, dass niemand eine Nachricht auf dem Anrufbeantworter hinterlassen hatte. Ich las eine Weile. Wieder einmal *Der Malteser Falke*. Die Unruhe in den Augen von Brigid O'Shaughnessy ließ mich das Bild von Muazzez Güler mit dem Mauskabel um ihren Hals vergessen. Nachts im Traum sah ich Sam Spade, wie er den Namen seines ermordeten Partners vom Glas seiner Bürotür entfernte. Ich sollte viel mehr lesen, dachte ich zwischendurch im Schlaf.

5

Ich erwachte eine ganze Weile vor der Zeit, zu der der Laufbursche vom Laden mir immer Zeitungen und Brot vorbeibrachte. Draußen herrschte echtes Schmuddelwetter. Eines, bei dem man sich sagt: Bleib bloß zu Haus und mach dir einen schönen Tag, wenn du nicht wirklich etwas zu erledigen hast … Aber ich hatte etwas zu erledigen.

Meine Aufwärmübungen machte ich noch in Unterwäsche, schließlich war es in der Wohnung ja ziemlich warm. Ich machte den ersten Durchgang, fühlte mich davon aber noch nicht richtig geschafft und fing von vorne an. Als sich auf meiner Haut, in meinem Schritt und auf dem Kopf eine richtige Schweißschicht gebildet hatte, ging ich ins Bad. Ich nahm eine lange Dusche, erst heiß, dann kalt, so wie der Held aus einem Buch, das ich mal gelesen hatte.

Während ich auf das Kaffeewasser wartete, schaute ich aus dem Fenster und schmiegte meine Beine an die warmen Heizkörperrippen. An Tagen, an denen ich nichts zu tun hatte, war dies der Platz, an dem ich meinen Kaffee genoss. Dieses Mal aber arbeitete ich, während ich in kleinen Schlucken den Kaffee trank. Ich setzte mich in meinen Sessel und verfolgte die Morgennachrichten im Fernsehen, bei denen die Aufmacher der Tageszeitungen verlesen werden. Muazzez Güler wurde mit keinem einzigen Wort erwähnt. Die Leute waren mit anderen Dingen beschäftigt.

Als ich meinen Kaffee getrunken hatte, brachte ich die Tasse zurück in die Küche und atmete dabei ein paarmal tief durch. Meine Aufräumaktion am Abend zuvor war nur oberflächlich gewesen. Ich muss unbedingt die Putzfrau anrufen, dachte ich mir. Ins Zimmer zurückgekehrt, ließ ich mich neben dem Telefon nieder.

Ich versuchte mein Glück zunächst mit Kadir Gülers Handynummer. Laut Display war er derzeit nicht erreichbar. Seis drum, sagte ich mir und wählte unverzüglich die siebenstellige Festnetznummer seiner Wohnung. Nach dreimal Läuten wurde abgenommen. »Jaaa, bitte schön …«, meldete sich eine verschlafene Frauenstimme.

»Kann ich Kadir Bey sprechen?«

»Mit wem spreche ich?«, fragte die Frau sofort zurück.

»Remzi Ünal …«, antwortete ich. »Mein Name ist Remzi Ünal.«

»Remzi Ünal …«, wiederholte die Frau. »In Ordnung … Remzi Ünal. Kadir hatte mir gesagt, dass Sie anrufen würden.«

»Hat er eine Nachricht hinterlassen?«, fragte ich.

»Ja, hat er«, erwiderte die Frau. »›Er soll zum Swimmingpool ins Dedeman kommen‹, hat er gesagt. ›Und er soll es nicht so angehen wie gestern Nacht‹, hat er gemeint.«

Remzi Ünal, mein Lieber, da scheinst du einen neuen Kunden gewonnen zu haben.

»Verstanden, Hatice Hanim. Ist er denn sehr früh raus heute Morgen?«

»Woher zum Teufel …«, setzte sie an, »kennst du denn meinen Namen? Du lieber Himmel, wie geht das denn? Ihr treibt merkwürdige Dinge. Woher … Also Kadir ist erst vor einer Stunde hier aufgetaucht. Er ist wie vom Rinderwahn befallen durch die Wohnung geirrt und dann, ohne einen Bissen zu essen, wieder gegangen.«

»Haben Sie vielen Dank«, erwiderte ich und legte auf.

Mir war nach einer weiteren Tasse Kaffee. Ich verzichtete aber, ging ins Schlafzimmer und zog mich an. In den Tiefen eines Beutels kramte ich meine Badehose hervor, die aus den Tagen stammte, in denen ich die Flugzeuge noch wie ein ganzer Kerl auf die Piste gebracht hatte und nach der Landung mit den Hostessen zum Schwimmen gegangen war. Ich dehnte den Bund mit beiden Händen und prüfte das Gummi, dann wendete ich meinen Wintermantel auf die sportliche Innenseite und dehnte die Ärmel. Er sah nun fast aus wie ein Trenchcoat, nur ohne Gürtel um die Taille. Ich zwängte die Badehose in die Hosentasche. Dann schaltete ich den Fernseher aus.

Man konnte sich leicht täuschen, wenn man nur aus dem Fenster schaute. Das Wetter war mehr als nur regnerisch. Es war kalt, saukalt. Kälter als gestern. Man hatte das Gefühl, winzige Tröpfchen eines Regens, den es so nicht geben konnte, würden einem ins Gesicht peitschen. Ich warf einen Blick auf meinen Wagen. Er sollte in die Werkstatt, hier und da gab es etwas zu reparieren. Aber das musste vorerst warten. Ich lief Richtung Hauptstraße.

Ein Mädchen, das aussah wie eine Gymnasiastin, die sich zu spät auf den Weg zur Schule gemacht hat, hatte dem herannahenden Taxi eher gewunken als ich. Das Taxi fuhr jedoch an ihr vorbei und kam vor mir zum Stehen. So spielt das Leben, sagte ich mir, das Mädel ist sowieso spät dran, da kann sie sich auch noch ein bisschen mehr verspäten.

»Zum Dedeman-Hotel«, sagte ich zum Fahrer, nachdem ich mich gesetzt hatte. »Aber fahr erst mal geradeaus, ich muss mir noch meine Zeitungen holen.«

Der Ladenbesitzer erklärte, sein Laufbursche habe sich schon vor einer ganzen Weile mit meinem Brot und meinen Zeitungen auf den Weg gemacht. Er blickte mich fragend an, ob ich wohl sauer war. War ich nicht. Ich nahm mir einen Satz Tageszeitungen und war bis zur Ankunft am Dedeman-Hotel damit beschäftigt, sie durchzublättern.

Viel war da nicht zu holen. Auch unter den Nachrichten auf Seite drei, die in den morgendlichen Fernsehnachrichten nicht behandelt werden, tauchte keine Meldung zu Muazzez Güler auf. Dabei hätte es von der Zeit her gereicht. Stattdessen stand üble Hetze auf der dritten Seite. Von den Kolumnen mit dem Tenor, dass die ersten Zeichen zur Überwindung der Krise erkennbar seien, las ich jeweils nur den ersten Absatz.

»Die Zeitungen kannst du behalten«, sagte ich zum Taxifahrer, nachdem ich bezahlt hatte und ausgestiegen war. Der Portier begrüßte mich herablassend, als ich durch die Eingangstür ging. Den Metalldetektor durchschritt ich, ohne dass es piepste. Der Beschilderung in der Lobby folgend, ging ich nach unten. Beim Betreten des Schwimmbads schlug mir ein starker Chlorgeruch entgegen. Ich bezahlte mein Eintrittsgeld bei einem freundlichen jungen Burschen, der mich zum Umkleideraum führte. Als ich mich aus- und meine Badehose angezogen hatte, ärgerte ich mich, weil ich vergessen hatte, Badelatschen mitzunehmen. Mit dem Handtuch, das mir der junge Mann in die Hand gedrückt hatte, machte ich mich auf zum Schwimmbecken.

An einem Tisch am Beckenrand saßen sich fünf Japaner, zwei Männer und drei Frauen, in Badesachen gegenüber und tranken Orangensaft. Zwei Frauen mittleren Alters, die besser nicht darauf bestanden hätten, einen Bikini zu tragen, warfen sich unablässig gegenseitig

Blicke zu, als wollten sie sagen: »Wie gut, dass wir hierhergekommen sind.« Auf zwei Liegen, die etwas entfernt vom Becken in einer nach Vorbild einer amerikanischen Bar gestalteten Ecke standen, hatten sich zwei stattliche Kerle in Straßenkleidung gehockt. Gegenüber den riesigen Scheiben, die ihr Bestes gaben, um das fahle Licht nach drinnen zu lassen, saßen zwei Männer in Badehose und ließen ihre Beine ins Wasser baumeln. Beide hatten eine Glatze, beiden hing ein üppiger Bauch über die Badehose und beide waren auf der Brust außerordentlich behaart.

Ich stellte mich ihnen direkt gegenüber hin und ließ das Handtuch auf meine Füße fallen.

Als hätte ich ein Kommando gegeben, ließen sich die beiden in Sekundenschnelle ins Wasser gleiten und kraulten zu mir herüber. Beide schwammen, ohne dabei den Kopf unter Wasser zu tauchen und mit einem Elan, als wollten sie eine Medaille gewinnen oder als hätten sie vor, die zwei Bikinidamen mittleren Alters abzuschleppen. Ich blieb stehen und sah ihnen zu. Je näher sie kamen, desto deutlicher waren ihre Gesichter zu erkennen, aber ich hatte keinen der beiden je zuvor gesehen.

Es war ein Kopf-an-Kopf-Rennen. Wer die Technik nicht beherrscht, muss eben ganz auf seine Kraft setzen. Sie erreichten den Beckenrand links und rechts von mir fast im selben Augenblick. Wasser spritzte aus dem Schwimmbecken.

Ich trat einen Schritt nach links. Und machte vor dem etwas beleibteren Schwimmer wie ein Diener eine Verbeugung. »Sie haben gewonnen, Kadir Bey«, sagte ich, »Ich habe hier ein frisches Handtuch, wollen Sie?«

Der Mann, den ich zum Gewinner des Wettkampfes erklärt hatte, wischte sich mit einer Hand das Wasser aus dem Gesicht und sah mich mit zugekniffenen Augen an. »Ich habe ein Handtuch, Remzi Bey«, japste er. Er war bei dem kurzen Wettkampf ein bisschen außer Atem geraten.

Ich gratulierte mir.

Der Mann zu meiner Rechten stieg aus dem Becken. »Ich ziehe mich um, Kadir Bey, wir sehen uns dann«, meinte er und ging, ohne eine Antwort abzuwarten, Richtung Umkleideräume. Kadir Güler, der Mann, der mich herbestellt hatte, stand bis zum Hals im Wasser und blickte zu mir hoch. Dabei grinste er, als würde ihm gefallen, was er da zu sehen bekam.

»Mein herzliches Beileid«, sagte ich.

»Danke«, sagte er, stieß sich mit den Füßen vom Boden ab und stemmte mit den Armen seinen massigen Körper aus dem Becken. Diese letzte Anstrengung brachte ihn endgültig außer Atem. Er setzte sich und ließ die Beine ins Wasser baumeln. »Warum bist du gestern Abend nicht gekommen?«, fragte er, als das Auf und Ab seines dicken Bauches etwas nachgelassen hatte.

»Sie waren doch gar nicht da«, entgegnete ich.

»Na und, dann hättest du eben gewartet. Ich wünsche, dass man kommt, wenn ich rufe.«

»Sie müssen entschuldigen«, erwiderte ich im gleichen Tonfall. »Ich hatte zu tun.«

Ich verschwieg, dass der Kaffee in der neu eröffneten Bar, in der ich gewesen war, nicht nach meinem Geschmack gewesen war. Wieder grinste er hämisch. »Vergiss es.«

»Okay«, antwortete ich.

An seinen Schläfen hatten sich einige spärliche Haarsträhnen merkwürdig an den Schädel geklebt. Er hatte eine hohe Stirn. Seine Augen waren riesig und leicht gerötet. Ich war mir aber sicher, dass dies eher vom Chlor rührte, als daher, dass er Tränen um seine Frau vergossen hatte. Die Oberlippe unter seiner platten Nase war auffällig, als wäre sie erst ganz neu aus dem Schatten seines vor einer halben Stunde gestutzten Schnurrbartes getreten. Etwas oberhalb seiner Hüfte hatte er eine vor langer Zeit verheilte Narbe. Eine ziemlich lange Narbe.

»Wie ist Ihr Besuch verlaufen?«, fragte ich.

»Vergiss es«, meinte er wieder und strich sich mit beiden Händen über den Bauch. »Komm, lass uns rübergehen«, meinte er dann. »Die blöden Weiber müssen ja nicht mitbekommen, was wir bereden.«

Er ließ sich ins Wasser gleiten. Ohne darauf zu achten, ob ich ihm zusah, begann er mit kräftigen, aber schlecht ausgeführten Kraulschlägen zu schwimmen.

Ich wartete ab, bis er sich ein bisschen entfernt hatte, und stieg ins Wasser. Ein komisches, schon lang vergessenes Gefühl überfiel meinen Körper. Vielleicht sollte ich das öfter tun. Ich verharrte regungslos im Wasser und genoss es. Die Frauen blickten zu mir herüber, als wären sie bereit, mich vor dem Ertrinken zu retten. Schließlich begann ich mit langen Zügen nach drüben zu kraulen. Es war wie Fahrradfahren, man verlernt es nie.

Kadir Güler war aus dem Becken geklettert und erwartete mich. Seine Badehose war ein Slip. Eindeutig obszön, dieses Dreieck unter seinem Bauch. Die Beine waren im Verhältnis zum Rumpf eher dünn. »Du schwimmst gut«, sagte er, während ich mich herausstemmte.

»Früher war ich ein guter Schwimmer.«

»Machst du Sport?«

Ich machte eine verneinende Kopfbewegung. Mir war nicht danach, mich mit ihm über Aikido zu unterhalten.

»Man muss Sport treiben«, sagte er und strich sich dabei wieder über den Bauch. »Man darf den Sport nicht vernachlässigen. Immer wenn mir irgendwas Kopfschmerzen bereitet, komme ich hierher.«

Jetzt kommt er langsam zur Sache, freute ich mich. Kadir Güler lief um eine der Säulen herum, die das Dach des halbolympischen Hallenbades trugen, zu seinem Handtuch auf einer orangefarbenen Liege und begann sich Gesicht und Kopf abzureiben. Unter der Liege war eine Ledertasche. Ich setzte mich seitlich auf eine gelbe Liege gleich links daneben.

»Sie müssen ganz schön starke Kopfschmerzen haben«, sagte ich.

»Reichlich«, antwortete er. »Ich habe reichlich Kopfschmerzen.«

»Was kann ich für Sie tun?«

»Treib mir diesen Schweinehund auf«, erwiderte er, ohne mich anzublicken. Mit dem Handtuch trocknete er die Innenseite seiner Oberschenkel ab. Gut, dass wir so weit von den Frauen entfernt sind, dachte ich mir. »Welchen Schweinehund?«

»Sinan, den Schweinehund.«

Hier durfte man sicherlich nicht rauchen. Und selbst wenn, ich hatte ja keine Zigaretten dabei. Ich seufzte still. Von unserer Ecke aus waren die beiden Männer an der amerikanischen Bar nicht zu sehen.

Die durften bestimmt auch nicht rauchen. »Dass Geld Ihnen so viel Kopfschmerzen bereitet, das erstaunt mich wirklich«, sagte ich. »In diesen Zeiten.«

»Welches Geld?«

Reden wir etwa nicht vom gleichen Sinan, fragte ich mich aufgeregt. »Sinan Bozacioğlu«, gab ich zu verstehen, »SinanComp. Na, die Schulden. Die Schulden der Firma.« Kadir Güler schaute mich an, als wollte er sagen, »was bist du nur für ein Trottel«.

»Sinan, der kann sich seine Schulden in den Arsch stecken«, sagte er. »Die zwei, drei Kuruş sind doch nicht mein Problem.«

Schweigend wartete ich ab, dass er sagte, was dann sein Problem sei. Verärgert pfefferte Kadir Güler sein Handtuch an das Fußende seiner Liege. Mit einem Zipfel fiel es über den Beckenrand. Von meinem Platz aus konnte ich nicht sehen, ob es nass geworden war.

»Ich muss Muazzez rächen«, sagte er. »Das ist mein Problem.«

»Gibt es da etwas, von dem ich nichts weiß?«, fragte ich.

Diesmal schaute er mich nicht an. »Was glaubst du wohl, wer Muazzez dieses Ding um den Hals gewickelt hat?«

»Wer?«

»Sinan!«

Eine Zigarette wäre jetzt wirklich gut gewesen. »Und warum?«

»Wegen dir!«

Ja, mein Gott, ist das möglich? Hoffentlich sieht man mir die Verwunderung nicht allzu deutlich an, dachte ich. Ich versuchte die Fassung zu bewahren. »Wegen mir?«

»Natürlich wegen dir«, sagte Kadir Güler. »Jemand hatte ihm gesteckt, dass Muazzez einen Privatdetektiv auf ihn angesetzt hatte. Er ist los und war abends bei ihr. Sie haben ein bisschen gestritten. Muazzez konnte sich nicht beherrschen, ist mit ihrem Gerede zu weit gegangen. Der Hurensohn hat gesehen, dass die Sache schiefgeht …«

»Und Sie waren dabei?«, fiel ich ihm ins Wort.

»Red keinen Blödsinn …«

»Und woher wissen Sie das dann?«

»Wie soll es denn sonst gewesen sein?«

»Richtig«, erwiderte ich, »wie denn sonst.«

Wir schwiegen beide und starrten auf den Pool. Das Wasser war ganz ruhig, weil niemand im Becken war. Die Reflexionen der Deckenlampen zitterten leicht auf der Wasseroberfläche. Draußen musste es sehr kalt sein, aber hier drinnen war es angenehm warm. Selbst ohne Kleider fror man nicht. Ziemlich beißende Chlorschwaden drangen mir in die Nase.

»Haben wir uns verstanden?«, fragte Kadir Güler nach einer Weile.

»Ein paar Dinge sind mir noch unklar«, erwiderte ich.

»Was zum Beispiel?«, fragte Kadir Güler.

»Sie können selbstverständlich fest davon überzeugt sein, dass Sinan Bozacioğlu Ihre Frau umgebracht hat. Das interessiert mich nicht. Was mich interessiert …«

Kadir Güler schaute mich an, als interessierte er sich wiederum so gut wie gar nicht dafür, was mich interessierte. »Also, soweit ich weiß«, fuhr ich fort, »fragt die Polizei den Ehemann in solchen Fällen, wen er verdächtigt. Haben die Sie nicht danach gefragt?«

»Haben sie.«

»Aber Sie haben es ihnen nicht gesagt«, stellte ich fest. »Warum nicht?«

Kadir Güler zog sein Bein an und legte den rechten Fuß auf seinen Oberschenkel. Er begann, eine Blase an seiner Ferse zu inspizieren. Ich wartete, ohne einen Ton zu sagen. Dann sah er sich um, zu den Japanern, zu den Frauen mittleren Alters und zur weiß gekleideten Bedienung, die ihnen irgendetwas reichte. Zu den angekleideten Männern an der Bar schaute er nicht. Schließlich wandte er sich wieder mir zu. Er machte ein Gesicht, als wollte er einen unanständigen Witz zum Besten geben. Einen, über den ich würde lachen müssen, ob ich ihn nun vorher schon gehört hatte oder nicht.

»Ist doch klar, was passiert wäre, wenn ich es ihnen gesagt hätte«, meinte er. »Mit ein bisschen Aufwand spüren sie den Strolch in dem Loch auf, in dem er sich versteckt hält. Ziehen ihm einen sauberen Knüppel über und bringen ihn zum Reden. Dann geht es ab in den Knast. Monate vergehen. Man muss nur lange genug warten, dann wird er irgendwann wegen fehlender Beweise wieder freigelassen. Auf der Wache erzählt er die Wahrheit, vor Gericht eine andere Story.«

Dies war genau der richtige Zeitpunkt, um einzuhaken. »Aber stattdessen?«, warf ich ein.

»Aber stattdessen«, sagte Kadir Güler, »wirst du ihn mir auftreiben und herschaffen …« Er blickte sich um, bückte sich und zog die Ledertasche vor seine Füße. Er machte sie auf und nahm einen pechschwarzen Revolver heraus. Auf dessen Stahl reflektierte das Deckenlicht. Er hielt die Waffe zwischen den geschlossenen Oberschenkeln nach unten und schwang sie hin und her wie ein zweites Geschlechtsorgan. »Ich könnte ihm dieses Ding zum Beispiel in einer stillen Ecke einfach ins Maul schieben.«

Manche Metalle führen also bei manchen Metalldetektoren nicht zum Piepsen. Da im riesigen Hallenbad außer einem leichten Geplätscher kein anderer Laut zu vernehmen war, schienen die Japaner und die Frauen mittleren Alters Kadir Gülers kleine Vorstellung nicht bemerkt zu haben.

»So sicher sind Sie sich also, dass er es getan hat …«, meinte ich.

»So sicher bin ich mir«, sagte er.

Ich glaubte, er sei sauer, weil ich mich von seinem Revolver so gänzlich unbeeindruckt gezeigt hatte. Aber er packte den Revolver mit dem gleichen Lächeln wieder in die Tasche zurück. Hätte ich Hühneraugen gehabt, so wäre ich an der Reihe gewesen, sie zu inspizieren. Aber ich hatte keine. Stattdessen schlang ich meine Arme um die angezogenen Beine und schaute lange und ausgiebig in die Deckenbeleuchtung.

»Was meinst du?«, fragte Kadir Güler.

»Ich denke nach.«

Schließlich ließ ich meine Beine los und wandte mich Kadir Güler wieder zu. Hätte ich Zigaretten dabei gehabt, hätte ich mir vor dem Reden eine angesteckt. Hatte ich aber nicht. Wäre meine Telefonnummer bei Muazzez Güler nicht irgendwo notiert gewesen, hätte ich vermutlich überhaupt nicht geredet. Aber ich redete. Muazzez Güler war tot und ich lebte. Ein paar Überlegungen konnten eigentlich nicht schaden.

»Vielleicht irren Sie sich ja«, sagte ich. »Vielleicht ist irgendwann am Abend bei Hi-Mem einer dieser Strolche aufgetaucht, so einer, der zu viel Klebstoff geschnüffelt hat. Hat gesehen, dass Ihre Frau allein ist.

Und wollte Geld oder irgendwas. Ihre Frau wollte sich nicht darauf einlassen. Ich hatte sowieso den Eindruck, dass sie ziemlich stur sein kann. Dann ist die Sache entgleist …«

»Deine Spekulationen kannst du dir sparen. Alles nur vielleicht, vielleicht …«, meinte Kadir Güler. »Du hast es nicht kapiert.« Er lächelte nicht, doch seine Stimme klang so, als amüsierte er sich.

»Ich habs wirklich nicht kapiert«, sagte ich. Ich wusste, dass ich es nicht kapiert hatte, wartete aber darauf, dass er mir den wahren Grund nannte.

»Du hast es nicht kapiert«, wiederholte Kadir Güler. »Wenn es so war, wie du sagst, was hat sie dann an ihrem Schreibtisch, vor ihrem Computer gemacht? Es muss jemand gewesen sein, den sie kannte. Jemand, den sie hineingelassen und mit dem sie in ihrem Büro gesprochen hat.«

»Stimmt«, sagte ich. Ich saß auf meiner Liege und ersann eine weitere Theorie. Wenn man seine Haare von Kopfläusen befreit, reinigt man sie ja auch von Schuppen. »Einer von den jungen Leuten, die dort arbeiten …«, sagte ich. »Es gab Zoff zwischen ihnen, wegen des Lohns, der Prämie, weil er zu spät zur Arbeit gekommen war oder was weiß ich weshalb. Der Täter hat gewartet, dass alle gehen. Ihre Frau hat in ihrem Büro gearbeitet. Er ist zu ihr rein, hat die Sache angesprochen, sie haben gestritten. Alles, was der Kerl sonst noch verbockt hatte, kam zur Sprache. Die Sachen, die er hatte mitgehen lassen, und so weiter. Die Angelegenheit lief aus dem Ruder …«

Kadir Güler war jetzt mit einer Eiterbeule an der Innenseite seines Unterschenkels beschäftigt. Er bearbeitete die Erhebung nach allen Kräften mit seinen Fingernägeln. »Die jungen Leute, die dort beschäftigt sind, kenne ich alle bestens«, sagte er. »Die sind eine Nummer zu klein, um jemanden zu ermorden, erst recht eine Frau. Und auf gar keinen Fall mit einem Kabel. Völlig ausgeschlossen. Das sind alles Internetbabys.«

Die beste Lösung hatte ich mir für den Schluss aufgespart. »In Ordnung …«, sagte ich. »Ihr Buchhalter. Er hat Geld unterschlagen. Machen Buchhalter doch immer. Ihre Frau hat ihn zu sich ins Büro gerufen. Da nun einmal niemand sonst anwesend war … Es war vielleicht dumm von ihr, die Sache nicht einfach auf sich beruhen zu lassen ...« Dann schwieg ich.

»Du hast es nicht kapiert«, sagte Kadir Güler. »Du hast es wieder nicht kapiert. Ich kann dir in zwei Minuten zehn Gründe aufzählen, weswegen er es nicht sein kann. Einer schlüssiger als der andere. Glaub mir. Du hast es nicht kapiert.«

»Nennen Sie mir einen«, bat ich ihn.

Er schaute mich an. Tat so, als würde er gleich lachen, lachte dann aber doch nicht. »Koray ist der Bruder von Muazzez«, erklärte er. »Sonst hätte ich ihn schon längst rausgeschmissen.«

»Das bedeutet Sinan Bozacioğlu«, sagte ich.

»Sinan Bozacioğlu«, bekräftigte er.

»Sie sind jetzt dran«, sagte ich.

Kadir Güler war nicht darauf aus, sich zu vergnügen. »Der Schweinehund macht sich vor Angst in die Hose, verkriecht sich jetzt in irgendeinem Loch. Du wirst ihn für mich finden. Du bringst ihn her oder sagst mir, wo er sich versteckt. Die Angelegenheit zwischen ihm und mir bringe ich dann selbst in Ordnung. Das wäre schon alles.«

»Das heißt also, so viel Vertrauen haben Sie zu mir«, sagte ich.

Kadir Güler fragte nicht nach, was ich wohl dachte, in welcher Sache er mir vertraue. Bei diesem Thema schien er sich sicher. »Du hast von Muazzez nicht viel verlangt«, sagte er.

»Ihre Frau hatte sich auch damit begnügt, nicht ganz so viel von mir zu verlangen.«

»Von mir kannst du das Zehnfache fordern wie von ihr.«

Ich hoffte innerlich, er glaubte, die Polizei habe den Umschlag mitgenommen. »Von Ihnen werde ich sehr viel mehr verlangen«, sagte ich.

Kadir Güler runzelte die Stirn. Es war seit Beginn unseres Gesprächs das erste Mal, dass er die Stirn runzelte. »Wie viel?«, fragte er.

Ich sah ihm in die Augen und sagte: »Ich werde Sinan Bozacioğlu auftreiben. Aber ich überlasse ihn Ihnen nicht. Wenn er Ihre Frau tatsächlich umgebracht hat, so finde ich einen Weg, ihn der Polizei auszuliefern. Und Sie vergessen einfach alles, was wir miteinander besprochen haben.«

»Dir gehts also gar nicht ums Geld?«, fragte Kadir Güler, als hätte er nicht gehört, was ich gesagt hatte.

»Ich hätte natürlich nichts dagegen, wenn Sie im Vorbeigehen einen Umschlag fallen lassen.«

Kadir Güler fing an zu lachen. Er lachte schallend. Ich setzte ebenfalls ein zaghaftes Lächeln auf und sah ihn an. In seinem Lachen war eine Spur von Dschingis Khan. Vielleicht auch von Mussolini.

»Ist danebengegangen«, sagte er. »Einfach danebengegangen.«

Mit einem Mal gefror sein Lachen. Er starrte mich an, als ob er mich zum ersten Mal sähe. »Danebengegangen«, wiederholte er. »Also noch einmal mein Vorschlag: Nimm das Geld, übergib mir Sinan. Und misch dich in den Rest nicht ein.«

Ich schüttelte den Kopf.

»Das Zehnfache von dem, was du von Muazzez gefordert hast«, sagte Kadir Güler.

Wieder schüttelte ich den Kopf.

»Das Zwanzigfache«, sagte er.

Das war viel Geld. Es waren schließlich Krisenzeiten. Jedes Mal, wenn ich zur Bank ging, hob ich Geld ab, anstatt auch mal etwas einzuzahlen. Die Miete für die Wohnung hatte ich seit Monaten nicht mehr bezahlt. Es war wirklich viel Geld, was er mir anbot.

»Unter einer Bedingung kann ich darüber nachdenken«, sagte ich.

»Dann lass mal hören«, meinte er mit jenem unverkennbaren Ausdruck von Glück, wieder einmal festzustellen, dass man mit Geld jeden kaufen kann.

Ach, hätte ich doch bloß eine Zigarette, nur eine, dachte ich. »Meine Bedingung ist, dass Sie mir sagen, worum es hier überhaupt geht«, sagte ich. Alle meine Kunden ähnelten sich. Nie wollten sie erzählen, worum es wirklich ging. Das kam immer erst hinterher heraus. Kadir Güler war eben auch ein Kunde. Aber mir war nicht danach, ihm zu sagen, dass er meinen anderen Kunden ähnlich war.

»Was …«, fragte er, »was soll ich erzählen?«

Ich spürte, dass er mich ernst zu nehmen begann. Mich viel ernster nahm, als vorher in der Rolle des Mannes, der die Nummer mit dem Revolver abgezogen hatte.

»Kadir Bey«, sagte ich. »Sie verlangen viel von mir. Die Sache ist gefährlich. Ich kenne das, was man Gefahr nennt. Ich weiß auch, dass alle Dinge ihren Preis haben. Wenn ich nun zu Ihrem Vorschlag Ja sagen soll, muss ich den Kern der Sache kennen. Damit ich festen Boden unter den Füßen habe.«

»Damit er festen Boden unter den Füßen hat«, wiederholte er meine Worte.

»Außerdem«, fuhr ich fort, »glaube ich nicht, dass Sie Muazzez Hanim so geliebt haben, dass Sie wegen einer beschissenen Rachegeschichte mit Geld nur so um sich schmeißen würden.«

Kadir Güler sah mich wie versteinert an. Seine Masche war also, wie versteinert in die Welt zu schauen, wenn der Zeitpunkt gekommen war, sich zu entscheiden. Jeder reagiert eben anders in solchen Situationen. Manche fangen an zu weinen, manche werfen mir etwas an den Kopf. Kadir Güler pflegte sein Gegenüber wie versteinert anzublicken.

»Der Kern der Angelegenheit kann zu einer schweren Belastung werden«, sagte er endlich. »Kannst du die tragen?«

»Ich werde es versuchen«, entgegnete ich.

Er schaute mir lange und ausgiebig in die Augen. Schaute hinein und zwinkerte dabei viel weniger, als ich erwartet hätte. Dann sprach er, wobei er nur die Lippen bewegte. »Ich brauche einen Mörder«, sagte er. »Ich habe Muazzez getötet.«

6

»Ich brauche einen Mörder«, sagte Kadir Güler und guckte dabei wie eine Statue. »Ich habe Muazzez getötet.«

»Meinen Sie das ernst?«

»Todernst.«

»Warum haben Sie sie umgebracht?«

»Frag nicht danach«, sagte er. »Eine Familienangelegenheit.«

»Dann will ich es nicht wissen.«

Kadir Güler richtete sich plötzlich auf und sprang ins Becken. Als wolle er das Feuer seines Geständnisses im Wasser löschen. Ein paar Wassertropfen, die sein massiger Körper aufspritzen ließ, landeten auf meinen Füßen. Eine Zeit lang blieb sein Kopf über Wasser. Dann holte er tief Luft und tauchte. Er kam eine Weile nicht hoch. Ich konnte seine Gestalt im Wasser sehen. Dann tauchte er etwa in der Mitte des Beckens auf. Schaute zu mir. Ich saß noch genauso da, wie er mich verlassen hatte. Schließlich kraulte er mit unbeholfenen Schlägen an den gegenüberliegenden Beckenrand.

Ich sehnte mich nach einer Zigarette.

Eine der Frauen mittleren Alters im Bikini sprang ebenfalls ins Wasser. Sie rief ihrer Freundin etwas zu, was ich nicht verstehen konnte. Ohne abzuwarten, ob die andere ins Wasser kommen würde, begann sie in Richtung Kadir Güler zu schwimmen. Ich war sicher, dass sie unser Gespräch nicht gehört hatten. Er ließ sich wieder unter Wasser sinken, tauchte hinter der Frau auf, paddelte auf mich zu und hielt sich am Beckenrand fest.

»Dann geht es nicht um Rache.« Damit er mich hören konnte, hatte ich meine Stimme etwas erhoben.

»An mir selber werde ich mich später rächen«, sagte er, während er sich mit einer Hand das Wasser aus dem Gesicht wischte. Dann schwang er sich mit einem Satz aus dem Becken, hob das Handtuch auf, trocknete sich ab und kam zu mir. Er schaute zu der Frau hinüber, die nun allein im Pool war und sich am Beckenrand festhielt. Dann setzte er sich. »Es wäre gut, wenn ich jetzt nicht verhaftet werden würde«, meinte er, nachdem er das Handtuch über die Rückenlehne der Liege gelegt hatte. »Ich habe noch so viel zu erledigen.«

»Sie erscheinen mir ziemlich cool.« Ich sehnte mich noch immer nach einer Zigarette.

»Wieso denn?«, fragte er. »Wäre ich denn glaubwürdiger, wenn ich zu Hause sitzen und weinen würde? Der Mensch muss den Dreck, den er macht, auch wieder wegräumen. Aber auf der Beerdigung, da sollst du mich mal sehen. Was für eine Show ich da abziehen werde inmitten all der Blumen und Kränze. Das schwemmt drei bis vier Bezirksvorsitzende der Partei weg, bis nach Tekirdağ.«

»Waren Sie gestern Abend, bei Ihrem Auftritt, auch so kaltblütig?«

»Du hättest mich mal sehen sollen!«

»Und Sie sind sich sicher, keinen Verdacht erregt zu haben?«

»Da kann man nie sicher sein. Klar, die Chefs der Bullen haben ein, zwei Anrufe erhalten, aber besonders in die Zange genommen haben sie mich nicht gestern Abend. Aber mir gefiel überhaupt nicht, wie sie mich angeschaut haben«, sagte er. »Wie du gesagt hast, erst fragt dich die Polizei, wen du im Verdacht hast, das stimmt. Aber zuallererst verdächtigen sie natürlich den Ehemann, den sie sich geschnappt haben. Gefiel mir gar nicht, wie sie mich gestern Abend angeschaut haben.«

»Keinem gefällt das, wie die einen anschauen.«

Die Frauen mittleren Alters im Bikini waren aufgestanden. Handtücher und Taschen hatten sie unter ihren Liegen verstaut. Sie wollten wohl nach oben Tee trinken gehen. Die Japaner waren noch da und machten einen ganz zufriedenen Eindruck. Die Hagia Sophia und die Zisterne von Yerebatan hatten sie bestimmt gestern schon besichtigt, für morgen blieb dann noch der Große Basar.

»Deshalb musst du Sinan unverzüglich finden«, sagte Kadir Güler. »Ich werde ihn erst noch ein bisschen zappeln lassen, dann übergeben wir ihn der Polizei. Wirkt glaubwürdiger so. Und er kann beim Verhör rumstottern, was er will, damit gewinne ich ein bisschen Zeit. Ich kann jetzt nicht in den Knast gehen. Muss noch ein paar Sachen regeln. Ich will es nicht versprechen, aber vielleicht gehe ich hinterher ja erhobenen Hauptes zur Polizei. Und du machst dir mit dem Geld ein paar schöne Tage.«

Sinan Bozacioğlu war also unversehens befördert worden. Statt eine Kugel in den Mund zu kriegen, durfte er nun ein bisschen zappeln. Ich freute mich für ihn. »Bei Hi-Mem ist nichts, was direkt auf Sie hinweist?«, fragte ich.

»Dann hätten sie es gestern Abend gefunden«, sagte Kadir Güler. »Ich habe mich nicht umsonst so viele Jahre in dieser Jauchegrube, die man Politik nennt, abgestrampelt.«

»Mir erscheint die Sache noch immer äußerst riskant«, wandte ich ein. »Ich kann mich nicht damit anfreunden. So oder so würde ich zu Ihrem Komplizen. Dann käme ich zweifach in Teufels Küche. Gefällt mir nicht.«

»Was ich vorhin gesagt habe, war ein Witz«, sagte Kadir Güler. Er formte seine Finger zu einem Revolver und schoss mir eine imaginäre Kugel in den Mund.

Ich stand auf. Jetzt konnte ich auf Kadir Güler hinabsehen. Von oben ähnelte die lichte Stelle auf seinem Kopf stark der faltigen Wölbung seines Bauches, wenn er sich setzte.

»Die ganze Geschichte begeistert mich nicht besonders.«

Kadir Güler prustete los. Ob Dschingis Khan ebenso geprustet hatte, wenn er etwas Unangenehmes hörte, wusste ich nicht.

»Hör bloß auf!«, sagte er. »Einmal in vierzig Jahren gehen wir zusammen ins Bad, reden zwei Sätze miteinander, und du haust gleich ab. Ich werde ganz traurig, wenn du so schnell gehst.« Sein Blick glitt hinüber zur amerikanischen Bar. Er hatte recht. Es würde eine ganze Weile dauern, bis ich mich im Umkleideraum angezogen hatte, und die beiden Männer saßen schon in Straßenkleidung da. Regungslos wartete ich ab.

»Also dann. Schau mal …« Er redete so, als sei ihm gerade ein ganz neuer Gedanke gekommen. Sein Mund entspannte sich. »Nun, da du es ablehnst, Sinan für mich aufzutreiben, ist mir noch eine andere Variante eingefallen …«

Gut so, dachte ich mir. Mal sehen. Ich rührte mich nicht vom Fleck. Dass mir seine neue Variante nicht gefallen würde, wusste ich so gut wie meinen Namen.

»Vielleicht braucht die Polizei ja einen anderen Kandidaten als

Mordverdächtigen«, sagte er, als würde er laut zu sich selbst sprechen. »Okay, okay. Wäre auch ganz gut. Nicht so gut wie die vorherige, aber trotzdem …« Er führte jedoch kein Selbstgespräch.

Ich wartete ab, wie es weiterging. Wäre ich angezogen gewesen, hätte ich vielleicht nicht gewartet. Kadir Güler schaute mich an. »Warum sollen wir eigentlich nicht dich der Polizei übergeben?«, fragte er plötzlich. »Was meinst du? Du wärst doch ein gefundenes Fressen für die. Und der Presse würde es sicher auch gefallen.« Mit dem Finger malte er die Schlagzeile in die Luft. »›Privatdetektiv als Mörder entlarvt!‹ Schau, schau, schau! Das verschafft mir Zeit. Was meinst du dazu?«

Den Journalisten würde bestimmt noch eine bessere Schlagzeile einfallen, aber ich sah keine Veranlassung, ihm das mitzuteilen. »Das glaubt nicht mal der dümmste Polizist«, sagte ich. »Ich war zur Tatzeit zu Hause.«

»Was heißt hier zu Hause?«, sagte Kadir Güler. »Du warst gestern Abend dort.« Er stand auf und machte mit der Hand ein Zeichen zur amerikanischen Bar hinüber.

»Na, das ist aber interessant«, sagte ich. »Was Sie alles wissen. Aber wie dem auch sei, ich höre zu.«

»Ja, hör zu, hör nur gut zu …«, sagte er. Er drehte sich um und setzte sich mir genau gegenüber. »Ist wirklich lustig«, sagte er mit ruhiger Stimme. »Du hast dich mit meiner Frau bei dir zu Hause getroffen. Cenk kann es bezeugen. Sie wollte etwas Zeit, um dir die geforderte Summe zu geben. ›Komm abends, dann geb ich es dir‹, hat sie gesagt. In Beşiktaş ist sie zuerst zur Bank gegangen, um das Geld zu holen, dann ins Geschäft. Bis zu eurer Verabredung hat sie im Büro gearbeitet und mit den Rechnungen gekämpft. Als du gekommen bist, war sonst niemand mehr da.«

Jetzt verspürte ich die Notwendigkeit einzugreifen. »Hatte ich die Uhrzeit festgelegt, oder war das Ihre Frau?« Ich wandte mich um. Die Männer kamen auf uns zu, die Arme in die Hüften gestemmt. Kadir Güler schaute mich an. Er hatte wohl nicht kapiert, wovon ich sprach. Zumindest sah er so aus, als hätte er es nicht begriffen. »Ist egal«, sagte er. »Sie war allein, als du ankamst. Ihr habt euch ein wenig unterhalten. Und dann bist du ihr zu nahe gekommen.«

»Machen Sie Witze?«, fragte ich, ohne jedoch gequält zu lächeln, wie es das Thema erfordert hätte.

»Nun werd mal nicht frech.« Kadir Güler hob den Kopf und sah hoch. »Ich weiß, nicht mal nackt im Bett konnte Muazzez auf irgendjemanden anziehend wirken. Aber woher soll die Polizei das wissen? Wenn das zur Sprache kommt, werde ich wütend die Zähne zusammenbeißen und ein paarmal fluchen. Wie dem auch sei, du warst scharf auf meine Frau. Warst schon lange hinter ihr her. Und sie hat dich in die Schranken gewiesen. Hat auf deinen Anstand angespielt. Das hast du nicht ertragen ... Na, wie gefällt dir das?«

Ich schaute mich noch mal um. Die Männer warteten fünf Meter entfernt. Sie hielten jetzt die Arme vor dem Oberkörper verschränkt. Der eine war ungefähr so groß wie ich. Der andere war kleiner, stand aber breitbeinig und entschlossen da.

»Nicht schlecht«, sagte ich. »Als wären Sie dabei gewesen.«

»Nicht wahr?«, sagte er und amüsierte sich prächtig.

Dass er sich so sehr amüsierte, konnte ich nicht ertragen. »Weiß außer Ihnen noch jemand, dass ich da war?«, fragte ich. »Hat mich jemand beim Reingehen oder so gesehen?«

»Nein«, sagte Kadir Güler. »Ich wusste ja schließlich, dass du abends kommen würdest.«

»Also gut«, sagte ich, »wenn ich dort gewesen bin, dann habe ich doch sicherlich irgendetwas angefasst.«

»Nichts leichter als das, mein Lieber«, sagte er lachend und dabei hüpfte sein Bauch auf und nieder. Dschingis Khan war auferstanden. Und mit ihm Mussolini. Er sah über meinen Kopf hinweg zu den Männern hinter mir. »Nichts leichter als das«, sagte er noch mal. »Wir machen uns einfach flink mit den Jungs hier auf den Weg. Es ist noch früh, da ist jetzt noch keiner. Und du fasst mal alles schön an, da, wo sie gestern Abend noch keine Fingerabdrücke genommen haben. Vielleicht platzieren wir auch ein gebrauchtes Taschentuch irgendwo in einer Ecke, was meinst du?«

»Ganz ausgezeichnet«, sagte ich. »Aber ich fürchte, ich kann mich trotzdem nicht damit anfreunden.«

»Das ist normal«, sagte Kadir Güler. »Kudret und sein Bruder können im Auto noch Überzeugungsarbeit bei dir leisten. Was meinst du? Entweder du oder Sinan.«

Der Mann meinte es ernst. Dschingis Khan und Mussolini hatten es womöglich auch ernst gemeint. Aber die waren schon tot. Kadir Güler saß mir gegenüber. Kudret und sein Bruder standen inzwischen drei, vier Schritte hinter mir. »Das muss ich noch mal überdenken«, sagte ich. »Haben Sie zufällig auch eine Schachtel Zigaretten in der Tasche da?«

»Ich habe Zigarren«, sagte er mit einem leichten Lächeln. Noch besser, dachte ich.

»Die sind nicht ganz mein Fall, aber das passt jetzt schon«, sagte ich. »Darf ich Sie um eine bitten?« Er streckte seine Hand nach der Tasche aus. Zog sie an sich. Öffnete sie. Ließ seine Hand tief in die Tasche gleiten. Ob seine Finger auch den Revolver berührten, wusste ich nicht. Er beförderte eine dicke Zigarre hervor, so eine, wie sie die Vereinspräsidenten auf der Ehrentribüne rauchen. Er reichte sie mir. Dann auch noch ein Feuerzeug.

»Ich bedanke mich«, sagte ich.

»Gern geschehen.«

Ich wickelte das Zellophan von der Zigarre ab und steckte sie sofort an. Nahm zwei, drei Züge, damit sie gut brannte. Stieß eine dicke Rauchwolke in die Luft. Der Zigarrenqualm mischte sich mit dem Chlor. Ich verspürte den beißenden Geschmack von Nikotin im Mund. »Gut«, sagte ich. Ich gab ihm das Feuerzeug zurück.

»Ich heb mir meine für nach der Massage auf«, sagte Kadir Güler und warf das Feuerzeug in die Tasche. Ich nahm nacheinander noch ein paar Züge und blickte unauffällig zu den Japanern hinüber. Eine der Frauen war bereits dabei, ihre Gruppe auf mich hinzuweisen.

»Ich mag keine Massagen.«

»Schade«, sagte Kadir Güler. »Man fühlt sich wunderbar. Besonders nach der Sauna.« Ich gab keine Antwort und zog weiter an meiner Zigarre. In der stehenden Luft unter dem Hallendach bildete sich eine Qualmwolke.

»Hast du dich entschieden?«, fragte er. »Nehmen wir dich oder Sinan?«

»Einen Moment noch, bitte.« Ich nahm noch einen Zug, »Ich bin noch nicht so weit.«

Kadir Güler sah noch einmal zu den Männern hinter mir. Er schüttelte den Kopf, als sei er zufrieden.

»Dann spring ich noch mal kurz rein.« Er blickte auf seine Tasche. »Und komm mir nicht auf falsche Gedanken, die beiden haben auch eine.«

»Ich genieße die Zigarre.«

Kadir Güler stand auf. Mit dem schlechtesten Kopfsprung, den ich je gesehen habe, sprang er ins Becken. Es spritzte nach allen Seiten. Ich schützte meine Zigarre vor den Wassertropfen. Die brauchte ich schließlich noch. Ich schaute zu den Japanern. Drei Leute waren noch übrig. Ich blies eine weitere Wolke in die Luft. Mir fing schon der Mund an zu schmerzen. Ganz bewusst nahm ich noch ein paar Züge. Kadir Gülers Kopf war wieder aufgetaucht, er schwamm zur anderen Seite.

Aus dem Augenwinkel bemerkte ich, wie ein junger Kellner in weißem Hemd, weißer Hose und weißen Schuhen auf uns zukam. Ich nahm erneut einen Zug. Der junge Mann war ausgesprochen wohlerzogen und lächelte freundlich. Es war ein professionelles Lächeln. Mit ein bisschen Abstand ging er an Kudret und seinem Bruder vorbei und sagte mit einer leichten Verbeugung: »Im Schwimmbad sind Zigaretten verboten, mein Herr, bitte machen Sie sie aus.«

»Das ist keine Zigarette«, sagte ich.

Kadir Güler schwamm jetzt wieder in unsere Richtung. Kudret und sein Bruder beobachteten uns aufmerksam.

»Zigarren sind ebenfalls verboten, mein Herr«, sagte der Kellner.

Kadir Güler hatte die Beckenmitte erreicht. Ich beschloss, die Angelegenheit etwas zu beschleunigen. »Was machst du, wenn ich sie nicht ausmache?«, fragte ich den weiß gekleideten Kellner.

Immer noch lächelnd nahm er das Funkgerät aus der Hemdtasche. »Sicherheitsdienst«, sagte er in das Gerät, »Sicherheitsdienst, bitte ins Hallenbad.« Er lauschte einen Moment. Zwischen Knacken und Rauschen kam die Antwort. »Sofort!«, sagte der Kellner. Er blickte hinter sich, das Funkgerät noch in der Hand.

Kadir Güler hatte den Beckenrand erreicht. Mit einem Satz schwang er sich heraus und kam tropfend zu uns. »Was ist hier los?«

»Der Herr hier …«, begann der Kellner und zeigte mit dem Funkgerät auf mich.

Ich fiel ihm ins Wort. »Er mag meine Zigarrenmarke nicht. Wäre es eine teurere Marke, hätte er den Mund gehalten.«

»Blöder Sack!«, sagte Kadir Güler zu mir. Aber er blieb ruhig und wandte sich an den Kellner. »Du kannst gehen, mein Junge, ich regle das hier.«

Die Japaner waren aufgestanden und sahen zu uns herüber. Ich blies eine Rauchwolke in die Luft und dann noch eine. Ich musste noch ein bisschen Zeit für mich herausschinden.

»Mach das aus und dann gehen wir«, sagte Güler zu mir und setzte dazu an, mich am Arm zu packen. Kudret und sein Bruder taten einen Schritt vor. Kadir Güler bedeutete ihnen mit der anderen Hand, stehen zu bleiben. Ich befreite meinen Arm von seiner Hand.

»Sie haben mir die doch gegeben«, sagte ich. »Für vor oder nach der Massage. Stecken Sie sich doch auch eine an.«

Ich weiß nicht, ob er begriffen hatte, was ich zu erreichen versuchte. Aber in seinen Augen blitzte es wütend auf. »Kudret!«, sagte er zu dem kleineren der beiden Männer. Dann blickte er in Richtung der Umkleideräume und schwieg. Gut gelaufen, dachte ich mir und wandte mich ebenfalls in diese Richtung. Zwei Männer in grauen Anzügen kamen auf uns zu. Beide hatten kahl geschorene Köpfe. Der Schnurrbart des einen reichte bis unter die Mundwinkel. Beide waren noch besser gebaut als Kudret und sein Bruder. Hinter ihnen sah ich noch zwei weiß gekleidete Kellner zu uns herüberschauen. Es bestand nun keine Notwendigkeit mehr, Rauch in die Luft zu pusten. Aber ich hielt die Zigarre noch mit zwei Fingern fest.

»Guten Morgen, Kadir Bey«, grüßte der mit dem Schnurrbart. »Was ist das Problem?«

Der Kellner mit dem Funkgerät in der Hand reagierte noch vor Kadir Güler. »Ich habe den Herrn darauf hingewiesen, aber …« Er zeigte auf mich.

»Ein Bekannter von Ihnen?« Die Frage galt Kadir Güler. Der schaute erst mich an. Dann die Sicherheitsleute im grauen Anzug. Dann zu seinen eigenen Männern. Und zum Schluss wieder zu mir. Er lächelte. Es war ein echtes Lächeln. Er zuckte die Schultern.

»Nie zuvor gesehen«, sagte er, stand auf und sprang noch mal ins Becken. Dieses Mal war sein Kopfsprung besser. Aber wieder spritzte Wasser. Um uns vor dem Wasser in Sicherheit zu bringen, machten wir sechs gleichzeitig einen Schritt nach hinten.

Der mit dem Schnurrbart wandte sich mir zu. »Mein Herr, Sie belästigen unsere Gäste. Würden Sie bitte gehen?« Ich stand wortlos auf. Der Schnurrbärtige trat zur Seite, um mich vorbeizulassen. Ich ging los, die Zigarre in der Hand. Vor Kudret blieb ich stehen und reichte ihm die Zigarre. Verwirrt griff er zu. »Mach sie irgendwo aus«, befahl ich ihm. »Sie stinkt.« Dann wandte ich mich an seinen Bruder. »Sag das deinem Chef wörtlich«, erklärte ich. »Ich melde mich bei ihm, wenn ich so weit bin.« Und ergänzte: »Ich zieh es vor, die Suppe auf meine Art auszulöffeln, ohne Zimt draufzustreuen oder sonst irgendeinen Quatsch.«

Ich ging Richtung Umkleideräume und ärgerte mich dabei ein weiteres Mal über mich selbst, weil ich vergessen hatte, Badelatschen mitzunehmen. Die beiden Männer vom Sicherheitsdienst folgten mir. Vielen Dank, Onkel Alfred, sagte ich mir, als ich das nach Zigarre und Chlor riechende Schwimmbad verließ. Sich spät in der Nacht noch Filme anzuschauen, kann doch manchmal von Vorteil sein.

Während ich mich anzog, warteten die beiden Männer vom Sicherheitsdienst schweigend vor der Tür zu den Umkleideräumen. Sie hatten sicher mitbekommen, dass zwischen mir und dem Vorsitzenden der Bezirksorganisation Beşiktaş eine gewisse Beziehung bestand, begnügten sich aber mit einem höflichen, wenn auch bestimmten Lächeln. Ich trocknete mich gründlich ab. Dann zog ich mich in aller Ruhe an. Meine nasse Badehose stopfte ich in eine Tüte, um die ich einen Mann gebeten hatte, der in den Umkleideräumen nach dem Rechten sah, und die steckte ich in eine der riesigen Innentaschen meines Mantels. Als ich nach oben ging, waren die beiden Männer vom Sicherheitsdienst zuerst noch hinter mir, verschwanden dann aber plötzlich um die Ecke in einem Flur, ohne abzuwarten, bis ich die Lobby erreicht hatte. Der Portier grüßte.

Vor der Tür blieb ich stehen. Das Wetter war immer noch ekelhaft. Der Fahrer im vordersten der Taxis vor dem Hotel lud mich mit einem Blick durch die Frontscheibe zum Einsteigen ein. Kopfschüttelnd lehnte ich ab. Ich wühlte in meiner Manteltasche, während ich überlegte. Ich zog die Packung heraus, steckte mir eine anständige Zigarette an und machte mich auf den Weg zur belebten Hauptstraße. Die Zigarette schmeckte mir nach der Zigarre ganz und gar nicht. Ich schnippte sie auf den Bürgersteig. Bei dem Wetter würde es meine Laune auch nicht verbessern, wenn ich mit dem Schiff fuhr.

Ich lief zurück zu dem Taxi, dem ich kurz zuvor eine Abfuhr erteilt hatte, öffnete die hintere Tür und stieg ein. Der Fahrer drehte sich um und blickte mich an.

»Nach Kadiköy.«

»Die Brückenmaut müssen Sie aber selbst zahlen«, meinte der Fahrer. »Ich sag das besser gleich hier …«

7

In Kadiköy, am Platz vor dem Haldun-Taner-Theater, stieg ich aus dem Taxi.

Auf der Straße war viel los. Busse, Autos, Taxis sorgten für Lärm. Hinten schrien die Fischverkäufer, weiter vorne die Minibusfahrer. Und all die anderen, die Sesamkringel, Ayran, Lahmacun und Busfahrscheine verkaufen wollten, schrien ebenfalls. Ich suchte mir eine Fußgängerampel, um auf die andere Seite zu kommen. Auch vor der Post wollte jeder irgendetwas an den Mann bringen. Auf dem Boden lagen haufenweise Raubdrucke. Deren Verkäufer hüllten sich in Schweigen. Nur Preise wurden besprochen. Die Leute, die Silberschmuck, Klebetattoos oder gebrauchte CDs verkauften, die keiner mehr hören wollte, warteten gleichmütig auf Kundschaft. Anbieter gebrauchter Schulbücher zeigten schon mehr Elan, etwas zu verkaufen.

Nach rechts und links blickend, ging ich durch die Menge in die Akmar-Passage. Je weiter ich in die Passage hineinkam, desto ruhiger wurde es. Ich lächelte einem jungen Mann zu, der sich die Augenbraue hatte piercen lassen. Sein sowieso schon schlecht gelauntes Gesicht wirkte dadurch noch übler.

Am anderen Ende der Passage trat ich auf eine Seitengasse hinaus. Hier wirkte alles gottverlassen. Die Adresse, die mir Muazzez Güler aufgeschrieben hatte, bevor sie meine Wohnung verlassen hatte, musste irgendwo in dieser Gasse sein. Im zweiten Stock. Ich stellte mir vor, ich wäre jemand, dessen Sohn eine Soundkarte bei SinanComp gekauft hatte, die nicht funktionierte. Ich konnte das Gesumme nicht mehr ertragen und kam so früh am Morgen, um die Angelegenheit gleich an Ort und Stelle zu regeln. Vielleicht war ich auch der Anwalt eines anderen Gläubigers. Oder der Vater eines Mädchens, das Sinan Bozacioğlu mit einem Eheversprechen hintergangen hatte.

Vor mir stand ein enger, schmaler und langer Bau, wie die Häuser aus der Zeit, als Kadiköy noch Kadiköy war. Soweit ich erkennen konnte, war das Gebäude vierstöckig. Am Eingang hatte man auf der einen Seite nachträglich einen Schaukasten aufgestellt, der einer Museumsvitrine ähnelte. Darin befanden sich einige Plakate für Computerspiele, ein paar Kartons mit PC-Zubehör und zwei Joysticks. Am Boden der Vitrine verkündeten zwei zusammengeklebte Computerausdrucke, dass SinanComp im zweiten Stock zu finden sei. Auf der anderen Seite des Eingangs befand sich ein Antiquariat, dessen Inhaber seinen Laden aber noch nicht geöffnet hatte.

Sein Konkurrent im Erdgeschoss eines vergleichsweise neuen Gebäudes genau gegenüber hatte hingegen schon geöffnet. Der vordere Teil des kleinen Schaufensters war voll mit Kartons, die oben aufgeschnitten und randvoll mit alten Büchern waren. Das Schild eines Reisebüros in einem der oberen Stockwerke verkündete stolz, dass es sich um eine autorisierte Verkaufsstelle von Turkish Airlines handelte.

Vor der Tür standen zwei geflochtene Hocker. Auf einem davon saß ein spindeldürrer Mann. Er hatte Hausschuhe an den Füßen und grüne Socken, trug eine weite Hose und ein abgewetztes Jackett mit zu kurzen Ärmeln, darunter war ein Hemd in Ecevit-Blau zu erkennen. Den zweiten Hocker hatte er vor sich gestellt. Darauf lag auf einem sorgfältig zurechtgeschnittenen viereckigen Stück Zeitung der Rest eines Gebäckstücks, daneben stand ein kleines halb leeres Glas Tee. Ohne den Mann zu beachten, betrat ich das Gebäude. Ich stieg eine Treppe hoch, die schon lange keinen Besen mehr zu Gesicht bekommen hatte. Die Geschäftsräume von SinanComp wurden von einer zweiten Eisengittertür gegen Diebe geschützt. Hinter dem Gitter, auf der eigentlichen Tür, war eine Plexiglasscheibe angebracht, die man als Zeichen, dass jemand anwesend war, beleuchten konnte. Das Stromkabel führte durch ein Loch in der oberen Türecke nach innen.

Ich schaute auf den Boden bei der Tür, ob dort Post oder Ähnliches lag. Nichts. Genauso wenig zwischen dem Gitter und der eigentlichen Tür zum Geschäft. Am Eisengitter hing ein riesiges Vorhängeschloss. Noch während ich mir überlegte, was ich jetzt tun sollte, hörte ich auf der Treppe Schritte. Schlurfgeräusche, so, als ob jemand bei jedem Schritt zweifach auftreten würde. Ich wandte mich um.

Der spindeldürre Mann, der unten am Eingang auf dem geflochtenen Hocker gesessen hatte, kam lächelnd die Treppe herauf. Er machte einen hilfsbereiten Eindruck. Ich lächelte den Mann ebenfalls an.

»Guten Tag«, sagte ich.

»Wen suchst du?«, fragte er und verzog dabei den Mund, sodass ich annahm, er versuchte sich mit der Zunge die letzten Gebäckreste zwischen den Zähnen zu entfernen.

»Hier ist wohl geschlossen?«, sagte ich. »Ich suche Sinan Bey.«

Der Mann musterte mich gründlich von oben bis unten. Er machte einen weiteren Reinigungsversuch. Ich lächelte ihn noch einmal an und hoffte, dass mein sportlicher Mantel seine Wirkung entfalten würde. Das tat er offenbar. Und zwar auf eine Art und Weise, mit der ich nicht gerechnet hatte. »Sind Sie es?«, fragte der Mann.

Weiß ich doch nicht, sagte ich zu mir selbst. Es schien aber ein gutes Zeichen zu sein, dass er vom Du zum Sie gewechselt hatte. Ich versuchte mein Glück und streckte dem Mann die Hand hin. »Wie gehts Ihnen?«

»Mir gehts gut, gut.« Er drückte meine Hand. Ganz entschieden hatte er sich wohl immer noch nicht.

Ich versuchte ihm zu helfen. »Ich hab ihn wahrscheinlich verpasst, ist doch wohl so …« Ich sprach bewusst nicht zu Ende. Das zeigte Wirkung.

»Das haben Sie. Den Nichtsnutz haben Sie wahrhaftig verpasst. Ist aber nicht schlimm. Er hatte angekündigt, dass Sie kommen. Herzlich willkommen.«

»Ist er hier gewesen? Heute?«, fragte ich. Dass er mein Kommen angekündigt hatte, damit wollte ich mich später beschäftigen.

»Vor einer halben Stunde«, meinte der Mann in einem Tonfall, in dem die Frage mitklang, was daran denn so besonders sei. »Er war kurz hier. Hatte es eilig. Wenn ich das Klappern von drinnen nicht gehört hätte, hätte ich ihn auch verpasst.« Er deutete mit der Hand nach oben. »Ich wohne nämlich direkt über ihm.«

»Haben Sie ihn gesehen?«, fragte ich. »Wenn ich doch nur etwas eher gekommen wäre.«

»Das ist nicht weiter schlimm«, sagte der Mann. »Ich habe die Schlüssel für das Geschäft. Er hat sie mir dagelassen, weil Sie doch kommen. Also … Hoffentlich klappt alles.« Er musterte meinen Aufzug noch einmal von oben bis unten mit Kennermiene.

»Hoffentlich«, erwiderte ich.

»Ganz unter uns, ich bin auch froh, wenn ich diesen Nichtsnutz los bin«, meinte er und holte einen Schlüsselbund aus der Jackentasche, an dessen Ende ein Fenerbahçe-Emblem baumelte. Es gab einen großen und einen kleinen Schlüssel.

»Hmm, das ist natürlich schwer«, sagte ich.

»Ich habe mich nicht gewundert, als er angekündigt hat, dass er das Geschäft abgibt.« Er machte sich am Vorhängeschloss der Gittertür zu schaffen. »Der hatte schon lang keine Lust mehr. Das war mehr als offensichtlich. Die Uhr schlägt zwölf, es wird eins, und er taucht hier immer noch nicht auf. Das kann nicht gut gehen. So ist das mit dem Broterwerb. Wer morgens nicht frohgemut anfängt, bleibt am Ende hungrig.« Er befreite die Tür von dem Vorhängeschloss. Es schepperte, als Metall auf Metall schlug. Behutsam fing er an, die Eisentür aufzuziehen. Die Scharniere quietschten, bis die Tür an der Wand lehnte. Mit dem kleinen Schlüssel machte er sich an der eigentlichen Tür zum Geschäft zu schaffen.

Langsam fing mir meine neue Identität an zu gefallen. »Gehen die Geschäfte denn schlecht?«, fragte ich. »Man hört so dies und das.«

»Nein«, erwiderte er, »wer sagt, dass es schlecht laufen würde, der lügt. Besonders am Wochenende ist der Teufel los. Ein ständiges Rein und Raus. Meistens kommen junge Leute. Das Geschäft läuft gut, soweit ich es sehen kann. Wenn der Mensch allerdings keine Lust auf Arbeit hat …«

»Wie viele Leute arbeiten hier?«

»Da ist Sinan. Und ein Mädchen, Selma. Eigentlich ist Selma im Laden. Sinan kommt und geht. Manchmal ist er sogar drei, vier Tage hintereinander gar nicht aufgetaucht. Und erwartet dann Reichtümer hier aus dem Geschäft …«

Dann hatte ich also gestern mit Selma gesprochen.

Der Mann in den Hausschuhen öffnete die Tür mit Leichtigkeit. »Bitte sehr«, sagte er und wich ein bisschen zur Seite. Ich trat ein. SinanComp war ein schmaler, langer Raum. Das ursprüngliche Wohnzimmer links vom Eingang war als kleiner Showroom eingerichtet, mit Regalen an den Wänden und zwei Tischen in der Raummitte, auf denen Kartons lagen. In der Ecke zwischen Fenster und Wand stand ein Computer, davor ein Lenkrad, auf dem Boden Pedale. Neben dem Lenkrad stapelten sich haufenweise CD-Hüllen. An den Wänden hingen Plakate von Computerspielen und Zubehör. Der Boden bestand aus einfachen Dielen. Am Eingang des Zimmers stand ein Stahltisch. Darauf befanden sich eine elektronische Kasse, ein Telefon samt Telefonverzeichnis, ein Taschenrechner und eine Stiftablage mit dem Logo einer Bank darauf. Vom Stahlschrank hinter dem Tisch war der metallfarbene Lack abgeblättert. Weiter hinten musste noch ein Zimmer sein. Und die Toilette. »Was ist da hinten?«, fragte ich. »Ein Lager?«

»Ja, das Lager«, bestätigte der Mann in den Hausschuhen.

»Nicht schlecht«, meinte ich und ging zwischen Tischen und Regalen hindurch zum Fenster. Der Mann kam hinter mir her. »Und Sie …«, begann ich zögernd. Dabei fuhr ich mit der Hand über den alten Heizkörper unter dem Fenster. Außer Staub war nichts zu spüren. Ich sah den Mann an.

»Ich kümmere mich um die Liegenschaften von Emre Bey hier in der Gegend«, erklärte er. »Ihm gehört das hier. Ich kümmere mich um die Mieter und um die Steuerangelegenheiten und all das, was so im Gebäude anliegt. Ich bin ein Mittelding zwischen Hausmeister und Verwalter. Ich wohne oben. So haben wir das hier geregelt. Weil ich ganz allein hier in diesem Riesengebäude wohne, lässt Emre Bey die Heizung nicht anmachen. Solange ein elektrischer Ofen noch ausreichend wärmt …«

»Angehörige?«

»Die sind im Dorf«, erklärte er.

Er ging zum Fenster, machte es auf, streckte den Kopf hinaus und rief etwas nach unten. Die beißende Kälte draußen drang sofort durch das offene Fenster. »Ismeeet! Ismeeet!«, rief er und wartete einen Augenblick. Dann noch einmal. »Ismeeet! Bring mal zwei Gläser Tee hier rauf, mein Sohn. Starken Tee!.« Schnell schloss er das Fenster und wandte sich wieder mir zu. »Als ich heute Morgen das Klappern gehört habe, bin ich runtergegangen. Ich dachte schon, es wären Diebe. Da habe ich nachgesehen. ›Was machst du denn hier, Sinan, so früh am Morgen?‹, hab ich gesagt. ›Um diese Uhrzeit bist du doch sonst nicht hier.‹

›Ağababa‹, sagte er – hier sagen alle Ağababa zu mir –, ›Ağababa, mach dir keine Sorgen. Ich gebe den Laden ab. Ich bekomme das Geld …‹ – ›Wem übergibst du ihn denn, Junge? Die Geschäfte laufen doch gut‹, sagte ich. ›Nein, Ağababa, ich komme jetzt groß raus. Heute kommt jemand, um sich das hier anzusehen. Ich muss noch was erledigen. Vielleicht komme ich auch gar nicht mehr her. Nimm du die Schlüssel, führ den Mann rum. Ich seh dich dann später.‹ Na, ich denk noch, da versteh einer die Geschäfte von diesem Bürschchen, und da tauchst du hier auf.«

»Hat er viele Schulden?«, fragte ich. »Miete und so? Wir haben das zwar kurz angesprochen, aber …«

»Die Miete ist bezahlt. Soweit ich weiß, hat er hier keine Schulden. Beim Krämer und beim Teehaus vielleicht … Von anderen weiß ich nichts. Gibts denn Geschäfte ohne Schulden? Ich weiß nicht, du gehst ziemlich ins Detail.«

Ich stellte mich neben ihn ans Fenster und sah hinaus. Von Ismet war nichts zu sehen. Ich drehte mich um, lehnte mich an die Wand und begann SinanComp einer Prüfung zu unterziehen. Von da, wo ich stand, sah alles ganz normal aus. Für jemanden, der einfach nur einen PC für zu Hause kaufen wollte, war das hier ein Computergeschäft zweiter Klasse, in dem man sich gut aufgehoben fühlen konnte. Zuerst kaufte man den PC, und nach der Installation musste man dann alle paar Tage wiederkommen und irgendwelche Probleme lösen, mit diesem oder jenem Programm, mit alten Spielen, neuen Spielen. Es roch nach Zigarettenrauch und Schimmel. Hier traf man bestimmt immer irgendjemanden, der sich für dieselben PC-Spiele interessierte wie man selbst. Macht einen guten Eindruck, wenn man sich SinanComp so anschaut, dachte ich mir. Die Wahrscheinlichkeit, in den Regalen, auf dem Tisch oder in den PCs etwas zu finden, das mir weiterhelfen konnte, schien gering. Der Stahltisch mit der Registrierkasse und der Schrank dahinter waren interessant, doch ich sagte mir, es sei besser, sie nicht im Beisein von Ağababa näher unter die Lupe zu nehmen.

»Wo bleibt der Junge nur?«, fragte der Mann. Das war wie eine Einladung zu einer neuen Unterhaltung.

»Ich habe mir gesagt, schau doch mal vorbei«, erläuterte ich. »Wirf mal einen ersten Blick auf das Geschäft, dachte ich. Die Bücher und all den anderen Kram sollen sich meine Leute dann vornehmen.«

»Das sollen sie mal machen, natürlich … Stürzt man sich kopfüber in solche Dinge? Sie können mich auch fragen, wenns nötig ist, brauchen sich da nicht zurückzuhalten. Ich bin immer da unten. Alle müssen sie an mir vorbei«, erklärte Ağababa sachlich. Und schwieg dann, als würde er auf etwas warten.

Ein Versuch konnte nicht schaden. Ich steckte die Hand in die Tasche und holte zwei Banknoten mit dem derzeit höchsten Nennwert heraus. Der Mann schaute auf meine Hand. Im letzten Moment legte ich noch eine drauf. »Bevor ich es vergesse«, meinte ich und streckte ihm das Geld hin, »behalt das mal fürs Erste. Vielleicht brauchst dus ja fürs Geschäft hier …«

Blitzschnell ließ er das Geld verschwinden. »Vielen Dank, mein Herr.«

Ich wandte mich langsam dem Stahltisch am Zimmereingang zu. Der Mann kam hinter mir her. »Achte darauf, was sich hier abspielt«, mahnte ich, während ich mich genau umsah. »Vielleicht kommt ja noch jemand anders, um sich das Geschäft anzusehen. Bevor ich mich nicht entschieden habe, soll hier nichts laufen.«

»Guter Mann, bist du verrückt?«, rief Ağababa. »Spinnst du? Da mach dir mal keine Sorgen. Ich bereite auch Emre Bey sanft darauf vor. Gib mir deine Handynummer, dann lasse ich es dich sofort wissen, wenn hier einer mit Käufermiene auftaucht.«

Ich nahm mir einen Stift aus der Ablage vom Tisch und schob den Notizblock zu ihm hinüber. »Schreib auf«, forderte ich ihn auf. Er sah mich an und griff nach dem Stift. Zahl für Zahl diktierte ich ihm meine Festnetznummer.

Er schrieb etwas auf das Papier. Seine Handschrift war ein ziemliches Gekritzel. Hoffentlich hat er das auch richtig aufgeschrieben, dachte ich mir. »Gut, dass du dran gedacht hast«, sagte ich. »Du hast jetzt meine Nummer. Sag mir Bescheid, wenn was ist.«

»Keine Sorge, mein Freund.« Der Zettel verschwand ebenso wie das Geld, wenn auch nicht mit einer so hastigen Bewegung.

Ich schaute mich um und strich mit dem Finger über den Stahltisch, als wüsste ich nicht, was ich jetzt tun solle. Besah mir dann den Staub auf der Fingerspitze und verzog die Nase. Mit einem Ausdruck von Verärgerung durchwühlte ich rasch das Telefonverzeichnis und landete zufällig beim Buchstaben S. Es gab keinen Eintrag mit dem Namen Selma. Die Seite war völlig leer. Ich versetzte dem Verzeichnis einen kleinen Stoß, als hätte ich bereut, es angefasst zu haben. Dann sah ich mich um, wie auf der Suche nach einem Lappen, um meine Finger abzuwischen. Weil ich keinen fand, wischte ich sie aneinander ab. »Du musst eine Putzfrau finden«, meinte ich. »Das ist ja ein Saustall hier.«

»Keine Sorge«, sagte Ağababa. »Mach du hier erst mal alles klar. Frauen, die putzen können, gibts wie Sand am Meer.«

Als wäre es mir gerade eingefallen, sagte ich: »Dieses Mädchen, wie hieß sie doch gleich?«

»Selma.«

»Ah ja, Selma. Wann kommt Selma immer? Wenn sie ordentlich ist, kann ich mal mit ihr reden. Sie kennt sich doch aus hier.«

»Die habe ich normalerweise nie vor elf hier auftauchen sehen«, erklärte Ağababa. »Aber ich weiß nicht, ob sie überhaupt noch kommt. Weiter unten in der Straße gibts ein Café, die jungen Leute gehen dahin … Da war sie auch immer, wenn sie hier mit der Arbeit fertig war. Schau doch mal nach, vielleicht ist sie dort, um die Typen aus der Ruhe zu bringen.«

»Da gehe ich dann als Nächstes hin«, sagte ich.

Es klingelte. Gleich darauf wurde die Tür auch schon geöffnet. Zuerst war nur ein Tablett mit zwei Teegläsern zu sehen, dann folgte Ismet.

»Wo warst du denn?«

»Beruhige dich, Ağababa«, sagte der Junge. »Der Tee ist ganz frisch.«

»Stell ihn auf den Tisch, du hast ihn ja schon kalt werden lassen.«

Ohne mich eines Blickes zu würdigen, stellte Ismet die Gläser auf dem Stahltisch ab. Es waren schmale Teegläser, der Goldrand schon verblichen. Ohne sich um uns zu kümmern, zog er die Tür hinter sich zu und verschwand.

»Guter Junge«, sagte Ağababa und ging auf den Tisch zu.

Ich holte eine Schachtel Zigaretten aus meiner Tasche. Es mussten noch zwei oder drei drin sein. Ich zerknüllte die Schachtel in der Hand. »Blöd, die Mistdinger sind alle.« Ich blickte mich um, als könnte ich irgendwo bei SinanComp eine vergessene Schachtel Zigaretten auftreiben. Bedächtig verstaute ich die zerknüllte Schachtel in der Manteltasche.

»Ich gehe welche holen, das geht schnell«, sagte Ağababa, rührte sich aber nicht vom Fleck.

Ich zog erneut einen Schein hervor, mit dem man gut und gerne zwei Schachteln der teuersten Sorte und dazu noch einen billigen Whisky kaufen konnte, und hielt ihn Ağababa hin. »Das ist aber nett«, sagte ich. »Dein Tee wird doch kalt.«

»Ist doch unwichtig«, sagte Ağababa. »Mangelt es mir an Tee? Welche soll ich denn kaufen?«

Ich nannte ihm eine Marke, von der ich hoffte, dass er sie auf keinen Fall im erstbesten staatlichen Verkaufsladen finden würde. Eine dieser dünnen, langen Sorten, die manchmal von Schmugglern importiert werden. »Kauf dir auch eine Schachtel von deiner Marke«, ergänzte ich noch. Dieses Mal behielt er das Geld in der Hand und verschwand. Ohne weitere Zeit zu verschwenden, widmete ich mich dem Stahltisch. Es wurde eine der schnellsten Durchsuchungen, die ich je durchgeführt hatte. Als Erstes kümmerte ich mich um die Schubladen. Die obere war völlig leer. In der zweiten lagen eine Schachtel englisches Aspirin, vier Schreibminen, ein Locher, Feuerzeuggas und, über den Boden verteilt, Dutzende von Büroklammern.

Ich machte die Schublade zu und richtete mich auf. Von den beiden Gläsern auf dem Tisch nahm ich mir das, das sauberer aussah, und trank einen Schluck Tee. Dann nahm ich mir den Stahlschrank vor. Er hatte zwei Türen, ich öffnete die linke. Auf dieser Seite standen drei schwarze Aktenordner. Ich griff mir den ersten und schaute hinein. Rechnungen. Ich blätterte sie schnell durch, Papiere in unterschiedlichem Format, gelocht und abgeheftet, meist mit dem Briefkopf von Hi-Mem. Die Unterschrift auf den Rechnungen war stilvoll, ein verschnörkelter, repräsentativer Schriftzug, aber unleserlich. Auf anderen Rechnungen tauchten PC-Zubehörmarken auf, von denen ich einige kannte, aber nicht alle. Es gab nichts, was meine Aufmerksamkeit erregt hätte. Das letzte Rechnungsdatum lag gut eine Woche zurück.

Im zweiten Ordner waren Zahlungsbelege versammelt. Wieder zahlreiche Namen, wieder viele Belege von Hi-Mem. Dieselbe Unterschrift. Die Summen wurden allmählich höher. Ich schaute auf das letzte Belegdatum. Vor drei Wochen war das letzte Geld vom Konto von Sinan-Comp abgegangen. Und nicht an Hi-Mem. Der dritte Ordner enthielt Drucksachen. Preislisten, allgemeine Geschäftsbedingungen, Produktlisten, Werbematerial und Ähnliches mehr.

Ich machte mich an die zweite Schrankseite. Hier gab es eine große Bibliothek mit Computer- und Anwenderhandbüchern. Dicke Wälzer, übereinander getürmt. Oben auf den Büchern ruhte eine ungeöffnete Packung DIN-A4-Papier. Die Staubschicht machte deutlich, dass seit etlicher Zeit hier niemand mehr Hand angelegt hatte.

Ich schaute auf die Uhr. Schnell wandte ich mich dem Lager hinten zu. Dort gab es zwei Türen. Auf der linken klebte das Abziehbild von einem Jungen, der in ein Becken pinkelt. Ich öffnete die Tür rechts. Ja, hier befand sich eine Art Lager, und es war dunkel. Ich suchte mit der Hand den Schalter neben der Tür, fand ihn sogar, aber das nützte nichts. Ich trat neben den Lichtschein, der aus dem Salon hereinfiel. Vor langer, langer Zeit hatte dieser Raum vermutlich einem angesehenen Einwohner von Kadiköy als Schlafzimmer gedient, inzwischen hatte er seine Würde längst verloren. Er war vollgestopft mit Kartons, manche mit Markenaufdruck, andere ohne jegliche Aufschrift, alles von einer Staubschicht überzogen. In einer Ecke stapelten sich Computerzeitschriften. Die Fenster waren komplett von einem Plastiktransparent verdeckt. Das Transparent verkündete, unter welchen Bedingungen jedermann jetzt endlich Besitzer eines PCs werden konnte. Noch ein PC. An der Wand neben der Tür ein Stahlschrank, der größer war als ich. Davor ein Bürostuhl, der eigentlich vor den PC gehört hätte, auf dem Boden eine Carrefour-Einkaufstüte. Ich schob den Stuhl beiseite und öffnete den Schrank. Er war voll mit CDs, genug, um einen Verkäufer von Raubkopien, der hundertmal seinem Gewerbe abgeschworen hatte, eidbrüchig werden zu lassen. Die Raubkopien waren mit Gummibändern in Zehnerpacke zusammengebunden. Ich zählte grob mindestens fünfundzwanzig verschiedene Computerspiele. Und von jedem gab es ungefähr hundert Kopien.

Ich ließ meine Hand zwischen die Stapel gleiten, so als würde ich bei Carrefour auf dem Grabbeltisch nach CD-Sonderangeboten wühlen, und traf schließlich auf einen alten Freund. Meine Hand ruhte auf Dutzenden von CDs mit der neuesten Version meines Flugsimulators, deren farbige Coverkopien zwar etwas verblichen wirkten, aber ganz neue Attraktionen versprachen. Ich hielt einen Augenblick inne. Niemand würde nachzählen, wie viele Kopien hier lagen. Keiner würde es merken, wenn eine fehlte. Vielleicht doch noch einmal New York. Noch einmal LaGuardia. Noch einmal Kennedy International. Ich löste die Gummibänder, die die CDs zusammenhielten, und steckte mir eine davon in die große Innentasche meines Mantels. Und holte so tief Luft wie schon ewig nicht mehr.

Ich machte den Schrank zu und rollte den Bürostuhl wieder davor. Mit einer Hand hielt ich mich am Schrank fest und kletterte auf den Stuhl. Der war dabei, unter mir wegzurollen. Wie ein ungeübter Akrobat schaffte ich es, auf ihm stehen zu bleiben. So konnte ich knapp auf den Schrank sehen. Hier hatte niemand etwas weggenommen, hier war etwas abgelegt worden. In einem riesigen schwarzen Plastikmüllsack lagen unzählige Stangen ausländischer Zigaretten, so viele, dass nicht einmal ein Raucher meines Kalibers sie in einem Jahr verbrauchen konnte. Weil der Sack so voll war, hatte er sich nicht mehr schließen lassen. Er lag ganz hinten, von unten war er nicht sichtbar.

Ich kletterte vom Bürostuhl herunter. Mein Drang, noch einmal tief durchzuatmen, war angesichts der Luft im Raum stark gemindert. Gerade als ich die Carrefour-Einkaufstüte auf dem Fußboden unter die Lupe nehmen wollte, hörte ich es an der Tür klingeln.

Ich verließ das Lager, öffnete die Tür mit dem pinkelnden Jungen und zog rasch mit ausgestreckter Hand an der Kette, die über der Schüssel baumelte. Begleitet vom Geräusch des herabströmenden Wassers, ging ich zur Tür. Eine Hand quasi noch am Reißverschluss, öffnete ich.

Ağababa trat ein, zwei Packungen Marlboro in der Hand. Das Wasserrauschen drinnen verstummte allmählich. »Hab nicht bekommen, was du wolltest«, sagte er. Er reichte mir eine Schachtel. Das Wechselgeld erwähnte er nicht. Die andere steckte er in die Jackentasche.

Ich hatte jetzt wirklich eine Zigarette nötig. Ich nahm mir eine und bot ihm ebenfalls eine an. »Dein Tee ist kalt«, sagte ich.

»Nicht weiter schlimm«, meinte Ağababa. »Der gute Wille zählt. Ich habe an zwei Orten nach deinen Zigaretten gefragt. Keiner hatte sie.«

Zuerst gab ich ihm Feuer, dann mir. Das tat gut. Ich griff nach einem der Teegläser auf dem Tisch, als wollte ich einen Schluck nehmen. Er war kalt.

»Ohne Zigarette kriegt man das Zeug kaum runter«, meinte ich als Erklärung für das halb volle Glas.

Ağababa hatte nicht einmal bemerkt, dass ich den Tee kaum angerührt hatte. Er blickte mich an. »Regle du jetzt mal diese Übernahmegeschichte, der Tee ist ...« Er brach mitten im Satz ab, als sei ihm etwas eingefallen.

»Mal sehen«, sagte ich und versuchte nachdenklich zu blicken.

»Gefällt dir irgendetwas nicht?«, fragte er, nachdem er einen tiefen Zug von seiner Zigarette genommen hatte.

Ich hatte tatsächlich etwas gesehen, das mir nicht gefallen hatte, aber das sagte ich ihm nicht. »Ich weiß nicht, ob es so leicht ist, hier was Anständiges draus zu machen«, meinte ich und stellte mich in die Mitte des Salons. Ich überlegte, wie ich allmählich von hier wegkommen konnte. »Es ist schwierig, wenn die Leute keinen Fuß hier reinsetzen, weil sie den Laden nicht finden. Hier in der Gegend gibt es Hunderte von solchen PC-Geschäften.«

Ağababa versank in Schweigen, als ob er irgendeine Sache gründlich abwägen würde. Er schaute dabei aus dem Fenster und nahm noch einen Zug von seiner Zigarette. Schließlich begann er zu reden, als hätten ihm meine Worte zu einem Entschluss verholfen. »Schau mal, mein Herr ...«, sagte er langsam.

Ich wartete. Er sollte reden.

»Dir gefällt das hier nicht«, sagte er. »Der Nichtsnutz hat dir alles Mögliche erzählt. Und jetzt ist es nicht so, wie er gesagt hat. Stimmt doch, oder?«

»Nicht ganz«, erwiderte ich. »Es ist schwer, sich zu entscheiden.«

»Es gefällt dir nicht, so ist es doch. Du hast recht. Wenn du dich hier mit diesem fertigen Geschäft nicht anfreunden kannst, dann besorge ich dir über Emre Bey einen anderen von seinen Läden. In Dörtyol, oder in Moda. In einer Passage. Na, was sagt du?«

»Mein Gott, ich …«

»Hast du dem Taugenichts einen Vorschuss bezahlt? Wie viel?«

Ohne eine Miene zu verziehen, wartete ich, dass er weiterredete.

»Du hast schon gezahlt, hast bestimmt schon gezahlt«, mutmaßte er kopfschüttelnd mit Kennermiene. »Ich mag dich. Bitte versteh mich nicht falsch. Mir würde es sehr gut passen, wenn du das hier übernimmst. Dann hätte ich ein paar Kuruş mehr. Aber wenn du auf mich hören willst, dann halte dich hier raus.«

Ich nahm einen tiefen Zug aus meiner Zigarette und schaute ihm in die Augen. »Warum?«

»Du bist ein weichherziger Mensch«, sagte Ağababa. »Für dich ist das nichts. Ich weiß nicht, was genau vor sich geht, aber hier ist irgendetwas faul. Also, wenn du auf mich hörst …«

»Nanu. Wie das?«

»Ich weiß es ja nicht«, sagte Ağababa. »Und ich will Sinan ja nichts nachsagen, aber meiner Einschätzung nach hat er in diesem Laden nachts mehr verdient als tagsüber.«

»Was du nicht sagst!«

Er zeigte seine Zigarette. »Damit! – Solche Gaben sollten mal für mich abfallen.«

»Dir ist was aufgefallen?«, fragte ich.

»Du wirkst wie einer, der ziemlich genau weiß, wos langgeht. Ich frage dich: Bringt so ein Laden hier innerhalb von vier Monaten genug Geld für einen BMW ein?«

Ich überschlug in Gedanken noch einmal grob die Rechnungen, die ich gesehen hatte. So viel brachte er nicht ein. »Hat Sinan denn einen BMW?«, fragte ich. »Vielleicht hat er das Geld ja woanders her. Von seinem Vater oder so.«

»Wenn sein Vater Geld hätte, käme er dann einmal die Woche an und würde hier rumstreunen, um irgendwas abzustauben? Nein, nein, mein Lieber. Hier ist irgendetwas faul. Glaub mir.«

Ich achtete darauf, das Bild vom netten Menschen nicht allzu sehr zu beschädigen, während ich sprach. »Jetzt red nicht drum herum. Erzähl mir, was du gesehen hast.«

Er warf seine Zigarette auf den Boden, trat sie aus und schob die Kippe mit der Fußspitze nach rechts und links. Jetzt blickte er mir nicht mehr ins Gesicht. Ich beschloss, die Situation wieder ein bisschen zu entspannen, und holte meine Brieftasche hervor, entnahm ihr aber kein Geld.

»Jeden Freitag ...« Er verstummte.

Ich zog eine sehr hohe Banknote heraus und reichte sie ihm. Er griff nicht zu. Ich legte einen Schein drauf. »Jeden Freitag?«

»Jeden Freitag kommen sie abends hierher«, sagte Ağababa und schluckte beim Blick auf das Geld.

Ich legte noch einen Schein dazu. »Wer?«

»Die vier.« Ağababa wandte den Blick nicht von dem Geld. »Sinan, Selma und zwei mit langen Haaren. Sie haben ihre Geräte dabei.« Er redete nicht weiter.

»Und weiter?« Ich ergänzte die Banknoten in meiner Hand um noch einen Schein.

Ağababa schluckte noch einmal. »Weiter weiß ich nicht«, sagte er. »Aber sie bleiben bis zum Morgen. Ab und zu höre ich sie mal lachen. Und laute Musik höre ich auch. Wenn ich dann aufstehe, sind sie weg.«

»Hast du nicht mal gefragt, was die vier hier machen?«

»Wie soll ich das denn fragen?« Wieder spielte er mit der Kippe auf dem Boden herum.

»Hat er dir freitagnachts mehr gegeben als ich?«

Er blickte weiter zu Boden. Ich legte noch einen Schein dazu und schwenkte die Hand mit dem Geld. »Sie haben wohl Computerspiele kopiert«, sagte er. »Die Typen haben nichts durchblicken lassen. Niemand sollte davon erfahren.« Er streckte seine Hand aus.

Ich steckte das Geld wieder in meine Brieftasche. »Diese Information ist null und gar nichts wert«, sagte ich. »Ich dachte, du hast was Interessantes zu erzählen.«

Er schaute mich an. Ich konnte sehen, wie eine seiner Halsschlagadern an- und abschwoll. »Ja, aber …«, wandte er ein, doch seine Stimme versiegte.

»Die Kinder hocken hier und bemühen sich, ein bisschen Geld zu verdienen, und du willst mir Angst einjagen«, empörte ich mich. »Kannst dich bedanken, dass ich das Geld von eben nicht zurückhaben will.«

»Aber ja, mein Herr«, hob Ağababa wieder an, diesmal schon ein wenig härter.

Ich wedelte mit der Brieftasche vor seinem Gesicht herum. »Wenn du auch nur einen hiervon verdienen willst, dann sag mir, wo das Café ist, in dem Selma immer rumhängt, dann kann ich endlich hier weg. Und komm mir nicht mehr auf dumme Gedanken.«

»Selbstverständlich, mein Herr«, wiederholte er. Diesmal in ausgesprochen bestimmten Tonfall.

»Sag mir endlich, wo das Café ist. Computerspiele zu kopieren, zählt nicht als großes Vergehen.«

»Das ist unten … in der Straße unten.« Er strich sich mit der Hand über den Mund.

»Wie heißt es?«, fragte ich.

»Karamsar-Bar, oder wie war das noch? Vor dem Eingang stehen ein paar Ruten.«

»Gut«, sagte ich und steckte die Brieftasche in die Jacke. Ohne Ağababa noch ein weiteres Mal anzublicken, ging ich zur Tür. Zwar existiert SinanComp noch, doch der Laden hat seine Seele verloren, sagte ich mir, ganz so, als hätte ich ihn tatsächlich übernehmen wollen.

8

Auf der Straße sog ich die kalte Luft in meine Bronchien und machte mich, ohne zu zögern, auf den Weg. Ich war einer Sache auf der Spur und ich war hungrig. Ich ging schnell, damit ich rasch von Sinan-Comp wegkam. Inzwischen war in den Läden in der Straße mehr los. Ich wählte einen Döner-Imbiss, einen erstklassigen Döner-Imbiss, dessen Erstklassigkeit darin bestand, dass der Döner schon bereit war. Ich fragte den Küchenmeister aus Diyarbakir nicht, weshalb sie den Fleischspieß schon zu so früher Stunde angesetzt hatten. Ich bestellte mir eineinhalb Portionen und dazu eine Cola. Ich verspeiste den Döner mit sichtlichem Appetit und las dabei die fotokopierte CD-Hülle des neuen Flugsimulators. Die Cola war ziemlich schnell leer. Ich bestellte mir noch eine.

So waren die Leute eben. *As real as it gets,* das war es, wonach sie verlangten. *As real as it gets.* Sowohl in Wirklichkeit als auch bei der Kopie. Echt oder Kopie, das macht keinen Unterschied, wenns gut kopiert worden ist. Wenn es nach der Erstinstallation gleich läuft, ist alles in Butter. Man kreist über der Silhouette New Yorks, die der 11. September zerstört hat, und betrügt sich selbst, indem man sich wundert, wie es bloß kommt, dass alles so real wirkt. Wenns nicht läuft, hadert man mit dem Schicksal. Addiert das Geld, das man, wenn überhaupt, dafür bezahlt hat, zu dem, was man für Dutzende anderer funktionierender Raubkopien bezahlt hat, und macht weiter.

Der Döner war verzehrt und die zweite Cola ausgetrunken. Ich nahm zwei von den zurechtgeschnittenen Fettpapierchen und wischte mir den Mund ab. Bevor ich aufstand, zündete ich mir noch eine von meinen Marlboros an, aus dem Päckchen, das mich so teuer zu stehen gekommen war. Von Weitem entrichtete ich dem Küchenmeister aus Diyarbakir meinen ergebensten Gruß und stand auf. Sowie ich wieder draußen war, pfefferte ich die CD-Hülle mit der Programmkopie in den erstbesten Mülleimer. Bis ich den Eingang zur Karamsar-Bar gefunden hatte, dachte ich an gar nichts.

Die Eingangstür der Bar war schwarz. Nicht nur die Tür, die ganze

Front war schwarz gestrichen. Die niedrige Mauer, die das Gebäude umgab, hatte in der Mitte eine Lücke, die von zwei schwarz lackierten, oben zusammengebundenen Ruten eingefasst war und den Gast einlud hereinzukommen. Die eigentliche Tür zur Bar war eine Schwingtür, wie man sie aus den Western kennt. Ich fragte mich, wie sie es nur schafften, bei dieser Kälte die Wärme im Raum zu halten, während ich einen der Türflügel aufstieß. Niemand drehte sich nach mir um, als ich hereinkam.

Aus Lautsprechern, die ich nicht lokalisieren konnte, ertönte die Stimme von B. B. King. Dies hier war keine normale Bar, auch kein Café. Dies war eindeutig ein Billardsalon. Zwar gab es eine amerikanische Bar, platziert in der Ecke zur Straße hin, und auf der anderen Seite der Tür standen vier Tische vor dem Fenster. Im Mittelpunkt jedoch, auf einer Fläche, so groß wie ein Hangar für Ultraleichtflugzeuge, stand ein knappes Dutzend Billardtische. Über allen Tischen baumelten riesige Blechdeckel. Nur aus einem der Schirme fiel Licht. Drei Leute standen um diesen Tisch. Zwei spielten, einer schaute zu. Letzterer trug einen bodenlangen Ledermantel.

Die einzige Frau in der Karamsar-Bar saß hinter der langen Theke und schaute nach draußen. Ich bezweifelte, dass es sich um Selma handelte. Ich setzte mich ihr gegenüber auf einen der hohen Barhocker und stützte meine Ellenbogen auf die Theke. Ein Stück hinter mir bollerte mit voller Kraft ein gasbetriebener Heizstrahler, der für den Außenbetrieb bestimmt war. Von hier aus zu beobachten, was draußen vor sich ging, war eine feine Sache. Vielleicht ein andermal. Ich hustete, damit das Mädchen mich wahrnahm. Sie drehte sich verwundert um.

»Guten Morgen«, grüßte ich, so liebenswürdig, wie ich nur konnte.

»Guten Morgen«, sagte sie. Sie guckte verschlafen, hatte es aber geschafft, sich die Haare mit einem roten Tuch zusammenzubinden. Sie hatte eine Stupsnase, trug einen Rollkragenpullover und selbstverständlich Jeans. Der Pullover verdeckte ihre Rundungen.

»Draußen ist es unheimlich kalt«, sagte ich.

»Ihnen wird gleich warm.«

»Ein Kaffee würde mir beim Aufwärmen helfen«, schlug ich vor.

»Kann es sein, dass ich Sie irgendwoher kenne?«, fragte das Mädchen und kniff ihre verschlafenen Augen zusammen. »Aus einer Serie oder so?«

»Glaub ich nicht.«

»Mir kommts so vor, als würde ich Sie kennen«, meinte sie und bückte sich unter die Theke. »Wollen Sie Milch in den Kaffee?«

»Nein, danke«, sagte ich.

Während das schlaftrunkene Mädchen meinen Kaffee zubereitete, drehte ich mich auf meinem Hocker um hundertachtzig Grad und beobachtete die drei am Billardtisch. Sie spielten weiter. Niemand sah zu mir herüber.

Es war eigentlich ganz angenehm hier. Noch angenehmer sicherlich, wenn gegen Abend mehr los war. Aber ich war ja dieser Sache auf der Spur. Das Mädchen stellte mir den Kaffee hin. Ich drehte mich um. Die Tasse war schwarz, der Kaffee dampfte. Ich hielt meine Nase in den Dampf. »Danke schön.«

Das schlaftrunkene Mädchen schaute mich an. »Ihr Sternzeichen ist Jungfrau«, meinte sie plötzlich.

Ich nahm einen Schluck Kaffee. Sie hatte ordentlich viel Pulver hineingetan. Das war ein gutes Zeichen. »Stimmt«, erwiderte ich.

»Was machen Sie?«

»Ich bin Pilot im Ruhestand«, erwiderte ich. Über meinen früheren Beruf kam man immer ins Gespräch.

»Oh nein, mein Lieber, das kann nicht sein«, entgegnete sie.

»Was kann nicht sein?«, fragte ich zurück. Ich nahm noch einen Schluck Kaffee. Sie hatte recht. Mir begann warm zu werden.

»Entweder sind Sie nicht Pilot«, sagte sie, »oder nicht Jungfrau.«

»Das ist doch schon lange her«, meinte ich. »Gut möglich, dass ich mich verändert habe.«

»Sie ...«, setzte das Mädchen in belehrendem Ton an, »Sie müssen jemand sein, der unheimlich viel Wert auf Ordnung legt und Angst vor Risiken hat. Buchhalter oder so ...«

»Fliegen verlangt mehr Ordnung und Prinzipientreue und weniger Mut, als man gemeinhin annimmt«, erklärte ich. »Bloß wissen das die meisten nicht.«

»Fliegerei ist doch eine vor allem technische Angelegenheit, oder?«, fragte sie. »Na gut, Sie könnten natürlich auch Wissenschaftler sein. An der Uni. Na?«

»Könnte sein«, erwiderte ich.

Das Mädchen lachte. Lachte aus ihren verschlafenen Augen. Nutz diese Gelegenheit, sagte ich mir. »Wenn das so ist, dann erlauben Sie doch sicher, dass ich auch ein bisschen herumforsche?«

Ihre Gesichtszüge wurden mit einem Mal ernst. »Und was genau wollen Sie erforschen?«

»Ich suche Selma«, erläuterte ich. »Man hat mir gesagt, dass sie hier rumhängt.«

Das Mädchen trat einen Schritt hinter der Theke zurück. Dann blickte sie mehrmals zu den Billardspielern. »Was für eine Selma?«, fragte sie. Und blickte noch einmal zu den Billardspielern.

»Selma … eben Selma …«, sagte ich. »Sie arbeitet wohl im PC-Geschäft, da oben in der Straße.«

»Und was machen Sie, wenn Sie sie gefunden haben?«, fragte das Mädchen.

»Du scheinst mir mit deiner Neugier ein ganz schöner Wassermann zu sein«, antwortete ich.

Sie lachte nicht. »Was wollen Sie von Selma?«, fragte sie noch mal. Und biss sich auf die Lippe.

»Ich hab was für sie zu tun.«

»Und was soll das sein?«, fragte das Mädchen.

»Eine Umfrage«, sagte ich. »Ich plane eine Umfrage, im Zusammenhang mit Arbeitsplätzen, die im Zuge der ökonomischen Krise verloren gegangen sind.«

»Das haben Sie sich gerade ausgedacht.«

»Dann sehe ich also aus wie jemand, der Selma etwas Böses will?«, sagte ich.

»Darüber kann ich mir kein Urteil erlauben«, sagte sie. »Das überlasse ich den Männern.«

Sie reckte den Hals, um die Billardspieler zu rufen. Auch ich drehte mich um. »Schaut mal her, Jungs!«, sagte sie. »Kommt doch mal …«

Als Erster blickte der junge Mann im bodenlangen Ledermantel auf. Danach der andere, einer mit Pferdeschwanz, der darauf wartete, dass er dran war. Zuletzt der mit der Pilotenjacke, der gerade am Zug war. Ich spürte, wie sie mich von oben bis unten musterten.

»Hier ist jemand, der Selma sucht«, rief das Mädchen.

Ich lächelte alle drei an. Keiner erwiderte mein Lächeln. Die Pilotenjacke richtete sich auf. »Sind Sie das, der Selma sucht?«, fragte er laut in meine Richtung.

Ich reagierte mit einer Wer-denn-wohl-sonst-Geste und bemühte mich, die Tasse in meiner Hand gerade zu halten. Ich konnte nicht erkennen, zu welchem Ergebnis er kam, nachdem er mich so lange in Augenschein genommen hatte.

»Die ist heute noch nicht vorbeigekommen«, meinte er etwas leiser und drehte sich um, als ob die Sache für ihn erledigt sei und er sich wieder seinem Spiel widmen wollte.

Ich hatte wohl keinen guten Eindruck auf ihn gemacht. Ich stellte die Tasse auf die Theke zurück und stieg vom Hocker, um mich in voller Größe zu zeigen. Dann ging ich zu den dreien. »Wäre gut, wenn ich sie auftreiben könnte.«

»Würde mir genauso gehen, wenn ich sie finden würde«, meinte der Ledermantel zweideutig und zupfte dabei den anderen am Pferdeschwanz. Die beiden anderen kicherten, als würde es sich um etwas äußerst Komisches handeln. Ich trat zwei weitere Schritte auf sie zu und stand dem Burschen mit dem langen Mantel nun direkt gegenüber.

»Wäre wirklich gut, wenn ich sie auftreiben könnte«, sagte ich in einem Ton, den ich von Zeit zu Zeit einzusetzen pflegte.

Die Pilotenjacke hielt sein Queue in der Hand, genau richtig, weder zu fest noch zu lasch. Sie blickten einander an. So kam es immer. Irgendwoher tauchten die Schutzengel desjenigen auf, nach dem ich mich erkundigte. Mit Flügeln oder mit Billardstöcken.

»Kinder, regt euch nicht auf«, sagte ich und streckte meine Hand wie zur Andeutung des universellen Friedensgrußes nach vorn.

»Was wäre denn, wenn wir uns aufregen würden?«, fragte die Pilotenjacke. Jungspund Nummer drei lehnte sich an die Schulter seines Freundes. Der Pferdeschwanz trug einen kleinen Ohrring. Auch er hatte sich sein Queue gegriffen. Stand da und schlug sich mit dem Stock in die offene Hand.

»Nichts wäre los«, antwortete ich mit ausgebreiteten Armen. »Gar nichts wäre los. Ich habe ganz zivilisiert gefragt. Wenn ihr nicht antworten wollt, dann geh ich eben wieder.« Das kommt dabei heraus, wenn du nicht *bokken* übst, sagte ich mir. Und dann noch gegen drei. Das wird schwer.

»Und wenn nun wir dich mal ein, zwei Sachen fragen?«, entgegnete die Pilotenjacke.

»Kommt auf die Frage an«, sagte ich.

»Klugscheißer ...«, reagierte der Pferdeschwanz.

»Wart mal«, sagte der Ledermantel zu seinem Freund. »Lass uns doch mal hören, warum er Selma sucht.«

Es bestand kein Grund zu der Annahme, dass die Lüge, mit der Ağababa seinen Selbstbetrug zuwege gebracht hatte, nicht auch dazu taugen würde, diese Kinderchen hinters Licht zu führen. Ich zuckte mit den Schultern und erklärte: »Ich will den PC-Laden übernehmen. Da soll sie früher mal gearbeitet haben, also wenn sie will, kann sie da wieder anfangen, wollt ich sagen.« Ich weiß nicht, was daran so aufregend war. Ich hatte es nicht gesagt, um jemanden zu ärgern. Jedenfalls war das Resultat anders, als ich erwartet hatte. Mit einer Krisensituation hatte ich gerechnet, aber nicht so unmittelbar. Doch der Ledermantel regte sich fürchterlich auf. Mit einer Wut, die er nicht mehr kontrollieren konnte, ging er mir an den Kragen. Und versetzte mir einen auf die Zwölf.

Wenn man einen auf die Zwölf kriegt, macht es keinen Unterschied, wie lange man Aikido trainiert hat. Wenn man ihm gestattet, sich so weit zu nähern, könnte man sagen, man habe bereits von vornherein verloren.

Mir schwand kurz das Bewusstsein, als mich der Schlag mitten auf die Stirn traf. Ich strauchelte nach hinten. Trotz des Schmerzes gelang es mir unter Aufbringung äußerster Willenskraft, meine Hände nicht vors Gesicht zu halten. Ich versuchte mich darauf zu konzentrieren, was nun passieren würde.

Eine Faust setzte sich in Richtung meiner rechten Augenbraue in Bewegung. Nein, darauf war ich vorbereitet – musste ich vorbereitet sein, denn sonst hätte ich mir eine zweite eingefangen.

Wie stets in diesen Fällen reagierte ich mit einer *tenkan*-Bewegung. Und gratulierte mir zu meiner Schnelligkeit. Zunächst wehrte ich die Faust mit der rechten Hand ab, fasste den Burschen am Handgelenk und gestattete ihm, auf mich zuzugehen. Mit der flachen linken Hand versetzte ich ihm einen Hieb in die Beuge seines Ellenbogens und zog ihn dabei nach unten. Das verfehlte seine Wirkung nicht. Die Schöße seines Mantels flogen auf so wie bei den Leuten in *Matrix*, seine jeansbekleideten Beine flogen hoch und er kippte nach hinten. An der Stelle, an der er zu Boden fiel, drehte er sich noch einmal um sich selbst. Die beiden anderen blickten mich erschrocken an. Der Pferdeschwanz vergaß sogar, sich mit dem Queue in die Hand zu klopfen.

»Alter, was guckst du so blöd?«, rief der im Ledermantel, während er versuchte, wieder auf die Beine zu kommen. Sowohl Scham als auch Wut lagen in seiner Stimme. Nun hatte die Sache ihren Lauf genommen. Aber ich war vorbereitet auf das, was nun kommen sollte.

Die Pilotenjacke holte mit dem Billardstock aus, zielte auf meinen Kopf und brüllte dabei aus vollem Halse. In dem riesigen Salon hallte es von allen Seiten wider. Er brüllte aber nicht so, weil er wusste, was er tat, sondern weil er es in den Karatefilmen so gesehen hatte. Damit konnte er mir keine Angst einjagen. Der eine auf dem Boden, der andere stehend, warteten sie darauf, was sich nun zwischen uns beiden abspielen würde. Aber es spielte sich nichts Besonderes ab.

Ausgelöst von einem Alarmgefühl, das mir durch das jahrelange Training ins Blut übergegangen war, folgte ich einem Instinkt und zog mich zurück. Etwas anderes wäre mir auch nicht übrig geblieben. Meine Hände waren leer und der Angreifer stand zu weit weg. Zehn Zentimeter von meinem Kopf entfernt sauste das Queue herunter. Ich hörte das Sirren, als es die Luft zerteilte. Krachend knallte es auf den Tisch. Der Stock prallte ab, sprang ihm aus der Hand und fiel mir vor die Füße. Ich versetzte dem Queue einen Fußtritt. Es kullerte zwei Tische weiter. »Nun dreht mal nicht durch, hey!«, rief ich den dreien zu.

Der Pferdeschwanz dachte, er sei nun an der Reihe. Dass er sich vor seinen Kumpel blamieren würde, wenn er es nicht probierte, konnte ich ihm am Gesicht ablesen. Sein Queue mit der Linken ausrichtend, zielte er mit der Spitze in meine Bauchgegend.

Damit hatte er einen Fehler begangen. Ich drehte mich ein klein wenig zur Seite und nahm so mein *hara* vor der Spitze in Schutz. Packte sie dann mit der Rechten, nahm die Linke zur Hilfe und machte eine halbe Rückwärtsdrehung nach rechts. Hätte er losgelassen, wäre es besser für ihn ausgegangen. So weit reichte sein Verstand aber nicht. Im Gefolge des Billardstocks, den er fest umklammert hielt, wurde er durch die Geschwindigkeit der Drehung nach außen geschleudert und fiel zu Boden. Ich trat ihm mit dem linken Fuß in die Hüfte. Mein Schuh traf ihn knapp oberhalb der Leber. Selbst ich konnte sehen, dass ihm die Luft wegblieb. Aber da war auch etwas, das ich nicht bemerkt hatte. Ledermantel war längst wieder auf den Beinen. Er hob den Billardstock von dem Kerl mit dem Pferdeschwanz vom Boden auf. Ich beging derweil den Fehler, den Typen mit der Pilotenjacke im Auge zu behalten. Der Ledermantel holte mit seinem Queue nicht von oben aus wie sein Kumpel, sondern vollführte seinen Hieb von links nach rechts. Und er war schnell. Diesmal kam ich nicht weg. Der Schlag traf meinen linken Oberarm.

»Ahh!« Ich schrie vor Schmerzen auf.

In diesem Augenblick musste die Pilotenjacke wieder zu sich gekommen sein. Er warf sich an meine Brust und umklammerte mich mit beiden Armen. Er hatte die Gelegenheit, als ich mich einen Moment lang nicht rühren konnte, wirklich gut genutzt.

Wir stürzten zusammen und fielen fast unter den Tisch. Noch im Sturz hatte ich eine Drehung versucht, schaffte sie aber nur halb und konnte dem Kleinen damit nichts anhaben. Der Pferdeschwanz hatte sich inzwischen überlegt, dass er mit einem herkömmlichen Angriff wohl mehr ausrichten würde. Und er hatte recht. Sein erster Tritt traf mich oberhalb der Leber. Und dann noch einer.

Ich ließ von der Pilotenjacke ab. Mit mehreren Drehungen um die eigene Achse versuchte ich, den Tritten zu entkommen. Mein Manöver war nicht besonders erfolgreich. Immerhin hinderte es den Pferdeschwanz daran, weiter nach mir zu treten, denn sein Freund war zwischen uns geraten. Ich drehte mich so lange weiter, bis ich Platz hatte, um ungehindert wieder auf die Beine zu kommen. Doch dann fiel mein Blick auf das Queue auf dem Boden. Ich reckte die Arme, um nach dem polierten Stock zu greifen. Sowie ich ihn mit beiden Händen gepackt hatte, schlug ich damit aus dem Liegen gegen das erstbeste Bein, das ich in Reichweite sah. »Allah«, brüllte der Pferdeschwanz und ging in die Knie.

Damit gab ich mich nicht zufrieden. Beim zweiten Schlag traf der Stock den Ledermantel am Knie. Es machte ein Geräusch, als sei der Schlag bis auf den Knochen gegangen.

»Deine Mutter!«, rief er aus. »Ich fick deine Mutter.« Er ging aber nicht zu Boden, sondern humpelte zwei Schritte auf dem Bein, das den Schlag abbekommen hatte, und verzog dabei sein Gesicht, als würde er vor Schmerz den Verstand verlieren. Mit der Hand griff er unter den Mantel und langte hinten an seine Taille.

Jetzt wirds ernst, sagte ich mir, so auf dem Boden liegend. Eine Aikidotechnik zur Abwehr einer Kugel, die einem auf den Bauch zurast, hatte man mir nicht beigebracht. Und meines Erachtens gab es auf der ganzen Welt auch keinen Sensei, der einem eine beibringen konnte. Ich musste mir etwas überlegen. Und überlegte im Nanosekundenbereich.

Zuallererst schoss mir durch den Kopf, dass er nicht vor aller Augen auf mich schießen würde. Eine optimistische Annahme, aber ein anderer rettender Gedanke kam mir nicht. Er würde mir sicher den Revolver an den Kopf halten und dann sagen, ich solle den Stock fallen lassen und machen, dass ich fortkam. Ich hätte es mir nicht zweimal sagen lassen. Hätte gemacht, dass ich wegkam.

Oder es würde anders kommen. Er würde abdrücken. Mehrmals hintereinander. Erst meine Ohren zerfetzen. Im gesamten Raum würde sich Pulvergeruch verbreiten, wie an Silvester. Gegen diesen Kugelhagel könnte kein *tenkan* das Geringste ausrichten. Ich müsste mich zum Teufel scheren und würde aus dieser Welt gehen. Es war ja noch früh, da würde es noch für eine Meldung in der Zeitung von morgen reichen.

Ich klammerte mich an die optimistische Prognose. Und stützte mich dann wie ein Greis auf den Billardstock, den ich zuvor so produktiv eingesetzt hatte, um mich aufzurichten. Ich achtete darauf, ein wenig gebückt dazustehen, und blickte ihm in die Augen. Mit einer Einhalt gebietenden Geste streckte ich dem Ledermantel meine Hand entgegen. Seine Freunde sahen erst ihn und dann mich an. Mit einem Mal breitete sich eine unheimliche Stille im Raum aus. Niemand sagte mehr etwas.

Als ich mitbekam, wie der Ledermantel plötzlich auf eine Stelle hinter mir blickte, ahnte ich, warum niemand redete. Der Groschen fiel endgültig, als er die Hand von der Taille zurückzog. Ich drehte mich um und musste den Atem anhalten, um bei dem, was ich sah, kein erleichtertes Stöhnen von mir zu geben.

Zwei Polizisten betraten gerade den Raum. Erst trat der dickere durch die Flügel der Schwingtür. Sie waren von der Motorradstaffel der Verkehrspolizei und wirkten vielleicht deshalb noch eindrucksvoller, weil sie in voller Wintermontur auftauchten. Komplett ausgestattet mit Schaftstiefeln, Windjacken und der Schirmmütze unterm Arm. Am Hüftgurt des Dicken baumelte ein riesiger Revolver. Er sah uns nicht einmal an und marschierte leicht schwankend in Richtung Bar.

Hinter ihm folgte sein Kollege. Gleiche Montur, aber von schlankerer Statur. Wohl wissend, wohin sein Kollege sich wenden würde, taxierte er uns kurz aus den Augenwinkeln. Und ging dann weiter mit einem Lächeln im Gesicht, als wolle er sagen, »wie gut ihr euch doch amüsiert, während wir uns draußen mit den blöden Autofahrern herumschlagen«.

Ich schaute den Jungspund im Ledermantel an. Der grinste. Ich fasste den Billardstock wie ein Profi und ging auf den einzigen beleuchteten Tisch zu. Begann, die Spitze des langen Queues mit Billardkreide einzureiben, die auf einer Ecke des Spieltisches lag. Gleichzeitig war ich bemüht, meine Atmung wieder unter Kontrolle zu bekommen.

Der Ledermantel schüttelte den Kopf. Ohne durchblicken zu lassen, dass er leicht humpelte, ging er los, kam zum Tisch und stellte sich mir gegenüber. Die Elfenbeinkugeln lagen sowieso bereit. Während ich mich auf einen kurzen Stoß über die Bande vorbereitete, luchste ich aus den Augenwinkeln rüber zur Bar. Der dicke Polizist war nirgends zu sehen. Der andere sprach mit dem Mädchen. Vor ihm stand ein Glas Wasser. Ich machte meinen Stoß.

Es war miserabel. Wenigstens blieb der Filz heil. Ich richtete mich auf, so als wollte ich sagen, jetzt bist du an der Reihe. Der Pferdeschwanz und die Pilotenjacke schauten uns zu. Bei einem echten Spiel mit dem Ledermantel hätte ich mit Sicherheit verloren. Er führte einen kräftigen Stoß aus. Die Kugeln klackten aneinander, als hätten sie es untereinander abgesprochen, dann noch mal und noch mal.

Nun würde ich erst mal eine ganze Weile nicht an der Reihe sein. Mir blieb genug Zeit, zu überlegen, was passieren würde, wenn die Polizisten wieder verschwanden. Ich versuchte, meinen Denkapparat in Bewegung zu setzen.

Irgendwo aus dem hinteren Teil des Raumes erschien der dicke Polizist, ohne etwas von seiner vornehmen Gangart eingebüßt zu haben. Die eine Hand am Hosenstall. Ich war mir nicht sicher, ob er sich die Hände gewaschen hatte. Auf direktem Weg ging er zur Tür. Sein Kollege dankte dem Mädchen per Handschlag und folgte ihm.

Einen Schritt vor der Schwingtür blieb der Dicke stehen. Er drehte sich zu uns um und meinte dann: »Sinan, du altes Haus, wir sehen uns dann später.«

9

Sinan, das alte Haus, das Queue in der Hand, blickte den Polizisten nach, wandte sich seinen Freunden zu und drehte sich schließlich zu mir um. Er langte mit seiner Hand aber nicht wieder hinten an den Gürtel, sondern schien unschlüssig, was er nun tun sollte. Ich legte das Queue auf den Billardtisch. Meine Atmung hatte sich wieder einigermaßen beruhigt. Ich richtete meine Kleidung. Alle drei sahen mir zu. Mir blieb nicht viel Zeit. Im Grunde so gut wie gar keine. Ich musste mir rasch etwas Gescheites einfallen lassen, einen Satz, um die Situation zu nutzen. Ich strengte meinen Kopf an. Mir fiel nichts ein.

»Nimm die Beine in die Hand und hau ab!«, sagte Sinan Bozacioğlu schließlich. Er musste Sinan Bozacioğlu sein. Ein anderer Sinan, das wäre schon ein großer Zufall. So große Zufälle gibt es nicht im Leben. Als er sah, dass ich mich nicht regte, fing er von Neuem an zu drohen. »Wir wollen dich hier nicht noch mal sehen, verstanden?«

Mit offenen Armen ging ich auf ihn zu.

»Bleib, wo du bist, greif mich bloß nicht an, du Idiot«, meinte er und trat einen Schritt zurück. »Pass auf, das geht schlecht für dich aus!«

»Bevor Kadir seine Entscheidung trifft, sollten wir mal ein bisschen miteinander reden«, sagte ich.

Er hielt inne. Wollte sicher sein, dass er mich richtig verstanden hatte. »Welcher Kadir?«, fragte er. »Und was für eine Entscheidung?«

»Na, wen von uns beiden er in die Scheiße reitet«, erwiderte ich.

»Was redet der Kerl da?«, sagte die Pilotenjacke.

»Warte doch mal kurz«, sagte Sinan Bozacioğlu zu ihm. Und drehte sich zu mir um. »Was erzählst du da?«

»Polizisten, die hier reinkommen, müssen ja nicht immer von der Verkehrspolizei sein«, erläuterte ich. »Ein Wort von Kadir und du kriegst offiziellen Besuch. Der Laden hier ist doch leicht zu finden.«

»Vertretet euch doch mal die Füße«, sagte Sinan Bozacioğlu zum Pferdeschwanz und zur Pilotenjacke.

»Sinan, bist du dir sicher?«, fragte die Pilotenjacke nach. »Der Kerl sieht nicht so aus, als ob er was taugt.« Sein Gesicht wirkte ernstlich besorgt. Ich war mir aber sicher, dass er sich bloß ärgerte, weil er das Beste an der Show verpassen würde.

»Macht die Biege, hab ich gesagt …«

Ich zog die Zigarettenschachtel aus der Tasche, um sie Sinan Bozacioğlu anzubieten.

»Vielleicht später«, meinte er. »Komm, setzen wir uns.«

Zu viert gingen wir Richtung Tür. Wir zwei blieben an dem Tisch direkt neben dem Ausgang stehen, die beiden anderen brachten die Flügeltür noch einmal zum Schwingen.

»Setz dich, Abi«, sagte Sinan Bozacioğlu.

Nun bist du gleich zum »Abi« befördert worden, sagte ich mir. So etwas geht schnell in der Türkei. Von meinem Platz aus konnte ich beobachten, dass Pilotenjacke und Pferdeschwanz die Straße hinuntergingen. Sinan Bozacioğlu ließ sich mir gegenüber auf einem Stuhl nieder, der in einen Salon aus den Lucky-Luke-Geschichten gepasst hätte. Mir war nicht klar, was er von dort aus sehen konnte.

»Willst du etwas trinken?«, fragte er dann. Er wirkte ausgesprochen entspannt, als sei er hier zu Hause. Unter dem Ledermantel trug er einen schwarzen Pullover mit Kragen. Er hatte einen Bart, der so aussah, als habe er ihn sich erst kürzlich stehen lassen. Kurze, dunkelblonde Haare, eng anliegende Ohren. In seinen Augen erkannte ich eine gewisse Naivität, die er mit seinem strengen Blick zu überspielen versuchte.

»Ich hab meinen Kaffee nur halb ausgetrunken«, sagte ich.

Sinan Bozacioğlu drehte sich zum Mädchen an der Bar und bestellte einen Kaffee und ein Bier. Dann neigte er sich zu mir herüber. »Was liegt an?«, fragte er.

»Eins ist klar, wenn du kein Vollidiot bist, dann bist du ganz schön mutig«, sagte ich.

Er nahm mir den Vollidioten nicht übel. Für mich war es selbstverständlich, dass er sich für mutig hielt. Das Fragezeichen auf seiner Stirn war immer noch da.

»Die ganze Welt ist hinter dir her«, erklärte ich. »Und wird auch noch weiter nach dir suchen. Vielleicht auch die Polizei. Und du spazierst hier einfach so rum.«

Er lachte. Es war ein selbstsicheres Lachen. »Man versteckt sich am besten dort, wo man zuerst gesucht wird«, sagte er. »Im Film ist das auch so.«

»Den Film habe ich auch gesehen«, sagte ich. »Funktioniert aber nicht immer.« Ich deutete mit der Hand auf mich.

Er schüttelte den Kopf. Ich schien ihn nicht überzeugt zu haben. »Du bist doch eigentlich auf der Suche nach Selma«, meinte er.

»Die hab ich gesucht, um dich zu finden.«

»Warum?«

Ich sah, wie hinter ihm das Mädchen mit den schlaftrunkenen Augen mit einem Tablett in der Hand zu uns kam. Ich schwieg. Steckte mir eine Zigarette in den Mund. Das Mädchen stellte uns die Getränke auf den Tisch. Als ob nichts auf der Welt sie erschüttern könnte, drehte sie sich um und ging wieder. Ich zündete die Zigarette an.

»Um meinen Arsch zu retten«, sagte ich. »Vielleicht auch deinen.«

»Wie das?«, fragte er.

Ich entschloss mich kurzerhand, keinen einzigen der üblichen einleitenden Sätze zu verwenden. »Kadir Gülers Frau Muazzez wurde gestern Abend erwürgt«, begann ich. »Zunächst hat der gute Mann geglaubt, dass du seine Frau umgebracht hast. Dann hat er zwischendurch mal erzählt, er habe sie selbst getötet. Als wir uns trennten, hatte er sich gerade dafür entschieden, dass ich sie ermordet hätte. Ich weiß nicht, auf wen er sich im Moment gerade festgelegt hat.«

Sinan Bozacioğlu stieß einen Pfiff aus. Als ich ausgeredet hatte, nahm ich einen Schluck Kaffee. Der kam gut. Wie der Kaffee nach dem Training.

»Das gibts ja nicht«, sagte er. Nach einer Weile fügte er hinzu: »Und wer hat sie nun umgebracht?«

»Ich weiß nicht«, antwortete ich.

»Und die Polizei?«, fragte Sinan Bozacioğlu.

»Die haben auch keine Ahnung, glaub ich«, sagte ich. »Wenn die dahintergekommen wären, hätte es in der Zeitung gestanden.«

Sinan Bozacioğlu nahm noch einen Schluck Bier. Als käme ihm erst jetzt der Gedanke, fragte er dann: »Und wer bist du?«

Ich entschied, dass er mehr im Kopf hatte, als ich angenommen hatte. »Muazzez Hanim hat mich engagiert, damit ich mit dir rede«, erwiderte ich.

Er pfiff noch einmal. »Ein ganz schönes Durcheinander!«

»Stimmt«, pflichtete ich ihm bei.

»Bist du Privatdetektiv?«

»Ja.«

Er äußerte sich nicht weiter zu meinem Beruf. »Und was passiert nun?«

»Nun werden wir uns ein bisschen unterhalten«, sagte ich. »Das wird uns beiden guttun.«

»Ich habe Muazzez Abla nicht umgebracht«, meinte er. »Nicht, dass du dir da etwas in den Kopf setzt. Gut, ich hab sie nicht gerade geliebt wie meinen Augenstern, aber warum sollte ich sie umbringen? Bin ich denn blöd? Mich in solche Schwierigkeiten zu bringen ...«

»Also wenn man Kadir Güler glaubt«, sagte ich, »hast du dich fürchterlich darüber geärgert, dass sie mich engagiert hat. Und hast die Kontrolle über dich verloren, als Muazzez Güler ein bisschen zu weit gegangen ist. So hat er es dargestellt. Vielleicht hat er recht. Dir platzt ja wirklich leicht der Kragen.« Ich wies mit der Hand in Richtung der Billardtische.

»Bei dem, was der Verrückte erzählt, lachen doch die Hühner«, erwiderte Sinan Bozacioğlu. »Das kleine Spektakel gerade eben hatte einen ganz anderen Grund. Kann ich dir gern ein andermal erzählen.«

»Ich bin zwar kein Huhn, habe aber trotzdem erst mal herzlich darüber gelacht«, sagte ich. »Was danach kam, war dann aber nicht besonders komisch, kann ich dir sagen.«

Er sah mich an und machte auch nicht den Eindruck, als wäre ihm zum Lachen zumute.

»Er hat mir eine Menge Geld angeboten, damit ich dich finde«, sagte ich. »Und er hat mir auch den Revolver gezeigt, den er dir in den Mund stecken will, wenn ich dich aufgetrieben habe.«

»So eine Scheiße«, sagte Sinan Bozacioğlu.

»Find ich auch.«

Für einen Moment wurde es ruhig am Tisch. Ich nutzte die Stille, um einen Zug von der Zigarette zu nehmen und einen Schluck Kaffee zu trinken. Der kalte Lufthauch, der durch die halb offene Tür nach drinnen strömte, ging zwar nicht durch meinen Mantel, ich spürte ihn jedoch im Gesicht.

»Was wollte Muazzez Abla denn, was du mit mir besprechen solltest?«, fragte Sinan Bozacioğlu schließlich.

Ich war erstaunt, dass er das nicht wusste. »Ich sollte dich dazu bringen, deine Schulden zu bezahlen«, erwiderte ich.

»Was für Schulden?«, fragte Sinan Bozacioğlu.

Darüber wunderte ich mich ein zweites Mal. »Für die Computer, die du von Hi-Mem gekauft hast, oder für was auch immer. Deren Geld eben«, antwortete ich.

»Wer hat dir das erzählt?«

»Sie selbst. Du hättest deine Schulden nicht bezahlt. Ihr Mann habe nach dir gesucht, du seist nicht da gewesen. Als letzte Möglichkeit hat die Frau dann mich engagiert.«

»Hab ich also meine Schulden nicht bezahlt, na Donnerwetter«, sagte Sinan Bozacioğlu wie zu sich selbst.

»Außerdem wollte sie«, erklärte ich weiter, »dass ich dir die Daumenschrauben ein wenig anziehe, wenn ich dich finde. Damit du zur Vernunft kommst.«

Sinan Bozacioğlu grinste, als scheine ihm diese Möglichkeit zu gefallen. »Was hast du gesagt?«

»Ich bin kein guter Billardspieler, hab ich gesagt.«

»Na gut«, sagte Sinan Bozacioğlu. Schließlich lachte er etwas gezwungen. Besonders zu amüsieren schien er sich nicht. »An dieser Sache ist irgendein dummer Haken«, meinte er und lachte mit einem Mal gar nicht mehr.

»Welche Sache hat denn schon keinen Haken?«, erwiderte ich.

»Der Haken ist folgender«, fuhr er fort. »Ich stehe weder bei Hi-Mem noch bei Muazzez Abla mit auch nur einem Kuruş mehr in der Kreide. Sie hat dir einen Bären aufgebunden.«

»Warum hat sie mich dich dann suchen lassen?«

»Weiß ich nicht«, antwortete er grübelnd.

Mein Kaffee war alle. Ich drückte die Zigarette aus. »Warum will Kadir Güler dich finden?«, fragte ich.

»Ich glaube, das wiederum weiß ich«, sagte Sinan Bozacioğlu. Und kicherte wieder gezwungen, wie kurz zuvor. Mir war klar, dass er sich genau wie vorher ganz und gar nicht amüsierte. Da konnte sich eine Gelegenheit auftun.

»Wenn ich es auch wüsste, hätten wir beide eine Chance, unsere Ärsche zu retten«, warf ich ein.

Sinan Bozacioğlu schaute mich an. »Vergiss es«, sagte er. »Ich kenne noch nicht einmal deinen Namen. Wieso sollte ich dir vertrauen?«

»Ich heiße Remzi Ünal«, sagte ich.

»Ein äußerst vertrauenerweckender Name.«

»Ich werds meinem Vater bestellen.«

»Lass uns nicht noch mal damit anfangen«, schlug er vor.

»Ja, lassen wir das«, sagte ich.

»Noch einen Kaffee?«, fragte er. »Ich trink noch eins.«

Ich schüttelte den Kopf.

Sinan Bozacioğlu drehte sich um, winkte, damit das Mädchen an der Bar ihn bemerkte, und zeigte dann auf sein Glas. Dann schaute er aus dem Fenster. Ich sah in die gleiche Richtung. Menschen gingen vorbei. Menschen mit Alltagssorgen. Ich beschloss, noch einmal mein Glück zu versuchen.

»An wen übergibst du das Geschäft?«, fragte ich.

»Woher weißt du das?«, fragte er, ohne mir seinen Kopf zuzuwenden.

»Ich habe mit Ağababa gesprochen«, antwortete ich.

Er schaute noch immer nach draußen. Was sieht er nur, was ich nicht sehe, überlegte ich voller Neugier. Das Mädchen mit den verschlafenen Augen brachte das Bier, diesmal ohne Tablett, und stellte es mitten auf den Tisch. Sie blickte mich träge an, während sie die leere Tasse und das Glas abräumte. Hier ist alles okay, gab ich ihr zwinkernd zu verstehen. Sinan Bozacioğlu tat so, als habe er sie gar nicht bemerkt.

»Ich übergebe es an so einen ausgemachten Trottel«, sagte er, als würde er mit sich selbst reden. »In dieser Krise will der einen Laden übernehmen! Ist erst vor Kurzem vom Militär zurück, sein Vater hat das Haus verkauft, damit der Junge ein Auskommen hat, wurde mir gesagt.« Dass ich mit Ağababa gesprochen hatte, schien ihm erst jetzt klar zu werden. »Ey, halt mal«, meinte er. »Du … Wann hast du Ağababa gesehen?« Er lachte über das, was er gesagt hatte, riss sich schließlich ernsthaft zusammen.

»Kurz nachdem du da gewesen bist«, sagte ich. »Ein schöner Laden. Und groß.«

»Warst du auch drinnen?«, fragte er.

»Ağababa hat geglaubt, ich sei dieser Trottel.«

»Was du nicht sagst«, meinte Sinan Bozacioğlu. »Du nimmst deinen Job als Privatschnüffler ziemlich ernst, Mann. Du hast diesem Gierhals sicher auch Geld gegeben.«

»Habe ich am Schluss wiederbekommen«, sagte ich.

Er lachte breit über das ganze Gesicht. Dabei fiel mir auf, dass er seine Zähne mal nachsehen lassen sollte. Er sah wieder nach draußen. »Weißt du, du bist ein feiner Kerl, Remzi Ünal«, sagte er. »Wart kurz, ich geh mal pinkeln.«

Während ich zusah, wie Sinan Bozacioğlu in jene Richtung abzog, in die auch der dicke Polizist gegangen war, begann ich allmählich, an meiner eigenen Persönlichkeit zu zweifeln. Alle hatten angefangen, mich gern zu haben. Jeder liebte mich, aber niemand erzählte mir etwas Konkretes. Vielleicht läge in etwas weniger Zuneigung doch ein gewisser Mehrwert. Ich dachte auch über die Möglichkeit nach, dass Sinan Bozacioğlu den Weg zur Toilette eingeschlagen hatte, um sich auf Nimmerwiedersehen durch die Hintertür davonzumachen. Ich blieb jedoch sitzen. Da waren ja noch Dinge, die er von mir wissen wollte. Zugegeben, auch ich wollte noch ein paar Dinge von ihm wissen, und deshalb verdünnisierte ich mich ebenso wenig durch die Vordertür. Ich wickelte mich etwas enger in meinen Wintermantel ein. Ich hätte mir noch einen Kaffee bestellen können, ließ es aber sein. Ich hätte noch eine rauchen können, ließ es aber sein. Und ich beobachtete auch nicht die Straße.

Zwei Typen hatten den Raum betreten, die es wert waren, genauer betrachtet zu werden. Als ich die beiden Kerle erblickte, wurde mir schlagartig klar, dass Sinan Bozacioğlus These, man verstecke sich am besten dort, wo man zuerst gesucht wird, sich erledigt hatte. Man sollte sein Schicksal nicht immer von Filmen abhängig machen.

Einer der beiden, der Hüne, ähnelte Mr. T. Vielleicht war er sogar noch ein bisschen größer. In der Regel sind solche Typen Hohlköpfe, aber es ist immer deutlich zu sehen, wozu sie da sind. Dass dieses Exemplar hier nichts Gutes im Sinn hatte, machte schon seine wattierte und aufgeplusterte ärmellose Weste deutlich, wodurch der Mann noch imponierender wirkte. Darunter trug er einen Rollkragenpullover. Seine Schenkel sprengten fast die Nähte der Jeans. Nun gut, er hatte es nicht gewagt, sich den Haarschnitt von Mr. T. zuzulegen. Ein Nacken war praktisch nicht vorhanden. Der zweite Typ war eine Schlange, hundertprozentig.

Wie beschreibt man eine Schlange? Man nehme die Augen von Charles Bronson und platziere sie in die Gesichtszüge von Prinz Charles. Kombiniere das mit den Lippen von Oliver Kahn, dem Kinn von Saddam Hussein, den Ohren von Nihat Kahveci und der Nase von Mike Tyson zu einem Ganzen. Bekleide die dürre Gestalt, die aussieht, als würde sie gleich zerbrechen, mit dem aufgedonnertsten Anzug, den man beim Hochzeitsausstatter Yeni Karamürsel auftreiben kann, und fertig ist die Schlange.

Sofort nach dem Betreten des Raumes ließ die Schlange ihren Blick über mich hinweggleiten und kontrollierte schnell den leeren Salon. Wie jemand, der versucht, Schwarzmarkttickets für ein Konzert von Madonna zu verkaufen, schlich er auf die Bar zu. Mr. T. blieb neben der Tür stehen. Er ließ die Armmuskeln mehr als nötig spielen, sah jedoch nicht zu mir herüber.

An der Stelle des verschlafenen Mädchens wäre ich längst hellwach gewesen. Und zwangsläufig wurde sie es auch. In ihrem Gesicht sah ich den Ausdruck unbändiger Angst. Meiner Meinung nach durchaus begründet. Während sie miteinander redeten, wanderte ihr Blick für einen kurzen Moment zur Toilettentür. Sie schüttelte den Kopf, anstatt zu antworten. Ich nahm Sinan Bozacioğlus Bierglas und führte es zum Mund. Schmeckte bitter. Wie kann man dieses verdammte Zeug nur trinken, dachte ich mir.

Die Schlange zeigte auf die Flaschen hinter der Theke und bestellte etwas. Das Mädchen drehte sich um und fing an, den Drink vorzubereiten. Ich steckte mir eine an. Die Schlange stand mit dem Rücken zur

Theke und sah in den Raum. Unsere Blicke kreuzten sich nicht. Ich legte die brennende Zigarette in den Aschenbecher auf dem Tisch und stand auf. Beim Zurückgleiten quietschte der Stuhl. Mr. T. drehte den Kopf. Die Schlange kümmerte es nicht. Den Blick auf den Boden gerichtet, bewegte ich mich mit großen Schritten in die Richtung, in der die Toilette sein musste. Als ich an der Schlange vorbeiging, spürte ich, dass sie mich ansah. Ich blickte aber nicht zurück.

Die Toiletten der Karamsar-Bar lagen hinter zwei Türen am Ende eines Flures, den man ebenfalls durch eine Schwingtür betrat. Die eine Wand des Flurs war mit Getränkekisten vollgestellt. Die rechte Tür zierte das Bild eines langläufigen Trommelrevolvers, die linke das Bild eines Frauenschenkels mit Strumpfband. Ich stieß die Tür mit dem Revolver auf. Drinnen war niemand zu sehen. Gegenüber den vier Urinalen, von denen über einem ein Schild mit der Aufschrift »Defekt« baumelte, befanden sich drei Toilettenkabinen, deren Türen nur angelehnt waren. Ich steckte meinen Kopf in jede einzelne. Außer dem Mief, der mir in die Nase stieg, war da gar nichts. Nun bist du schon mal hier, sagte ich mir und ging vor dem Pissoir gleich neben dem Waschbecken in Position. Als ich mir die Hände wusch, kam Mr. T. herein.

Er schaute mich an, als hätte er erwartet, dass ich in der Kloschüssel schwimme, stattdessen aber hier draußen herumspazierte. Dann machte er das Gleiche wie ich. Naserümpfend zog er seinen Kopf aus der hintersten Kabinentür. Verzog sie aber nicht wegen des Gestanks.

Ich sah mich nach etwas um, um mir die Hände abzutrocknen. Der Kasten für die Papiertücher war leer. Ich strich mir mit den nassen Händen durch die Haare. Mr. T. schickte sich an, den Raum vor mir zu verlassen. Ich machte ihm Platz.

Nachdem Mr. T. aus der Revolvertür herausgetreten war, schritt er, ohne zu zögern, durch die Strumpfbandtür. Ich ging zwei Schritte auf die Schwingtür am Ende des Korridors zu.

Hinter der Strumpfbandtür wurde es laut. Das Klatschen einer Ohrfeige. Dann ein Schrei. Dieser Idiot, dachte ich. Dieser Idiot. Einen Moment lang überlegte ich, ob ich nicht zurückgehen sollte. Ich ließ es aber bleiben und wartete ab, ob die Rechnung noch ein wenig höher ausfallen würde. Bei ein, zwei Ohrfeigen konnte nicht viel herauskommen. Dann ging ich zurück in den Billardsalon. Die Schlange stand noch immer an derselben Stelle, ein schlankes Glas mit einem farbigen Drink in der Hand. Das Mädchen hatte sich hinter der Theke rund drei Meter entfernt von ihm hingestellt und war dabei, irgendetwas abzuwaschen. Ich ging zu meinem Tisch und setzte mich auf meinen Platz. Die zurückgelassene Zigarette war bis auf den Filter heruntergebrannt, ich drückte sie aus. Wir mussten uns nicht lange gedulden. Mr. T. und Sinan Bozacioğlu traten durch die Flügel der Schwingtür zum Flur mit den Toiletten.

Sinan Bozacioğlu schien beinahe stärker zu schwanken als die Flügel der Schwingtür. Er hielt sich eine Hand vor den Mund. Mr. T. hielt einen Arm des Jungen fest im Griff. In der anderen Hand trug er einen Revolver. Er hielt ihn am Lauf, so als ob er sich davor ekelte. Das Duo durchquerte den Raum, bis sie vor der Schlange standen. Mr. T. sagte etwas zur Schlange, was ich nicht verstehen konnte, und schubste dann Sinan Bozacioğlu auf ihn zu. Der Junge sah mich an, torkelte zwei Schritte und wäre beinahe hingefallen. In seinen Augen war Angst. Die Rechnung ist wohl doch höher ausgefallen, sagte ich mir. Sehen wir mal, wie hoch.

Die Schlange sagte etwas zu Mr. T., der legte den Revolver auf die Bar und kam dann auf mich zu. Lief bis zu meinem Tisch, ohne seinen Blick von mir abzuwenden. Sinan Bozacioğlu blieb weiter an seinem Platz stehen und blickte zu Boden.

»Der Chef sagt, du sollst die Beine in die Hand nehmen und dich verpissen«, sagte Mr. T. »Notfalls auch ohne die Rechnung zu bezahlen.«

Einen Versuch hatte ich. »Sag deinem Chef, wir könnten einen flotten Dreier draus machen, wenn er will.«

»Wie?«

»Los! Geh! Sags ihm …«, meinte ich. »Zu dritt machts doch viel mehr Spaß, hätte ich gesagt.«

Er wiegte den Kopf hin und her. Seinem Gesicht war abzulesen, dass er versuchte, sich zu entscheiden. Dann drehte er sich um und ging zurück zur Bar. Allerdings nicht mehr so selbstsicher, wie er gekommen war.

Ich blickte nach draußen, als würde es mich nicht interessieren, was sie beredeten.

Die Schlange schüttelte den Kopf, nahm den Revolver von der Bar und steckte ihn in die Tasche. Mit dem schlanken Glas in der Hand, kam er auf meinen Tisch zu. Mr. T. stand dicht hinter Sinan Bozacioğlu. Er schien froh zu sein, dass er die Beschäftigung mit mir dem Chef überlassen konnte.

»Bitte schön«, sagte ich, als sich die Schlange vor meinem Tisch aufbaute. »Setz dich, lass uns ein bisschen plaudern.«

»Wer bist du denn?«, fragte er. »Von wegen Party zu dritt. Was soll das?«

Von Nahem betrachtet ähnelte sein Gesicht eher einem Ameisenbären als einer Schlange.

»Ich bin ein miserabler Billardspieler und ein lieber Trottel, der es sich mit niemandem verderben will«, sagte ich.

»Ich mag Trottel, die es sich mit keinem verderben wollen«, sagte er, ohne eine Miene zu verziehen.

»Dann setz dich mal hin.«

»Was willst du?«, fragte er und versuchte, mich irgendwo einzuordnen.

»Vorhin waren zwei Polizisten hier«, meinte ich, »um nach deinem Typen zu schauen. Die könnten wiederkommen.« Weil ich nicht gelogen hatte, bestand für mich kein Grund, zu befürchten, dass ich rot werden würde. Ich hatte mich voll unter Kontrolle.

»Polizei?«, sagte die Schlange. Der Ameisenbär. Oder wie auch immer.

»Ja wirklich, Polizei«, erwiderte ich. »Der Kerl ist äußerst begehrt. Die Polizei sucht ihn. Ich suche ihn. Du suchst ihn. Ich hatte auf der falschen Toilette nachgeschaut. So hast du ihn vor mir gefunden.«

»Warum suchst du ihn?«, fragte er.

»Vielleicht aus dem gleichen Grund wie du«, antwortete ich. »Wir können uns doch zusammentun.«

»Spucks aus«, forderte er.

Mir blieb nichts anderes übrig, als um den heißen Brei herumzureden. Machte ich dann auch. Mir war klar, dass ich damit einen Seiltanz auf einem schlaffen Strick vollführte. »Wenn der Grund, aus dem du ihn suchst, derselbe ist wie meiner, könnten wir beide davon profitieren«, sagte ich.

»Ha! Dann mal los, spucks aus. Langsam nervst du nämlich.«

Mir war bewusst, wie wenig ich in der Hand hatte. So früh konnte ich nicht zu erkennen geben, was es war. »Ruf den Knaben her, er soll kommen«, meinte ich. »Und dann reden wir drei mal wie Männer.«

Die Schlange sah zuerst mich an, dann Sinan Bozacioğlu, der wie ein begossener Pudel vor der Bar stand. Er verzog sein Gesicht zu einem breiten Grinsen. Ohne einen Ton zu sagen, führte er sein Glas zum Mund, leerte es in einem Zug, knallte es auf den Tisch und erhob sich.

Mist. Entweder hatte er es nicht gefressen, oder es handelte sich um eine so ernsthafte Sache, dass er nicht allein entscheiden konnte. Ich schaute ihm nach, wie er zur Bar ging. Auf halbem Weg deutete er mit dem Kopf auf mich. Mr. T. setzte sich mit einem Ausdruck von Geringschätzung in Bewegung. An der Bar schlug die Schlange mit der Faust auf den Tresen. Noch mal das Gleiche, schien das zu heißen. Ganz eindeutig, er hatte die Absicht, sich zu amüsieren.

Bismillah, sagte ich mir, wenn das mal gut geht. Mr. T. kam im Wiegeschritt an, blieb zwei Schritte vor mir stehen und präsentierte stolz seine Oberarme. Von meinem Platz aus sahen seine Bizepse aus wie kleine Berge. Blödmann, an so etwas überhaupt zu denken, sagte ich mir.

»Na, los dann«, sagte er. »Du gehst.«

Irgendwo musste er anfangen, das war klar. Ich beschloss, ihm zu helfen. »Wieso?«, fragte ich. »Gleich kommen ein paar Freunde. Wir wollen Billard spielen.«

Zunächst konnte sich Mr. T. nicht entscheiden, was zu tun war. Gleichzeit war er sich darüber im Klaren, dass er die Sache zu Ende bringen musste. »Machs kurz«, meinte er. »Mach hier nicht rum, das geht schlecht aus. Wir haben zu tun. Spiel woanders.« Er stand jetzt dicht vor mir und stieß mir mit der Hand immer wieder auf die Schulter, seiner körperlichen Überlegenheit bewusst. Ich reagierte nicht, wie er gehofft hatte. Im Sitzen Paroli zu bieten, war nicht meine Sache. Das verschlafene Mädchen war wohl unter dem Sternzeichen derer zur Welt gekommen, die nur ungern einer Schlägerei zusehen. Ich sah, wie sie eilig an uns vorbeiging und sich durch die Cowboytür davonmachte. Ob sie der Schlange wohl noch einen zweiten Drink hingestellt hatte?

Mr. T. legte meine pazifistische Reaktion falsch aus und stieß mich von Neuem gegen die Schulter. »Los, Alter«, sagte er. »Hau ab. Such dein Unglück woanders.«

Ruhig und gemächlich erhob ich mich. So langsam wie einer, der nichts tun würde und sich nichts einbrocken wollte. Ich wusste, dass er mich ganz genau beobachtete, um herauszufinden, was ich vorhatte. Und das tat er auch.

»Na los!«, meinte er. »Verlier keine Zeit, ab die Post!« Um seinen Worten noch etwas mehr Ernst zu verleihen, haute er mir ein drittes Mal auf die Schulter. Das war sein Fehler. Als seine Handfläche meine Schulter berührte, fasste ich blitzschnell mit meiner Rechten zu. Ich knickte die Hand ab und verdrehte sie nach rechts. Was macht der Kerl da mit mir, war in seinen Augen zu lesen. Dann versuchte er, sich zu wehren. Zu spät. So kräftig, wie ich es bei keinem meiner *uke*s je gemacht hatte, bog ich seine Hand nach hinten. Ich setzte meinen rechten Fuß einen Schritt zurück und entfernte mich so von seiner anderen, noch freien Hand.

In seinen Augen sah ich, dass er merkte, wie er in der Klemme saß. Ein wenig zu früh. Denn ich konnte noch weitermachen. Ich ging mit meiner linken Hand über die seine, die ich mit meiner Rechten gepackt hielt, fasste ihn am Handgelenk und fand schließlich den Punkt, der ihn bewegungsunfähig machte, und drückte erbarmungslos zu.

»Aua, aua, aua!«, brüllte er los. Er hatte erkannt, dass sein Handgelenk auf eine fiese Art zu Bruch gehen würde, wenn er sich widersetzte. Er sank in die Knie. Versuchte, sich mit der freien Hand am Boden abzustützen, hob den Kopf und schaute mich an.

Aus den Augenwinkeln beobachtete ich, wie sich die Schlange in unsere Richtung in Bewegung setzte. Etwas glitzerte in seiner Hand. Passiert ist passiert, Ende offen, bei allem, was jetzt kommt.

Den gewonnenen Abstand nutzend, zog ich blitzschnell meinen zurückgestellten Fuß wieder nach vorne und knallte Mr. T. mein Knie mit aller Wucht gegen seinen Unterkiefer. Die Wirkung war stärker, als ich erwartet hatte. Ich hörte ein übles Geräusch, das seine Kieferknochen von sich gaben. Der mächtige Körper kippte nach hinten. Ich hatte den heruntergedrückten Arm nicht losgelassen. Aufgrund seines Körpergewichts gab er einen weiteren hässlichen Laut von sich.

Ich ließ Mr. T. sich auf dem Boden winden und wandte meine ganze Aufmerksamkeit der neuen Gefahr zu, die da auf mich zukam. Die Schlange hatte ein Klappmesser in der Hand. Ich fragte mich, weshalb er nicht den Revolver in seiner Tasche benutzte.

Das Messer hatte keine Ähnlichkeit mit den kleinen Holzmessern in unserem Dojo. Es war spitz und scharf. Mir war klar, welche Funktion die Rillen auf dem Blatt hatten. Daher machte ich einen Schritt zurück, nahm den Lucky-Luke-Stuhl hinter mir in die Hand und hielt ihn vor mich. Wie die bösen Jungs im Film belauerte er mich. Suchte nach meiner Schwachstelle. Solange es ging, würde ich ihm die nicht bieten, aber was danach kam, wusste ich nicht. Ich dachte mir, es sei wohl nicht die Lösung, darauf zu warten, dass zwei Polizisten den Laden betraten. Und bemühte mich schließlich, mir nicht anmerken zu lassen, was ich zu sehen bekam.

Die Rettung war hinter der Schlange aufgetaucht. Sinan Bozacioğlu näherte sich mit einer Flasche Absolut Wodka in der Hand, die er wie ein Beil hielt. Ich richtete meinen Blick streng auf die Schlange. So leicht war die Sache dann aber doch nicht. Die Schlange witterte die Gefahr, die sich von hinten näherte. Als sich die Flasche auf seinen Schädel zubewegte, sprang er beiseite, machte mit dem Messer in der Hand eine halbe Drehung und richtete es auf Sinan Bozacioğlus Hüfte. Mit dem Jungen ist es aus, fuhr es mir durch den Kopf.

Sinan Bozacioğlu versuchte den Angriff mit seiner linken Hand abzuwehren, schaffte es aber nicht ganz. Ich sah, wie die Klappmesserspitze seinen Ledermantel von der Seite her durchstach. Sinan verzog das Gesicht vor Schmerz, gab aber keinen Laut von sich. Die Flasche Absolut fiel zu Boden, ohne zu zerspringen.

Die Schlange hatte mir für ihren Angriff den Rücken zuwenden müssen. Diese Gelegenheit konnte ich mir nicht entgehen lassen. Mit all meiner Kraft zog ich ihm den Lucky-Luke-Stuhl über. Die Sitzfläche traf ihn kurz oberhalb seines Nackens. Ein feiner Schlag. Der Stuhl war okay, nicht zerbrochen. Dann ließ ich ihm den Stuhl noch einmal auf den Schädel krachen, diesmal ein bisschen weiter oben. Er ging in die Knie.

Sinan Bozacioğlu presste beide Hände an seine Flanke. In seinem Gesicht war ein Ausdruck von Ungläubigkeit über das, was ihm da eben widerfahren war. Der wird schon nicht sterben, sagte ich mir. Ich sah erst zu Mr. T., dann zu der Schlange. Mr. T. lag auf dem Boden und hielt die unverletzte Hand vors Gesicht. Der andere Arm lag verrenkt da. Er murmelte irgendetwas Unverständliches. Wahrscheinlich versucht er zu fluchen, sagte ich mir. In diesen beiden Sekunden bemühte sich die Schlange, sich hochzurappeln, und griff nach dem Klappmesser auf dem Boden.

Mit einem Fußtritt ging ich dazwischen. Er traf halb seine Hand und halb das Klappmesser. Das Messer schlitterte weg. Ich kniete mich neben ihn und lehnte mein rechtes Knie an seine Flanke, griff mit der linken Hand sein linkes Handgelenk und fasste seinen Oberarm mit der rechten kurz über dem Ellenbogen. Ich drehte ihm seinen Arm vom Körper weg und drückte ihn mit aller Kraft auf den Boden. Diese Schließtechnik war ein *ikkyo*. Sie tat ihm nicht weh, aber er konnte sich auch nicht mehr von der Stelle rühren. Die Schlange leistete keinen Widerstand mehr.

»Wir wollten doch wie unter Männern reden«, sagte ich. »Na dann, vielleicht ein andermal.«

Ich griff mit meiner rechten Hand in seine Haare und zog seinen Kopf nach oben. Er verzerrte das Gesicht vor Schmerz, sagte aber keinen Ton. Speichel floss ihm aus den Mundwinkeln.

»Ich lass dich jetzt los«, sagte ich. »Wenn du dich rührst, gibts Ärger, verstanden?«

Zur Verdeutlichung dessen, was ich als Antwort erwartete, schlug ich seinen Kopf auf den Boden. Voll auf die Nase. Dann hob ich seinen Kopf noch einmal an. »Verstanden?«

Soweit es ihm mein Griff noch erlaubte, nickte er zustimmend. Ich schaute zu Sinan. Er stand aufrecht, war aber blass und presste die Hände noch immer an die Hüfte. Ich bedeutete ihm mit einer Kopfbewegung, er solle zur Tür gehen. Seine Schritte waren kraftlos.

»Ich weiß nicht, mit wie vielen Jahren das losgeht bei Körperverletzung«, sagte ich zur Schlange. »Ich bekomme es aber mit, wenn du zu dem Mädchen gehst und dich aufspielst. Und du bekommst es dann auch mit. Verstanden, mein Lieber?« Er nickte noch einmal.

Sinan hatte die Tür erreicht und schaute mich an. Ich hatte von der Schlange abgelassen. Der Typ rührte sich nicht mehr. Ich hatte aber trotzdem Zweifel, ob wir uns vollkommen verstanden hatten. Deshalb drückte ich seinen Kopf mit der Hand zur Seite, zog ihm den Revolver aus der Tasche und verstaute ihn in meiner Manteltasche. Auf dem Boden waren Blutspuren. Beim Hinausgehen fragte ich Sinan: »Hast du deinen Wagen hier?«

Er nickte. »In der Seitenstraße«, sagte er dann. Seine Stimme gefiel mir nicht. Ich glaubte nicht, dass er viel Blut verloren hatte, aber er stand vermutlich unter Schock. Ich legte den Arm seiner unverletzten Seite auf meine Schulter und stützte ihn. Mit ungleichmäßigen Schritten marschierten wir los. Zum Glück war niemand auf der Straße. Wir kamen an einer weiteren Bar vorbei und dann an noch einer. An der Ecke bogen wir links ab. Gleich am Eingang der Straße stand ein BMW 2002 tii, der mindestens fünfzehn Jahre auf dem Buckel hatte. Ein feiner Wagen. Sinan Bozacioğlu zog den Wagenschlüssel aus der Tasche. Ich nahm ihn und schloss die Beifahrertür auf, stieß den Sitz nach vorne und platzierte den Jungen auf dem Rücksitz. Er machte den Anschein, als sei er ziemlich schwach geworden. Er zog seine Beine nur mit größter Anstrengung hinein und versuchte gleich, sich auf die Rückbank hinzulegen.

Ich setzte mich ans Steuer und steckte den Schlüssel ins Schloss. Dann drehte ich mich nach hinten um und öffnete seinen Ledermantel. Da war mehr Blut, als ich erwartet hatte.

Sinan wurde noch blasser, als er sich selbst betrachtete. »Alter, was für eine Scheiße. Was wird bloß aus mir?«, sagte er. »Mir gehts saudreckig.«

Ich überlegte schnell. Wir konnten nicht ins Krankenhaus. Unmöglich, selbst wenn Kadir Güler der Polizei noch nicht mitgeteilt hatte, wofür er sich entschieden hatte. Sinan Bozacioğlu war ja schließlich nicht beim Kürbisschälen ins Messer gefallen. Ich überlegte noch schneller. »Kennst du jemanden, der das untersuchen kann?«, fragte ich. »Einen Arzt oder so?«

»Ich tu alles für dich«, flehte er, »aber lass mich bloß nicht im Stich.«

Ich überlegte noch einmal und fasste den unumgänglichen Entschluss. »Gib mir dein Handy«, sagte ich.

In seinen Augen zeigte sich ein Funken Hoffnung. Indem er sich mühevoll ein wenig aufrichtete, griff er in die Seitentasche seines Ledermantels. Er verzog das Gesicht, als würde es ihn vor Schmerzen zerreißen. Er holte ein nicht mehr ganz so neues Ericsson heraus und reichte es mir. Es war ausgeschaltet. Ich drückte die Starttaste. »Schnell, die PIN-Nummer«, sagte ich. »Siebzehn, null, sieben«, sagte er. Ich machte das Telefon empfangsbereit. Und begann, die Handynummer von Yildiz Turanli einzutippen.

10

Ich betete, dass jetzt nicht die Mailbox antwortete.

Das Telefon klingelte. Klingelte noch mal. Ich konnte nichts tun als abwarten. Sinan Bozacioğlu lag dort, bereit, sich an jedes meiner Worte zu klammern, und blickte mutlos um sich. Er schien sich nicht groß Gedanken darüber zu machen, dass er mit seinem Blut gerade die Rückbank seines BMWs besudelte.

Sie hört es nicht klingeln, hat das Mobiltelefon wohl irgendwo in der Handtasche, sagte ich mir. Auf einmal wurde abgenommen. »Hallo?«

Zuerst erkannte ich Yildiz Turanlis Stimme fast nicht. Ich beugte mich vor, um zu sprechen. »Hier ist Remzi Ünal.« Ich bemühte mich, meine Stimme so wie damals klingen zu lassen.

»Eeiii!«, rief Yildiz Turanli.

»Wie gehts denn so?«, erkundigte ich mich.

»Gut, mir geht es so weit ganz gut …« Sie klang, als wolle sie sich schon mal zurechtlegen, was sie später noch alles sagen würde.

»Ich weiß, es liegt an mir«, sagte ich, »›Gefühlskälte – hervorgerufen durch zu viele Erfahrungen mit Gewalt …‹«, zitierte ich ihre Diagnose, die sie mir früher einmal im Zorn ausgestellt hatte.

Yildiz Turanli lachte. »Meinen Glückwunsch, Remzi Ünal Bey, die Mauer, die Sie um sich errichtet haben, um ein bitteres Trauma aus der Vergangenheit zu zähmen, steht also noch«, meinte sie und sprach damit einen anderen Aspekt ihrer Diagnose an.

An diesem Punkt unterbrach ich die Rede der klinischen Psychologin. »Ich hoffe, du bist nicht sauer auf mich, ich brauche dich nämlich.«

»Ach was?«, sagte sie, »träumst du von Dingen, die du nicht sehen willst?«

Ich war nicht in Stimmung, meine Träume zu diskutieren. »Ich brauche wirklich deine Hilfe.«

Ihre Stimme wurde ernst. Sie war eben ein schlaues Mädchen. »Erzähl!«

»Ich brauche deine Hilfe, wirklich«, wiederholte ich, »beziehungsweise die von jemand anderem. Es geht nämlich nicht um eine verletzte Seele, sondern um einen verletzten Bauch.«

»Einen verletzten Bauch?«

»Ja. Ich glaube zwar nicht, dass es besonders ernst ist. Der Mist an der Sache ist nur, dass wir aus Gründen, die ich jetzt nicht weiter erklären kann, nicht in einem Krankenhaus aufkreuzen können.«

Yildiz Turanli stutzte: »Mit anständigen Geschichten gibst du dich nicht ab, Remzi Ünal?«

In dem Moment spürte ich, dass sie uns helfen würde. »Anständige Geschichten machen keinen Spaß«, sagte ich. »Kannst du was arrangieren? Eine Freundin oder so …«

»Wart mal eine Minute, ich muss nachdenken.«

Ich drehte mich um und zwinkerte Sinan zu, der mit den Augen eines Opferlammes abwartete. Sein Gesicht hellte sich ein bisschen auf. Ich drehte mich wieder nach vorne.

»Gülendam vielleicht«, sagte sie, als ob sie mit sich selber spreche.

»Wer ist Gülendam?«

»Eine Freundin«, erwiderte Yildiz Turanli. »Besser gesagt, die Freundin einer Freundin. Sie hat gerade ihren Abschluss gemacht. Jetzt sitzt sie zu Hause in Uçaksavar und wartet darauf, dass sie ihren Pflichtdienst zugewiesen bekommt. Sie ist ganz scharf drauf, Menschen zusammenzuflicken.«

»Wunderbar.«

»Warte mal, ich rufe sie an«, sagte Yildiz Turanli. »Wo bist du jetzt?«

»In Kadiköy.«

»Fahr schon mal los. Ich ruf sie an. Wenn sie Ja sagt, kann ich dich dann unter dieser Nummer erreichen?«

»Ja«, antwortete ich.

»Hey, Remzi Ünal! Jetzt hast du dir endlich auch ein Handy angeschafft, he?«

»Nein. Das gehört dem Freund, der die Bauchschmerzen hat.«

»Na schön«, sagte sie, »ich war schon besorgt, ich müsste meine Theorie über deine Kommunikationsstörungen revidieren.«

»Der Mensch ändert sich nur ungern«, sagte ich.

Yildiz Turanli lachte. »Vor allem du!«

»Ich warte also darauf, dass du dich meldest.« Ich versuchte, meiner Stimme eine besondere Note zu geben. »Und danke schön.«

»Jetzt mal halt«, sagte sie. »Erst regeln wir diese Sache. Dir ist doch wohl klar, dass du mit einem trockenen Dankeschön nicht davonkommst.«

»Schauen wir mal. Ich fahre jetzt los.« Ich unterbrach die Verbindung und legte das Telefon auf den Beifahrersitz. »Deine Mutter muss dich an einem Glückstag auf die Welt gebracht haben«, meinte ich nach hinten gewandt. Sinan Bozacioğlus Augen leuchteten kurz auf.

Ich sah nach vorn und ließ den BMW 2002 tii an. Der Motor antwortete mit einem sanften Brummen. Ich hatte meine Mühe, den Wagen aus der Lücke zwischen einem Anadol-Lieferwagen und einem dunkelblauen Renault Mégane hinauszumanövrieren. Als wir draußen waren, hatte der Mégane an der Stoßstange einen kleinen Kratzer abbekommen.

Ich gab leicht Gas und der BMW begann sich durch das Verkehrsgewimmel von Kadiköy zu bewegen. Trotzdem fuhr ich vorsichtig. Wer uns sah, hätte nicht gemerkt, dass da ein Verwundeter auf dem Rücksitz lag.

Linker Hand lag das Meer. Hinter Reihen von Minibussen war es zwar nicht zu sehen, aber ich konnte es riechen. Wir kamen nur langsam voran. Es war, als würden sich die Autos, Busse, Lieferwagen und Taxis miteinander verbünden, um das Chaos zu überstehen. In diesem Stop-and-go-Verkehr gewöhnte ich mich schnell an den BMW. Vor der Ampel beim Fußgängerstreifen konnte ich mich für einen Moment nicht entscheiden. Im letzten Moment stieg ich auf die Bremse. Offensichtlich etwas zu heftig. Vom Rücksitz war ein »Auahh!« zu hören. Ich drehte mich nicht um.

»Können wir nicht ein bisschen schneller fahren, Remzi Abi?«, meldete sich Sinan Bozacioğlu zu Wort, während wir auf Grün warteten.

Ich antwortete nicht. Ich blickte verwundert auf das riesige Gebäude, das sich vor mir auftürmte, auf das Parkhaus, die neuen Straßen davor, die Passanten, auf Istanbul, das sich ständig veränderte … »Ha! Was ist das denn?«, sagte ich halb zu mir selbst, halb zu Sinan.

»Was denn, Abi?«

»Das Riesengebäude war doch vorher nicht da!« Hinter mir begann man ungeduldig zu hupen. Ich verstand erst nicht, dass es mir galt, und musterte immer noch den Riesenklotz, der da plötzlich vor mir stand. Hinter mir wurden sie noch wütender. Langsam und gemächlich setzte ich den BMW wieder in Bewegung. Ich war mir nicht sicher, in welche Richtung ich weiterfahren sollte. Als das Gehupe nachließ, bog ich links ab.

»Das ist das neue Einkaufszentrum«, ließ sich Sinan von hinten vernehmen. »Nautilus. Du bist wohl lange nicht mehr hier gewesen?«

»Das wird so sein.«

Ich war auf eine zweispurige Straße geraten, die offensichtlich ebenfalls neu war. Die breite Straße, auf der ich sonst immer zur Umgehungsautobahn gefahren war, gab es wohl nicht mehr. Gezwungenermaßen lenkte ich den BMW weiter die Straße hinunter.

»Da hättest du geradeaus fahren müssen, Remzi Abi«, sagte Sinan. »Hinter dem Gebäude ...«

»Haben wir verpasst. Beim nächsten Mal dann.« Als mir klar wurde, dass ich nicht wenden konnte, beschleunigte ich. Im Gefolge der Minibusse kam ich vorwärts, und als ich ein Stück weiter zwischen den hohen Mauern die Gräber erblickte, wusste ich wieder, wo wir uns befanden. Ich steckte die Hand in die Tasche und holte die Zigaretten raus. »Willst du auch?«, fragte ich nach hinten.

»Was?«

»Eine Zigarette?«

»Bloß nicht, Abi!«, sagte Sinan. »Ich kämpfe hier um mein Leben.«

Ich grinste insgeheim über das, was mir in den Sinn gekommen war. Ich drückte auf den Zigarettenanzünder am Armaturenbrett. Inzwischen ziemlich gut an die Karre gewöhnt, schaltete ich mit einer angeberischen Handbewegung einen Gang höher. Rechts von der Straße lagen die Grabsteine kreuz und quer durcheinander. Auf dem Friedhof herrschte ein Chaos, das größer war als das Menschengewimmel an Feiertagen auf der Istiklal-Straße. Der Zigarettenanzünder klinkte sich mit einem leisen Geräusch aus. Ich steckte mir die Zigarette an und drehte das Fenster herunter. Von Sinan Bozacioğlu kam kein Ton. Ich ließ einem Leichenwagen die Vorfahrt, der durch das Tor zum

Karacaahmet-Friedhof wollte, und ließ auch noch die beiden Minibusse und die sechs Autos hinter ihm durch. Diesmal hupte niemand hinter mir. Noch einmal lachte ich in mich hinein über meinen Einfall und gab dann kräftig Gas. Schweigend fuhren wir bis zum Capitol. Ich warf die Zigarette hinaus und schloss das Fenster. Ich hielt mich rechts, behielt das Tempo aber bei. In der engen Kurve zur Autobahnauffahrt quietschten die Reifen ein wenig. Ich nahm es nicht weiter tragisch. Auf der Brücke herrschte nicht allzu viel Verkehr. Ich fuhr auf die mittlere Spur und wollte die Geschwindigkeit etwas drosseln. Noch bevor ich in den dritten Gang runterschalten konnte, klingelte das Telefon auf dem Beifahrersitz. Ich bremste und griff nach dem Telefon.

»Geht klar«, sagte Yildiz Turanli. »Willst du die Adresse?«

»Ja, sag sie mir.«

»Sie heißt Gülendam. Gülendam Şenalp. Sie ist ganz okay, lässt sich nicht zweimal bitten. Sie wohnt in Uçaksavar.« Ein Lieferwagen gab mir per Lichthupe ein Zeichen.

»Gut«, sagte ich.

Yildiz Turanli nannte mir eine Straße, den Namen eines Apartmenthauses und die Nummer der Wohnung.

»Danke«, sagte ich. »Ich beeil mich jetzt.«

»Ruf mich an, wenn du dich wieder beruhigt hast«, sagte Yildiz Turanli.

»Abgemacht«, versprach ich und legte das Telefon zurück auf den Beifahrersitz. Ich sah in den Rückspiegel und wechselte wieder auf die mittlere Spur. Ich musste Sinan Bozacioğlu noch etwas beruhigen, bevor ich mein Spiel begann. Ungefähr eine Minute lang fuhren wir so dahin. »Wie gehts dir?«, fragte ich ihn.

»Mir gehts gut, Abi«, kam die Antwort. Seine Stimme klang tatsächlich besser als vorher.

Na, wenns dir gut geht, sagte ich mir, dann können wir ja loslegen … »Wer waren diese Mistkerle?« Keine Antwort. »Sinan!«, insistierte ich. Keine Antwort. Ich nahm meinen Fuß nur ein klein wenig vom Gas. Der BMW schien sich zu wundern, warum wir langsamer wurden. »Sinan!«, wiederholte ich. »Warum waren diese Mistkerle hinter dir her?«

»Aahh, Remzi Abi, müssen wir das denn jetzt besprechen?«

»Ja, jetzt. Genau jetzt. Vor uns ist niemand, hinter uns kommt auch keiner, die Aussicht ist wunderbar. Wir fahren hier gemütlich lang. Genau der richtige Zeitpunkt.«

»Ich kämpfe um mein Leben, und du willst reden …«

»Du hast doch gar nichts Schlimmes.«

»Aahh!«, kam es von hinten als Antwort. Ich nahm meinen Fuß noch mehr vom Gas, von hinten kein Laut.

Dann schaltete ich, um meine Absicht noch ein wenig zu konkretisieren, einen Gang tiefer. Der Motor tat so, als erhebe er Einspruch. Wir spürten, wie sich der Schwerpunkt des Wagens langsam nach vorne verlagerte.

»Was ist los, Remzi Abi?«

»Wer waren diese Mistkerle?« Der glaubte doch tatsächlich, mich weichzukriegen.

»Lass uns doch erst mal meine Wunde verarzten, dann können wir miteinander reden«, sagte er, und ergänzte: »Wenns denn sein muss …«

Ich nahm den Fuß noch ein wenig vom Gas. »Wenn du nicht sofort antwortest, dann wird diese Fahrt verdammt lange dauern.« Wir bewegten uns jetzt so langsam wie jemand, der vor zwei Tagen seinen Führerschein gemacht hat und das erste Mal über die Bosporusbrücke fährt. Der Abschleppwagen hinter mir ließ sich die Gelegenheit, seine Lichthupe zu betätigen, nicht entgehen. Ich hatte nichts dagegen, blinkte rechts und wechselte auf die dritte Spur.

»Warum sind wir denn so langsam?«, fragte Sinan. Seine Stimme klang jetzt erschrocken. Ich glaubte trotzdem nicht, dass er ganz begriffen hatte, was vor sich ging.

»Ich frage dich zum letzten Mal, wer waren diese Kerle und was wollten sie von dir?«

»Bitte nicht, Remzi Abi!«

»Du musst es wissen.« Noch langsamer.

»Remzi Abi, bitte nicht, ich blute doch.«

Ich drosselte die Geschwindigkeit noch weiter und blinkte wieder rechts. Dann fuhr ich über eine dieser Plastikbarrieren, die man aufstellt, damit niemand die Standspur zum Überholen benutzt, und brachte den BMW zum Halten. Ich ließ den Motor jedoch laufen und schaltete den Warnblinker nicht ein. »Schau, Sinan«, sagte ich und drehte mich nach hinten, »bis du dich dazu durchgerungen hast, zu singen, werde ich hier den vorbeifahrenden Autos zusehen und dabei meine Zigarette zerkrümeln. Nur, dass dus weißt. Wenn dann eine Streife hier ankommt und nach dem Rechten schaut …«

»Bitte nicht, Abi!« In seiner Stimme flackerte so etwas wie ein kleiner Schluchzer auf.

Die Bastion war sichtlich erschüttert. Ich lachte in mich hinein und drehte mich wieder nach vorne, zündete mir aber keine an. »Ich höre. Wer waren diese Männer?«

Von hinten kam keine Antwort. Ich wartete ab. Links von uns donnerte ein riesiger Lkw vorbei. Hintendrauf stand der Schriftzug »Soll diese Welt doch untergehen«. Mein Blick wanderte auf das Autoradio. Aber ich rührte keinen Finger, um an die Knöpfe zu kommen. Es gab wichtigere Dinge, die ich hören wollte. Und die würden kommen.

»Verdammte Scheiße, ich blöder Hund.«

Das war schon mal ein guter Anfang. Ich blieb stumm.

»Verdammte Scheiße«, wiederholte er und hängte noch ein wimmerndes »Aahh!« dran.

Ich blieb hart. »Ich höre«, sagte ich und stellte den Motor ab. Das Katzengeschnurre unter der Motorhaube verstummte. Dafür schien der Lärm der vorbeifahrenden Autos jetzt lauter. »Schau, Sinan, du kommst nicht raus aus dieser Sache. Du wirst reden. Am besten, du fängst jetzt an.«

»Wenn ich wüsste, wo, dann würde ich ja anfangen.«

»Sag einfach mal einen Satz, der wahr ist. Nur einen einzigen Satz. Der Rest kommt von selbst.«

Im Liegen hob er den Kopf und blickte mich an. In seinen Zügen konnte ich einen Ausdruck beinahe echter Hilflosigkeit erkennen. »Kadir Abi hat letztes Jahr jemanden umgebracht«, sagte er und wartete darauf, dass ich eine Reaktion zeigen würde.

Ich verzog das Gesicht, als hätte ich von Kadir Güler so etwas niemals erwartet.

»Dann ist die Sache etwas aus dem Gleis geraten«, sagte er.

»Gut machst du das.«

»Ich blöder Hund.«

Ob ich ihm jetzt ein wenig helfen sollte? »Und dann ist dir der Gedanke gekommen, dass man dieses Wissen doch in Geld umsetzen könnte«, sagte ich.

»Nein Abi, ich bin nicht auf diesen Gedanken gekommen, glaub es mir.«

Wer ist dann auf diesen Gedanken gekommen, fragte ich mich stumm.

Sinan Bozacioğlu richtete sich ein wenig auf, die eine Hand auf der Wunde, und blickte aus dem Fenster nach rechts und links. »Wenn wir jetzt ein bisschen weiterfahren würden, Remzi Abi? Sonst kommt hier mit einem Mal wirklich noch eine Polizeipatrouille oder so was vorbei. Das wäre schrecklich.«

Ich wandte mich wieder nach vorn. Am liebsten hätte ich gelacht, wenn ich nicht befürchtet hätte, er könnte mich im Rückspiegel sehen. Ich drehte den Schlüssel, der Wagen sprang an. Ich setzte den linken Blinker und fuhr los.

»Und eine Zigarette, bitte.«

Ich zog die Schachtel aus der Tasche und reichte sie ihm über die Schulter. Eine Zeit lang herrschte Ruhe. Die Brückenpfeiler kamen bereits in Sicht. Wir fuhren auf der zweiten Spur.

»Na, und?«

»Letzthin hat mich dieser Kadir Abi angerufen«, begann Sinan. »Im vorigen Monat war ich mit meinen Zahlungen an Hi-Mem erheblich in Verzug geraten. Nicht nur bei ihnen, auch bei allen anderen. Nicht aus Spaß, die Geschäfte gingen wirklich schlecht …«

Beim Zuhören war der BMW fast wie von selbst auf die Brücke gelangt.

»… Zuerst hat nur ihr Buchhalter oder so jemand angerufen. Habs nicht ernst genommen. Ein bisschen taktiert. Ich zahl dann, keine Bange, so auf die Tour … Und dann hatte ich auf einmal Kadir Güler am Apparat.«

»Kanntest du den denn schon früher?«

»Nur oberflächlich. Als ich den Laden eröffnet habe, hatte ich ihn ein-, zweimal gesehen. Ich weiß noch, ein Kerl wie die Karikatur eines Mafioso. Eben so ein Politiker, ich dachte, den kann ich auch mit Drumherumreden hinhalten. Doch schon nach zwei Minuten war mit ihm nicht mehr zu spaßen.«

Den Ausblick von der Brücke hatte ich schon viele Male genossen. Er war auch dieses Mal wieder atemberaubend. Ich fuhr ein klein wenig langsamer. Nicht mal der BMW bekam mit, dass ich das Tempo verringerte.

Sinan Bozacioğlu fuhr fort, mit fester Stimme, so, als hätte er sich gesagt, einmal reden und dann Schluss, aus. »... Und dann hat er immer weiter geplaudert. Der Kerl hat auf eine Tour geredet, als wollte er mir Ratschläge geben. Da kannst du nichts mehr machen, da bleibst du stundenlang sitzen und hörst freundlich zu, doch es nervt. Ich habe gemerkt, jetzt legt der erst richtig los. Hat angefangen, seine Storys in allen Einzelheiten zu erzählen. Wie bei *Deli Yürek* im Fernsehen. Dem konnte man einfach nicht entkommen. Und dann kam das Gespräch darauf, dass man Leute auch aus dem Weg räumen kann ...«

Wir hatten die Brücke hinter uns gelassen. Sinan erzählte weiter, als hätte er vergessen, dass er verwundet war. »Einen Moment lang habe ich nicht mehr daran gedacht, dass der Kerl mir das alles nur erzählt, um mir Angst zu machen. Ich häng am Telefon und hör zu. Mit einem Mal war ich wieder klar. Sagt der doch, wenn ich das nicht bezahle, kann mir so was Ähnliches auch zustoßen ...«

»Wen hat er aus dem Weg geräumt?«

»Einen Typen aus der Partei, soweit ich das verstanden habe, einen Delegierten für den Parteikongress. Der hatte Kadir Abi soundso viele Stimmen versprochen von seinen Kollegen auf dem Kongress der Istanbuler Provinzorganisation. Natürlich nicht umsonst, sondern für irgendeinen Auftrag über Bürgersteige oder so. Auf dem Kongress hat der Kerl dann sein Wort nicht gehalten.«

»Und dann?«

»Er soll den Kerl kurzerhand erledigt haben!«

»Und wie hat er das angestellt?«

Jetzt war er für einen Moment ganz ruhig. Ich sah mich nicht um. Vielleicht nahm er ja nur einen tiefen Zug von seiner Zigarette. »Warum willst du das alles wissen, Remzi Abi?«

»Um unsere Ärsche zu retten«, sagte ich. »Vor allem deinen.«

»Kadir Abi ist nicht so wie die Blödmänner von eben, das ist meine Meinung.« Er kicherte leise. »Die Kerle hast du ja ganz schön zugerichtet, das ist was anderes.«

»Zu den Kerlen kommen wir gleich noch«, sagte ich. »Und wie hat dein Kadir Abi diesen Parteifreund erledigt?«

Jetzt waren wir an der Ausfahrt Beşiktaş vorbei. Ich beschleunigte etwas, nutzte die Lücke zwischen einem kleinen Lieferwagen mit einem Kühlschrank auf der Ladefläche und einem Linienbus und fuhr nach rechts. Sinan kicherte erneut, bevor er anfing weiterzureden. »Der ist von irgendjemandem überfahren worden«, sagte er. »Nachts im Dunkeln. Niemand hat was gehört oder gesehen.«

Ich war auf der Ausfahrtspur nach Levent. »Weiter.«

»Und dann fing er plötzlich davon an, also, wenn du nicht bezahlst, kann dir auch so was passieren. Ich hab Schiss bekommen, ehrlich gesagt. Im Ernst, ich hatte Schiss.«

»Und dann?«

»Dann …«, sagte Sinan, »dann habe ich das Geld bezahlt.«

»An wen?«

»Hi-Mem. Also, auf deren Bankkonto. Wie immer.«

»Bist du denen jetzt noch was schuldig?«

»Remzi Abi, im Handel hat man immer irgendwo Schulden. Offene Rechnungen. Mal weniger, mal mehr. Aber ich war mit meinen Zahlungen nie lange im Verzug. Ich habe das Geld immer aufgetrieben oder auftreiben lassen. Nur bei der letzten Rechnung war ich ziemlich in Verzug, aber das ist eine andere Geschichte.«

Wir waren auf der Ausfahrt nach Levent und fuhren langsamer. An der Kreuzung zur Büyükdere-Straße ging es nicht mehr weiter. Die Straße war verstopft. »Und dann?«

»Und dann … Ach, ich Idiot.«

»Das heißt?«

»Dann hab ich wohl geplaudert.«

Autos, Busse, Minibusse und Lieferwagen versuchten, Stop-and-go vorwärtszukommen. Manche setzten den Blinker, andere nicht, es wurde gehupt. Meine Ohren waren nur nach hinten gerichtet. »Bei wem hast du geplaudert?«

»Remzi Abi, ist es noch weit bis zu deinem Doktor? Das Blut tropft hier nur so runter.« Ansonsten hatte er es überhaupt nicht eilig.

»Mit wem hast du geplaudert?«

Zuerst wimmerte er ein bisschen. Dann meinte er: »Im Geschäft, bei Selma und so ...«

»Also nach dem Motto, ›wusstet ihr eigentlich schon‹?«

»Mein Gott, man redet halt, wenn man nur so herumsitzt. Nette Story eben, der soll einen umgebracht haben und so weiter.«

»Und? Wie ging es weiter?«

»Dann war die Kacke am Dampfen.«

»Weiter!«

»An dem Abend sitzen wir im Laden und quatschen. Irgendwann gesellt sich Ağababa dazu. ›Mit der Sache können wir Geld machen‹, sagt er.«

Ich tat so, als wäre ich darüber erstaunt. »Ağababa? Was solltet ihr denn unternehmen, um damit Geld zu machen?«

»Er kennt da wohl ein paar Leute. Auch in der Partei. Derselben Partei. Wenn wir etwas finden würden, was ausreicht zu belegen, was für ein toller Kerl unser Freundchen ist, würden sie gut bezahlen. Wir könnten dann teilen ...«

Die Ampeln auf dem Weg vor uns standen irgendwie ständig auf Rot. »Du weißt nicht, wer die sind?«, fragte ich.

»Nein, weiß ich nicht«, sagte er. »Ich war natürlich ganz schön überrascht. Geht nicht, hab ich zu Ağababa gesagt. Ich hab Angst, hab ich gesagt. Mit den Kerlen soll man sich nicht einlassen, hab ich gesagt. Die machen einen fertig.«

Jetzt sprang die Ampel auf Grün. Langsam rückten wir vor. »Bald ists geschafft«, sagte ich. »Erzähl weiter!«

»Das wars.«

»Was heißt das, das wars?«

»Das wars eben, Abi«, sagte er. »Du hast gesagt, erzähl, und ich habe dir alles erzählt. Mehr weiß ich nicht. Aahh!«

Als wir an die Abzweigung nach Ulus kamen, wechselte ich auf die Spur ganz links, um einem Auffahrunfall zu entgehen. Ich konnte dann bis in den dritten Gang hochschalten, bis zu den Ampeln vor dem Akmerkez-Einkaufszentrum. Dort erwischte uns wieder eine rote Ampel. Ich dachte derweil nach. »Schulden hast du bei Hi-Mem keine ...«, sagte ich in einem Ton, der deutlich machen sollte, dass ich die Lage noch einmal zusammenfasste. »Und Ağababas Vorschlag mit der Erpressung hast du nicht akzeptiert ... Und du weißt nicht, wer jetzt hinter dir her ist ...«

»Genau, so ist es«, sagte Sinan Bozacioğlu.

»Das kannst du meiner Großmutter erzählen, Sinan! Selbst die glaubt das nicht.«

»Aber es war so, Remzi Abi!« Seine Stimme klang nicht mal für ihn selbst überzeugend.

Die Ampel sprang auf Grün. Ich konnte jedoch nicht losfahren, weil die Autos, die vom Lyzeum in Etiler kamen, die Kreuzung versperrten. Hinter uns ging das Gehupe los. Ich hupte nicht mit.

»Arschloch!«, sagte ich. Als die Straße vor mir frei wurde, preschte ich mit quietschenden Reifen los. Ein Start, der den Gepflogenheiten hier in Etiler gänzlich angemessen war. Ich glaube, sogar die Verkehrspolizisten vor dem Akmerkez schauten uns hinterher.

»Du Arschloch!«, sagte ich noch mal. »Weil gar nichts los ist, sucht dich Kadir Güler, und weil gar nichts los ist, kommst du morgens in den Laden und holst irgendwas, und weil gar nichts los ist, suchen dich ein paar völlig unbekannte Kerle und nehmen dich in die Mangel ... also – auf dass sich die Balken biegen.«

Von der Rückbank kam kein Laut. Mit der gleichen Geschwindigkeit fuhr ich über den Etiler-Platz, ohne an der roten Ampel zu halten. Erst hatte ich gebrüllt, jetzt brüllte der BMW unter meinem Hintern. Mir fiel noch etwas ein. »Welche Scheiße wolltet ihr mir einbrocken, als ich gesagt habe, dass ich Selma suche? Erzähl mir jetzt keinen Blödsinn, oder ich schmeiß dich aus dem Wagen.«

»Abi, nein«, sagte er in Panik. »Da gibt es einen Kerl, der ist hinter Selma her. Am Telefon und so ... Wir haben geglaubt, das bist du.«

Was er in der Damentoilette zu suchen hatte, fragte ich schon nicht mehr. Ich dachte nach. Bis zu Cengiz Topel fuhren wir in normalem Tempo. Sinan Bozacioğlu fing an mich zu nerven. Wir fuhren am Fußballplatz der Universität vorbei, der offenbar nie benutzt wurde, und kamen zur Einfahrt der Apartmentsiedlung von Uçaksavar. Am Pförtnerhäuschen fuhr ich in zivilisiertem Tempo vorbei. Es saß sowieso niemand drin. Dann bog ich in die Füzeciler-Straße ein.

»Sind wir da, Abi?«, fragte Sinan mit einer Fistelstimme, als hätte sein letztes Stündlein geschlagen.

»Ja, wir sind da.« Die Hand am Steuer, schaute ich auf die Hauseingänge. Ich parkte zwischen zwei Ford Escorts. »Wir sind da«, sagte ich noch mal, nachdem ich das Auto zum Stehen gebracht und die Handbremse angezogen hatte. »Mach dich fertig.«

Von der Rückbank des BMWs stieg mir ein strenger Geruch in die Nase. Das roch nicht nach Blut. Sinan Bozacioğlu sah mich an wie ein Erstklässler. Er tat mir leid, der Junge. »Nimms nicht so tragisch«, sagte ich. »Wickle dich gut in deinen Mantel ein. Wir bringen das in Ordnung.« Auf den ersten Blick sah Sinan Bozacioğlu so aus, als benötige er eher einen Kleiderladen als einen Arzt. Eine Hose würden wir schon irgendwo auftreiben. An so was war ich ja gewöhnt.

11

Wir mussten uns nicht besonders anstrengen, um Gülendam Şenalps Wohnung zu finden: Sie wohnte im Erdgeschoss. Und den Nachbarn störten wir so auch nicht. Auf dem Klingelschild an der Haustür standen nur die Buchstaben G und Ş, von einem Doktortitel war nirgendwo die Rede. Sinan stand in seinen langen Ledermantel gewickelt an die Wand gelehnt und wartete darauf, dass ich klingelte. Er sah ziemlich weggetreten aus, eine Hand presste er auf die Wunde. Bevor ich klingelte, atmete ich noch einmal tief aus.

Noch bevor ich bis sechs zählen konnte, wurde die Tür geöffnet. Wir wurden anscheinend erwartet. »Kommen Sie rein«, sagte die junge Frau, machte schnell kehrt und ging in das für uns vorgesehene Zimmer. Sie trug eine Latzhose für Gärtner. Meines Erachtens eine falsche Wahl, betonte sie doch ihren ohnehin kurzen Oberkörper und die ausladenden Hüften. Ihre schwarzen Haare fielen ihr über die Schultern bis hinunter zur Taille. Wir folgten ihr in einen quadratischen kleinen Salon, von dem noch zwei weitere Türen abgingen. Dieser Salon hatte etwas von einer mit Sperrmüllmöbeln eingerichteten Studentenbude. Links und rechts eines schwarzen Regals, auf dem dicke Wälzer aneinandergereiht waren, standen sich zwei unterschiedliche Sessel gegenüber. Das Polster des einen, der mit der Rückenlehne zum Fenster stand, war ziemlich durchgesessen. Auf einer Aussteuertruhe, die aussah, als sei sie auf dem Großen Basar ersteigert worden, thronte ein mindestens zehn Jahre alter Fernseher. Darunter lag eine in Behramkale-Art gearbeitete Decke, die vorne über die Truhe hing. Auf einem hohen Hocker zwischen den beiden Fenstern stand ein etwas kümmerlich gewachsener Ficus benjamini. Den Platz vor der einzigen nicht unterbrochenen Wand nahm eine Schlafcouch ohne Armlehnen ein. Auf dem Boden lag ein einfacher Kelim. Sinan wartete stehend und hielt dabei seinen Mantel fest vor dem Bauch zusammen. Die Wohnungsinhaberin drehte sich zu mir um. »Remzi Ünal, nicht wahr?«

Ich nickte. Im Vergleich zu ihrem Körper erschien ihr Gesicht ziemlich klein. Ein Babygesicht. Bei Einhaltung einer strengen Diät hätte sie beim Film Karriere machen können. Man konnte ihr Alter nicht abschätzen, und sie sah aus, als würde dies auch noch zehn Jahre so bleiben. Sie war recht füllig, aber der Bauch störte ganz und gar nicht.

»Sie haben mächtig Eindruck auf Yildiz gemacht«, sagte sie. Ich nickte wieder. Dann versuchte ich, ihre Aufmerksamkeit mit einer Kopfbewegung auf Sinan Bozacioğlu zu lenken. Gülendam Şenalp folgte meinem Blick. »Mein Gott, was ist passiert?«, sagte sie in einem für eine Ärztin erstaunlich aufgeregten Ton.

»Mein Freund ist beim Apfelschälen ins Messer gefallen«, sagte ich mit todernster Miene.

Gülendam Şenalp lachte nicht. Wahrscheinlich hatte sie mit Yildiz Turanli mal ein langes Gespräch über mein Verständnis von Humor geführt. Mit einer Hand fasste sie Sinan an der Schulter und wies mit der anderen auf die Couch.

»Lassen Sie mal sehen«, sagte sie. »Legen Sie sich hierhin … Besser, wir ziehen Ihnen zuerst mal Ihren Mantel aus.«

Sinan sah mich unschlüssig an.

»Na los«, sagte ich. »Zier dich nicht. Die Dame ist Ärztin. Passiert ist nun mal passiert.«

Mit dem Gesicht zur Wand zog er seinen Mantel aus und breitete ihn wie ein Betttuch über der Couch aus. Der nasse Fleck vorn an seiner Hose war dunkel geworden. Dann streckte er sich auf dem Mantel aus und legte seine Hand auf die Augen.

Gülendam Şenalp beugte sich über den Bauch des Jungen. Ich ging zum Fenster.

»Wann ist das passiert?«, hörte ich sie fragen.

»Vor einer Stunde«, sagte Sinan mit erstickter Stimme.

Weil die Bäume ohne Blätter waren, konnte ich am Himmel den Kondensstreifen eines Flugzeuges sehen. Hören konnte man es nicht. Aber es flog. Selbst wenn ich es nicht sehen würde, würde es fliegen. Es würde bald in den Sinkflug übergehen und schließlich zur Landung ansetzen.

»Warte eine Minute«, hörte ich Gülendam sagen.

Ich wandte mich um. Die Kleidung um Sinans Bauch war beiseite geschoben. Er hatte rote Flecken auf seiner weißen Haut. Im Gesicht des Jungen sah ich die Angst. Gülendam kehrte mit einer kleinen Plastikschüssel voll Verbandszeug zurück. Sie bewegte sich flinker, als ich es bei ihrer Figur erwartet hätte. Dann beugte sie sich wieder über Sinan. Ich wandte ihnen den Rücken zu, das Gesicht zum Fenster.

»Es wird ein bisschen wehtun«, sagte sie. Sinan gab keinen Laut von sich.

Kein weiteres Flugzeug kreuzte die Äste. Auch keine Vögel. Irgendwo, ich konnte es nicht sehen, ertönte die Alarmanlage eines Autos. Der Besitzer brachte sie sofort zum Schweigen.

»Allah!«, brüllte Sinan.

»Ist gleich vorbei«, meinte Gülendam Şenalp. Sinan schrie noch einmal auf. Vom Heizkörper unter dem Fenster stieg Wärme auf. Ich hatte plötzlich Lust auf eine Zigarette, aber ich zügelte mich und sah weiter nach draußen. Es gab nichts Besonderes zu sehen.

Sinan Bozacioğlu brüllte noch zweimal. Jedes Mal ein wenig leiser, als gewöhnte er sich langsam an das, was ihm widerfuhr. Ich lachte in mich hinein.

»Fertig«, sagte Gülendam. Ich drehte mich um. Sie hatte sich aufgerichtet. Die Schüssel in ihrer Hand war voll mit blutigen Binden. Eine weiße Mullbinde klebte auf Sinans Bauch. Der Junge hatte die Hand von den Augen genommen.

»Nichts Aufregendes«, klärte mich Gülendam Şenalp auf. »Eine kleine Wunde. Nicht tief. Ich habe sie genäht.«

»Vielen Dank«, ließ sich Sinan Bozacioğlu von der Couch vernehmen. Die Ärztin gab keine Antwort, rümpfte stattdessen die Nase. »Bin gleich wieder da.«

»Ich hab es dir doch gesagt«, meinte ich.

»Ich hab mich blamiert«, jammerte Sinan Bozacioğlu. »Die Wunde war gar nicht so schlimm.«

»Mach dir nichts draus.«

»Jetzt eine rauchen …«

»Würde ich auch gerne«, stimmte ich zu.

»Aber das gehört sich hier sicherlich nicht.«

Ich nickte.

Gülendam kam zurück, eine braune Trainingshose in der Hand. Sie grinste, als hätte sie gerade etwas Komisches gehört. »Kannst du aufstehen?«, fragte sie Sinan. Der stützte sich auf die Ellenbogen und richtete sich halb auf. Ich unternahm nichts, um ihm zu helfen. Er blickte fragend um sich.

»Wenn Sie wollen, können Sie das hier anziehen«, meinte Gülendam. »Das Bad ist dort.« Ich bewunderte ihre meisterhafte Art, wie sie vom Du zum Sie übergegangen war. Als sie ihm die Trainingshose gab, kam darunter noch etwas Schwarzes zum Vorschein.

Sinan stand auf. Er wankte. Keiner von uns machte Anstalten, ihm zu helfen. Er bemühte sich, sein Gleichgewicht zu finden, und ging dann, ohne uns anzublicken, auf die Tür zu, die sie ihm gezeigt hatte. Gülendam rief ihm hinterher. »Im Schrank sind Tüten. Da können Sie Ihre reinstecken.« Sinan nickte und verschwand hinter der Tür.

»Danke, dass Sie uns die Peinlichkeit erspart haben.«

»Bedanken müssen Sie sich bei Yildiz«, sagte sie. Sie grinste lausbübisch. Ja, die beiden hatten sich wohl länger unterhalten.

»Das werde ich auch noch tun.«

Sie deutete mit dem Kopf nach hinten. »Wäre gut, wenn er sich etwas ausruht.«

»Das regeln wir.«

»Er hatte wohl ziemliche Angst«, sagte sie. »Viel Blut hat er nicht verloren. Wenn er einen Schock bekommen hätte, wäre das viel gefährlicher gewesen als die Verletzung.«

Ich sah keine Veranlassung, meinen eigenen Beitrag zu dieser Angelegenheit zu erwähnen. »Er ist ja noch jung.«

»Schwer in diesem Alter …«, stellte Gülendam fest. »Dass bloß die Polizei nicht Wind davon bekommt und hier und da nach irgendwelchen Dingen fragt …«

»Das lernt er noch.«

»Was?«, fragte sie. »Sich nicht verwunden zu lassen, oder wie man Ärzte im Bekanntenkreis findet, die sich nicht an die Regeln halten?«

»Regeln sind da, um gebrochen zu werden«, sagte ich. »Ich bin Ihnen wirklich dankbar.«

»Keine Ursache, Remzi Ünal«, erwiderte sie. »Wenn es um jemanden geht, den Yildiz mag, drücke ich mich nie vor solchen Sachen. Soweit ich verstanden habe, ist Ihr Verhältnis zu Regeln auch nicht gerade das beste.«

»Ich werde ja nicht gefragt, wenn man die Regeln aufstellt.«

»Diese Regel vergessen Sie aber besser nicht«, sagte sie. »Man nimmt und man gibt.«

»Was diese Sache betrifft, gebe ich da Ihnen oder Yildiz?«

Sie machte den Mund auf, um zu antworten. Und sah aus, als würde sie gleich etwas sagen, für das sie sich bei weiterem Nachdenken schämen könnte, hielt dann aber den Mund, als sie eine Bewegung an der Tür vernahm. Verlegen grinsend kam Sinan herein und hielt die Tüte fest umklammert in der Hand. Die braune Trainingshose war ihm zu weit. Nicht etwas, sondern viel zu weit. Gülendam fasste sich zuerst. »Wie geht es Ihnen jetzt?«

»Gut«, antwortete er und blickte die Couch an, als wolle er sagen, wäre gut, sich wieder hinlegen zu können. Ich beugte mich vor und raffte seinen Mantel von der Couch.

»Dann wollen wir mal endlich abschwirren«, sagte ich und reichte ihm den Mantel. »Geh du schon mal zum Wagen, ich komme gleich nach.« Dann gab ich ihm noch den BMW-Schlüssel.

»Wäre gut, wenn er sich ein paar Tage ausruht«, sagte Gülendam.

Ich überlegte einen Augenblick. »Wir finden eine Lösung. – Geh du schon mal vor, ich komme dann.«

Er zog sich langsam und vorsichtig den Mantel über, richtete seine Kleidung und reichte Gülendam die Hand. »Ich bedanke mich. Hat zwar etwas wehgetan, aber Sie haben mir das Leben gerettet. Was bin ich Ihnen schuldig?« Er lächelte freundlich.

In diesem Moment fiel mir auf, dass die beiden ungefähr gleich alt waren. Ich glaube aber nicht, dass Gülendam es ebenfalls bemerkt hatte. Sie gab ihm die Hand. Wie eine Ärztin. »Sie sind mir nichts schuldig. Lassen Sie unbedingt in zwei Tagen den Verband wechseln, das geht in jeder Gesundheitsstation.«

»Mach ich«, meinte er, und drehte sich um zu mir. »Ich bin im Wagen, Abi.«

»Bin gleich da.«

Schweren Schrittes verschwand er aus der Tür.

»Ich werde Ihre Mahnung beherzigen«, sagte ich zu Gülendam.

»Freut mich. Ich mag Yildiz sehr. Sie hat mir schon oft geholfen.«

»Mir auch.«

»Vielleicht sehen wir uns dann noch mal.«

»Vielleicht.«

Eine Treppe, die ich langsam hätte runtersteigen können, gab es nicht. So studierte ich eine Weile die Bekanntmachungen im Hauseingang. Auch hier gab es Leute, die ihre Nebenkosten nicht bezahlten. Anders als da, wo ich wohnte, gab es warmes Wasser nur zu bestimmten Zeiten, und von Sonderwünschen sollte man Abstand nehmen. Rechte und Pflichten des Hausmeisters waren in vierzehn Paragrafen aufgelistet. Genug jetzt, dachte ich mir und ging hinaus.

Sinan Bozacioğlu saß auf dem Beifahrersitz des BMWs, weiße Schwaden dampften aus dem Auspuff. Er hatte die Rückenlehne so weit wie möglich nach hinten gestellt und ruhte sich mit geschlossenen Augen aus. Im Auto war es heiß. »Hab ich dich lange warten lassen?«, fragte ich und legte den Rückwärtsgang ein.

Glückwunsch, dachte ich, Prüfung bestanden. Er war nicht abgehauen. Da konnten wir uns ja auch noch einen Moment zusammensetzen und unterhalten.

»Jetzt musste ich sogar noch eine Damenunterhose anziehen, Remzi Abi«, jammerte er.

»Mach dir nichts draus. Ich erzähle es niemandem.«

»Und was nun?«, fragte er. »Ich kann nicht nach Hause.«

»Wir regeln das schon«, sagte ich und fuhr rückwärts aus der Lücke. Ich fragte nicht mehr, wohin er die Tüte getan hatte, und fuhr langsam los.

»Remzi Abi, ich bin zu einer ziemlichen Belastung für dich geworden.«

»Man nimmt … und man gibt …«, antwortete ich. Mir ging etwas durch den Kopf. Er sagte nichts.

Ich fuhr den Hang hinunter, denselben Weg wie zur Fatih-Sultan-Mehmed-Brücke. Unten an der Kreuzung nahm ich links die Straße den Hang hoch, die in die Tepecik-Straße mündet, und drückte ein wenig aufs Gas, um den BMW zu testen. Er zischte ab wie eine Gazelle.

Ich bog links ab, dann rechts. Einem Jaguar, der blinkend wartete, um nach Alkent abzubiegen, ließ ich die Vorfahrt. Die Frau am Steuer bedankte sich mit der Lichthupe. Ich grüßte mit der Hand zurück. Vor dem Sanatçilar-Park fuhr ich wieder bergab. Ich überlegte. Sinan Bozacioğlu gab keinen Mucks von sich. Als wir in die Zeytinoğlu-Straße einbogen, begann es zu schneien.

Meine Entscheidung war gefallen. Einerseits musste ich ein wenig allein sein, andererseits musste ich ihn unter Kontrolle behalten. Ich parkte den BMW in der zweiten Reihe vor Topal, dem Krämer, stellte den Warnblinker an und sprang ins Geschäft. Es war kein anderer Kunde da. Beim Blick auf den Kühlschrank und die Regale rechnete ich schnell mal durch. Unser Hausverwalter, der pensionierte Militär, stand auf Raki. Dann kaufte ich noch ein paar Sachen, die als Meze taugten, Knabberzeug und so weiter. Mit der Tüte in der Hand machte ich, dass ich wieder rauskam.

Auf der Straße lag bereits so viel Schnee, dass man beim Gehen aufpassen musste. Dicke Flocken sanken herab. Wie im Nebel, alles weiß ringsherum. Und es war, als sei es mit einem Mal dunkel geworden. Ich stieg in den BMW und stellte die Tüte auf den Rücksitz.

»Was ist los, Remzi Abi?«, fragte Sinan.

»Wir besuchen jemanden.« Ohne ein weiteres Wort fuhren wir auf den Parkplatz vor dem Haus. Bevor ich nach einem freien Platz suchte, warf ich von Weitem einen prüfenden Blick auf den Fußweg zum Hauseingang, auf die geparkten Autos und auf meinen eigenen Wagen, der nahe dran war, den Rekord im Nicht-von-der-Stelle-bewegt-werden zu brechen. Mir fiel nichts Besonderes auf. Schnee bedeckte das Dach meines Wagens und verbarg so den Großstadtdreck, der sich seit Tagen darauf angesammelt hatte. Wenn es wieder zu schneien aufhörte, würden einige Herren ihre Autos in die Waschanlage bringen. Ich nicht. Ich parkte den BMW in einer Lücke unter einer kaputten Straßenlaterne, half Sinan beim Aussteigen, hängte mir die Tüte mit den Einkäufen ums Handgelenk und steckte dem Jungen das Handy in die Manteltasche. Um Leute, die möglicherweise aus dem Fenster auf die Straße schauten, nicht allzu sehr zu unterhalten, bemühte ich mich, ihn so wenig wie möglich zu stützen. Ich fasste ihn nur am Arm, damit er nicht hinfiel. Wir torkelten etwas dahin, so als hätten wir zu unpassender Zeit getrunken.

Vor der Haustür stampfte ich mit den Füßen, um den Schnee loszuwerden. Wir traten ein. Als ich die Metalltür hinter mir zugemacht hatte, warf ich einen Blick in den Briefkasten. Die Kreditkartenabrechnung der Bank, die zwischen den Flyern zweier konkurrierender Pizzadienste lag, knickte ich unbesehen und steckte sie in die Tasche. Die Pizzazettel steckte ich in den Briefkasten der Familie des Jungen über mir, der mir mit seiner blödsinnigen Musik tagsüber immer den Schlaf raubte. Der unbezahlte Heizkostenbetrag neben meinem Namen auf der Pinnwand hatte sich nicht verringert. Unter der Liste nervte ein neuer Zettel die säumigen Mieter mit einer Drohung. Wir begannen ohne Hast die Treppen hinaufzusteigen. Hinter den Türen waren die üblichen frühabendlichen Geräusche zu hören. Ich hielt vor der Tür des Hausverwalters, dem pensionierten Militär. Einen kurzen Augenblick musterte ich Sinan Bozacioğlu – seine Farbe war nicht schlecht.

»Wo kommst du eigentlich her?«, fragte ich ihn.

Er glotzte mich blöde an. »Aus Antalya …«

»Du bist grad aus Antalya gekommen«, sagte ich. »Hast noch nie in Istanbul gelebt. Wenn sie dich fragen, erzähl was über Antalya.« Ich klingelte. Der glaubt jetzt, ich komme, um die Nebenkosten zu bezahlen, dachte ich.

Von drinnen war das Geräusch harter Schlappen zu hören. Grinsend wie ein Oberst, der gerade erfolgreich eine Inspektion absolviert hat, stand der Hausverwalter in der Tür. In der Hand einen Brief. Er schwenkte mir den Umschlag entgegen. »Ich habe dich vom Fenster aus kommen sehen«, meinte er. »Er hat Besuch, da gebe ich ihm das hier später, hab ich mir gesagt.«

»Guten Tag«, sagte ich. »Was ist es denn? Haben Sie sich nun doch entschlossen, mich pfänden zu lassen?«

»Nein, bei Gott«, sagte er und lachte verstohlen. »Stehen wir so zueinander? Das ist für dich angekommen. Als ich dich vom Fenster aus habe kommen sehen …«

Ich nahm ihm den Umschlag aus der Hand. Er war mit einer alten Schreibmaschine von einer schlechten Sekretärin adressiert worden.

Zuerst entzifferte ich meinen eigenen Namen und die Adresse. Dann den des Hausbesitzers. Oben auf dem Brief noch der Name von irgendeinem Rechtsanwalt. Ich sah zu Sinan Bozacioğlu. Der hielt durch. »Hat der Briefträger den gebracht?«

»Ja, der Briefträger. Hat bei mir geklingelt, als er dich nicht angetroffen hat. Ich habe gesagt, keine Sorge, mein Sohn, ich geb den Brief schon weiter. Und als ich dich dann eben habe kommen sehen ...«

»Haben Sie etwas unterschrieben?«

»Hab ich«, meinte der pensionierte Militär. »Sonst hätte er ihn wieder mitgenommen und beim Ortsvorsteher deponiert. Ich hab mir gesagt, die Sache soll sich doch nicht verzögern. Wer ist der junge Mann?«

»Ein Gottesgast für Sie.«

»Wie bitte?«, fragte er mit weit aufgerissenen Augen. Dann musterte er Sinan mit Käufermiene. Es machte den Eindruck, als würde er ihm nicht gerade gefallen. Ich scherte mich nicht weiter darum. »Der junge Mann ist aus Antalya«, sagte ich. »Der Neffe einer befreundeten Stewardess, einer alten Bekannten.« Dabei zwinkerte ich ihm zu. Um mir zu zeigen, dass er verstanden hatte, lächelte er Sinan Bozacioğlu an. »Man hat bei ihm eine Biopsie am Bauchgewebe vorgenommen, um rauszubekommen, was ihm fehlt. Hoffentlich geht alles gut aus, aber er muss sich etwas hinlegen und ausruhen.«

»Gute Besserung«, wünschte er, zutiefst erfreut darüber, dass ihm nichts dergleichen widerfahren war.

»Sie kennen doch meine Wohnung«, stellte ich fest. »Junggesellenwirtschaft. Alles voll Dreck. Er soll sich doch nichts einfangen, hab ich mir gesagt.«

»Das heißt? Das soll heißen ...«, sagte er in einem Ton, als würde er mich dafür später zur Rechenschaft ziehen. Ich setzte zum finalen Schlag an und drückte ihm die Tüte mit den Einkäufen in die Hand. »Hier. Ich hab was eingekauft. Für Sie ... Für Ihre Frau. Machen wir nachher alle ...« Ich zwinkerte ihm noch mal zu.

»Für einen Abend macht ihr das sicher nichts aus«, meinte er. »Aber ich weiß nicht, wie das danach weitergeht.«

»Sie sind ein Held. Ich bring das in Ordnung, werd mir was überlegen. Sie sind ein Held.« Ich packte Sinan am Arm und zog ihn zur Tür. Unser Hausverwalter wich zur Seite. Noch ein Zwinkern von mir galt dem Jungen. »Bis morgen dann«, wünschte ich den beiden.

Um von der Bildfläche verschwunden zu sein, wenn sich der Schock gelegt hatte, machte ich schnurstracks kehrt und ging zur Treppe.

»Remzi Ünal, Remzi Ünal«, rief mir Sinans Gastgeber hinterher.

Gezwungenermaßen drehte ich mich um. Er kam mir ein paar Schritte entgegen und sagte mit gedämpfter Stimme: »Die Geschichte mit der Biopsie hab ich nicht geschluckt. Aber was solls, du hast bei mir noch ein, zwei Gefallen offen. Was ist das denn für ein Brief, weißt du das?«

»Sicherlich hat meine Frau die Scheidung eingereicht …«, erwiderte ich augenzwinkernd und schlug ihm als Zeichen des Dankes freundschaftlich auf die Schulter. Dann sah ich zu, dass ich wegkam, um die Szene nicht vollkommen ins Sentimentale abgleiten zu lassen. Als ich das Treppenhaus erreichte, hörte ich, wie die Tür ins Schloss fiel.

Mitten auf der Treppe vernahm ich, wie ein Telefon klingelte, ohne dass jemand abnahm. Das Läuten wurde lauter, als ich mich meiner Wohnungstür näherte. Ich beeilte mich und spurtete, drinnen angekommen, gleich zum Telefon. Noch bevor ich es erreichen konnte, sprang der Anrufbeantworter an. Nun, sagte ich mir, dann musst du eben abwarten. Mit dem Blick auf das Telefon zog ich den Mantel aus und warf ihn auf den Tisch. Auf der Anzeige war abzulesen, dass noch zwei weitere Nachrichten eingegangen waren. Der Anrufbeantworter spulte seine Ansage ab, dann ein kurzer Piepston. Danach kam nichts. Der Anrufer hatte aufgelegt.

Gut, sagte ich mir. Darum kümmern wir uns später. Alles war, wie ich es zurückgelassen hatte. Niemand hatte sich dort ausgeruht, Kaffee getrunken, gegessen oder seine Füße ausgestreckt. Jedenfalls nicht seit heute Morgen. Der ganze Müll lag auch noch da, unberührt. Ich nahm die Tüte mit der Badehose aus meiner Manteltasche, spülte sie im Bad aus, hängte sie an den Haken an der Tür, ging zurück, holte den Revolver aus der anderen Manteltasche und überlegte, wohin damit. Ich ging ins Wohnzimmer. Der Haufen mit alten Zeitungen erschien mir passend. Ich setzte meinen Entschluss in die Tat um, trat zwei Schritte zurück und betrachtete mein Werk. Der Haufen wirkte unverändert. Ich schnappte mir den Brief vom Hausverwalter; warf in der Küche zwei Teebeutel in die Kaffeemaschine und drückte den Startknopf. Dann trat ich ans Küchenfenster. Es schneite noch immer. Nicht mehr ganz so stark, aber stetig.

Mir gefiel das Geräusch, als das Wasser im Durchlauf der Kaffeemaschine zu zischen begann. Erste Tropfen blubberten in die Kanne. Ich setzte mich an den seit Tagen nicht mehr abgeräumten Küchentisch und machte den Brief auf. Ein langer Brief, jedenfalls beim ersten Hinsehen. Die eigentliche Botschaft des schriftlichen Widerspruchs, den ein Rechtsanwalt bei einem anderen Rechtsanwalt eingelegt hatte, bestand aus wenigen Worten: Raus aus meiner Wohnung! Man konnte das auch so interpretieren: Du warst lange genug in meiner Wohnung. Ich will sie jetzt jemand anderem für mehr Geld vermieten. Für sehr viel mehr Geld.

Nun denn. Ich steckte das Widerspruchschreiben in den Umschlag zurück, faltete ihn und stopfte ihn in die Tasche. Die Kanne war noch nicht voll, aber es stieg schon eine Menge Dampf auf. Ich ging rüber ins Wohnzimmer, setzte mich ans Telefon und drückte die Taste des Anrufbeantworters. Zuerst kamen das übliche Knacken, der Ansagetext und der Piepston. Dann die Nachrichten.

Nachricht Nummer eins war von der Frau, die nie ihren Namen nannte. Es freute mich innerlich, ihre Stimme zu hören. Seit Jahren ging dieses Spiel zwischen uns hin und her. Sie rief mich wegen einer wichtigen Angelegenheit an, hinterließ aber nie Namen und Telefonnummer. Sie wartete darauf, mich einmal zu Hause anzutreffen, um persönlich mit mir zu sprechen. Aber irgendwie erwischte sie mich nie. Wie viel lustiger das Spiel erst wird, dachte ich amüsiert, wenn ich erst einmal in einen Stadtteil umgezogen bin, in dem die Türkische Telekom schon auf die digitale Übermittlung der Anrufernummer umgestellt hat. Nachricht Nummer zwei hatte mein Freund aus der Werbebranche hinterlassen. Er wollte wissen, ob ich abends zum Training käme. Die Antwort wirst du in Kürze wissen, dachte ich.

Ich ging in die Küche. In einem der Schränke fand ich noch eines von den dünnbauchigen Teegläsern. Ich goss ein und nahm gleich einen Schluck. Er schmeckte nicht wie richtiger, aufgebrühter Tee, ging aber noch durch. Mit dem Teeglas in der Hand kehrte ich zurück ins Wohnzimmer um zuzusehen, wie es schneite.

Da klingelte es. Genervt hob ich den Kopf und sah zur Tür. Sicherlich hat seine Frau jetzt Wasser aufgesetzt, ging es mir durch den Kopf. Es klingelte noch mal. Diesmal richtig lange. Bei diesem Mal nahm ich wahr, dass nicht unten, sondern oben an der Tür geklingelt wurde. Hundert Prozent, das ist er. Seine Frau hat das Wasser aufgesetzt.

Fluchend stapfte ich durch den Flur zur Tür und versuchte einen Was-ist-denn-jetzt-schon-wieder-Gesichtsausdruck aufzusetzen. Und dann tat ich etwas, was ich im Nachhinein zutiefst bereuen sollte. Mit einer Bewegung, die meine Rage erkennen ließ, streckte ich meine Hand aus und riss die Tür weit auf.

Mr. T.s Faust landete genau auf meiner Nase. Der Mistkerl war gut, ich hatte sie nicht einmal kommen sehen. Wie ein Schmiedehammer donnerte die Faust seines von mir unversehrt belassenen Armes nieder. Selbst wenn der Schiedsrichter bis achtzehn zählt, schaffst du es nicht, wieder auf die Beine zu kommen, dachte ich noch im Fallen. Mein Fall hatte nichts mehr gemeinsam mit einem gekonnten *mae ukemi.* Auf dem Rücken landete ich in meinem Flur.

Mr. T. wollte die Sache rundmachen. Ich war noch nicht ganz zu Boden gegangen, da kam er herein, rannte auf mich zu und bezog neben mir Position, ganz nach dem Motto, nimm dich in Acht, sonst malträtier ich dich mit Tritten. Sein anderer Arm war zwar nicht in einer Schlinge, hing aber reglos herunter. Seine Vorsichtsmaßnahme war unbegründet. Das Letzte, was ich sah, bevor ich das Bewusstsein verlor, war, dass die Schlange hereinkam und die Tür hinter sich schloss. Es war noch jemand dabei: ein Mann in einem dunkelblauen Zweireiher mit einem dreckigen Grinsen im Gesicht. Ihr seid mir ganz und gar nicht willkommen, sagte ich mir. Und beglückwünschte mich noch: »Was bist du doch für ein schlaues Kerlchen, Remzi Ünal.« Dann schloss ich die Augen. Ungewollt, meine ich.

12

Ich bereute sofort, die Augen aufgemacht zu haben.

Ja, ich war zu Hause. Der Fernseher, die Fenster, das Telefon, meine kahlen Wände, alles war noch an seinem Platz. Mein Sessel stand an seinem Platz, ich saß darin und konnte beim besten Willen nicht aufstehen. Sie waren auf Nummer sicher gegangen. Meine Arme waren mit breitem Klebeband an die Sessellehnen geklebt. Die Kerle waren gut organisiert. Oder hatten sie etwa, schoss es mir durch den Kopf, meine Schachtel mit Krimskrams unter dem Bett im Gästezimmer gefunden? Ich war froh, dass mein Kopf noch arbeitete.

Meine Füße waren frei, soweit ich es mitbekam. Das nützte jedoch nichts. Als ich die Augen öffnete, thronte ich wie ein Inkakönig auf meinem Sessel. Ein Inkakönig, dessen Nase geblutet hatte, dem das Blut über die Lippen gelaufen und eingetrocknet war und dem ganz schrecklich der Schädel brummte.

Ich saß mit dem Kopf Richtung Fernseher. Er war leider nicht an. Der Mann mit dem dunkelblauen zweireihigen Anzug, der mir mit einem dreckigen Grinsen in seiner Visage in Erinnerung geblieben war, saß in dem Sessel neben mir. Das Grinsen in seinem Gesicht war verschwunden. Er beobachtete mich.

Die Schlange stand an die Wand gelehnt neben dem Fenster, von wo aus ich morgens immer zusah, wie die Schulkinder in die Kleinbusse stiegen. Er sah zu mir herüber. An seiner Nase war eine kleine rote Stelle. Mr. T. konnte ich nicht sehen.

Ich muss wohl gewimmert haben, bevor ich die Augen aufschlug. Vermutlich schauten sie mich deshalb an. Ohne sich von der Stelle zu rühren, meinte die Schlange: »Dein Typ ist aufgewacht.«

Der mit dem Anzug sagte nichts und kniff die Augen noch ein bisschen mehr zusammen, während er mich ansah.

Ich versuchte, einen klaren Kopf zu kriegen. Ich wusste nicht genau, ob meine Nase gebrochen war oder nicht. Um die Kopfschmerzen zu lindern, fiel mir außer tief durchzuatmen nichts ein, ich ließ dann aber auch das bleiben. Ich blickte zum Fenster, um anhand des Tageslichts einschätzen zu können, wie viel Zeit wohl vergangen war. Aber damit war ich nicht sonderlich erfolgreich.

Die Schlange glaubte, mein Blick gelte ihr. »Sagst du gar nicht Guten Tag?«

Ich gab der Schlange keine Antwort, sondern schaute den Mann im dunkelblauen Zweireiher an. Dass man Hunde nicht streicheln darf, wenn ihr Herrchen dabei ist, hatte ich schon vor langer Zeit gelernt. Sie beißen immer in die Stellen, in die man nicht gebissen werden will. Das Herrchen der Schlange machte nicht den Eindruck, als sei ihm daran gelegen, dass man seinen Hund streichelt. Ich beschloss, es trotzdem zu versuchen. Ich bewegte ein wenig meine fixierten Handgelenke. »Tut mir leid, dass ich Ihnen nicht die Hand geben kann.«

Der Mann lächelte. Ein anderes Lächeln als das Lächeln zuvor. Ein gutes Zeichen, sagte ich mir. »Ein lustiger Typ ist das«, sagte er wie zu sich selbst. Dann gab er der Schlange einen zustimmenden Wink. Sie stieß sich mit der Schulter von der Wand ab und setzte sich in Bewegung. Er zog aus seiner Tasche das Klappmesser, mit dem er mich bei unserem kleinen Tänzchen in der Karamsar-Bar bereits bekannt gemacht hatte. Ich erkannte keinerlei Schwerfälligkeit in seinen Bewegungen, sein Kopf war eindeutig klarer als meiner. Er kam auf mich zu. Sein Blick gab mir zu verstehen, dass wir uns unheimlich gut amüsieren würden, wenn der Mann im dunkelblauen Anzug nicht dabei wäre. Mit protziger Geste öffnete er das Klappmesser, ließ es langsam auf mein linkes Handgelenk sinken und zerschnitt ohne Mühe das Packband, mit dem ich an die Lehnen gefesselt waren.

»Verbindlichen Dank«, sagte ich zu dem Mann im Zweireiher. Und bewegte, so gut es ging, zur Erinnerung meine rechte Hand unter dem Packband.

Die Schlange sah den Mann an. Der bewegte verneinend den Kopf. Die Schlange klappte das Messer zu, richtete sich auf und steckte es in seine Tasche. Ich betastete mit der freien Hand meine Nase. Sie war wohl nicht gebrochen. Dann versuchte ich, mir das getrocknete Blut von der Lippe zu wischen. Es war nicht viel.

»Ein gebranntes Kind scheut das Feuer«, meinte der Mann im Anzug und sah dabei auf die Wand gegenüber.

Ich sollte einen Kunstdruck oder ein Poster an die Wand hängen, ging mir durch den Kopf. Dann fiel mir das Mahnschreiben des Hausbesitzers ein. Die Schlange hatte wieder ihren Platz neben dem Fenster eingenommen. Mr. T. stand womöglich irgendwo hinter mir, aber mich umdrehen und damit seine Laune heben wollte ich nicht. »Wie gehts nun weiter?«, fragte ich, als ginge es um *business as usual.*

»Du sagst uns, wo sich unser Idiot aufhält, wir vergessen, was heute Morgen passiert ist, und gehen«, meinte die Schlange.

Mit einer Geste, die deutlich machte, dass ich davon überzeugt war, die Autorität liege bei ihm, drehte ich den Kopf und sprach den Mann im dunkelblauen Zweireiher an. »Kennen wir uns?«, fragte ich. Unauffällig warf ich einen Blick auf den Stapel Zeitungen. Er schien unberührt.

Der Mann antwortete mir, ohne mich anzusehen. »Ich habe kurz zuvor deinen Namen erfahren«, erklärte er. »Und du hast vielleicht schon mal mein Foto gesehen, irgendwo.«

Die Schlange kicherte vor sich hin. Demonstrativ schaute ich dem Mann ins Gesicht. Ein Foto von ihm hatte ich noch nirgends gesehen. Diese buschigen Augenbrauen, die noch nie mit einer Schere in Berührung gekommen waren, die langen, dünnen, zur Bedeckung der Stirn seitwärts gekämmten Haarsträhnen, die Hakennase, der Bart, der wie ein sorgfältig gezogener Strich die Oberlippe über seinem schmalen Mund zierte – würde ich dieses Gesicht wiedererkennen? Er wirkte wie einer dieser unscheinbaren Männer, die bei Pressekonferenzen von Parteivorsitzenden reihenweise herumstehen. »In ein, zwei Jahren wirst du ihn mehr als genug zu sehen bekommen«, sagte die Schlange.

»Welcher Partei muss ich dafür meine Stimme geben?«, fragte ich. Aber das wusste ich im Grunde.

Der Mann im dunkelblauen Zweireiher runzelte die Brauen, fasste in die Tasche und zog eine Gebetskette heraus mit gelben und blauen Perlen. »Wie wärs, wenn wir den hier nicht so viel erzählen lassen würden?«, meinte er zur Schlange.

»Er muss aber reden«, sagte die Schlange und wandte sich kurz darauf mir zu. »Stimmt doch, oder?«

»Das wissen Sie sicherlich besser«, antwortete ich, das Gesicht noch immer dem Mann im Zweireiher zugewandt. Ich bewegte meine gefesselte Hand ein wenig. »Es ist gut, wenn man den Leuten bestimmte Sachen verspricht, bevor man von ihnen etwas fordert. Politiker kennen dieses Spiel. Und in meiner Lage hier hab ich wohl das Recht auf ein paar nette Versprechungen …«

Mit einem Mal hörte er auf, sich die Gebetskette durch die Finger laufen zu lassen. Er fasste sich mit der Hand an die Nase. »Anstatt etwas zu versprechen, drohen wir aber auch manchmal«, sagte er. »Vergiss das nicht, du Schlaukopf.«

Gut, dachte ich mir, langsam lernen wir uns kennen. »Dann versuchen Sie es doch mal mit einem von beiden«, sagte ich.

Die Schlange blickte zu dem Mann, der wieder anfing, mit seiner Gebetskette zu spielen. Es sah so aus, als versuchte er, sich zu entscheiden.

»Gekaufte Stimmen, das ist nicht nur etwas für Parteikongresse«, sagte ich.

»Was willst du?«, fragte der Mann.

Wären wir beim Pokern gewesen, hätte ich mich zurückgelehnt, um mein Blatt noch einmal zu inspizieren. Ich versuchte, meine Erleichterung nicht zu erkennen zu geben. »Also erstens, macht mir mal diese Hand los«, sagte ich. »Das ist doch eine sonderbare Position so. Dann mach ich euch vielleicht einen Kaffee.«

Der Mann setzte zum Lachen an. Es kam jedoch nur ein Glucksen aus seinem Mund. Die Schlange sah zu ihm hin. Ich las eine Spur von Verunsicherung in seinem Blick.

»Und dann?«

»Und dann reden wir mal miteinander«, sagte ich. »Das habe ich eurem Mann auch schon gesagt, als wir uns das erste Mal getroffen haben.«

Der Mann sah die Schlange an, und die Schlange sah vor sich auf den Boden. Das war gut so. Ich beschloss, einen Schritt weiterzugehen. »Es kann nie schaden, miteinander zu reden«, sagte ich. »Das wissen Leute wie Sie doch am besten.«

»Den Mund haben wir dir nicht zugebunden«, antwortete der Mann, »du kannst reden, so viel du willst.«

»Mir ist in meiner Lage hier eher danach, Fragen zu stellen als lange zu reden«, sagte ich.

»Dann frag doch, lass hören«, sagte er.

»Ich kann mich nicht daran erinnern, euch beim letzten Treffen eine Visitenkarte gegeben zu haben«, erklärte ich. »Wie habt ihr meine Wohnung gefunden?«

Die Schlange sah den Mann an. Der Mann sah zur Schlange. Sie grinsten sich an, als würden sie darüber beratschlagen, ob sie ein Geheimnis mit mir teilen sollten oder nicht. Zu einem gemeinsamen Beschluss kam es aber nicht. »Zuerst war da eine Telefonnummer …«, sagte der Mann mit dem dunkelblauen zweireihigen Anzug mit einer Geste, als handle es sich um die einfachste Sache der Welt. »Dann ein, zwei Anrufe bei den richtigen Leuten … Name, Adresse, und wenn wir gewollt hätten, hätten die uns auch noch die Rechnung mit allen Details ausgehändigt.« Es schien ihn zu schmerzen, dass mir eine so simple Sache nicht selbst eingefallen war.

»Sie haben den armen Leuten offensichtlich nicht besonders zusetzen müssen«, sagte ich. Die Schlange lachte. Ich runzelte die Stirn.

Der Mann im Anzug rieb Daumen auf Zeige- und Mittelfinger. »Das hier«, sagte er, »funktioniert nur, wenn Angst hinzukommt.«

Gut, dachte ich. Wenn er von einer Leiche berichtet hätte, die vom Klappmesser der Schlange in Stücke zerstückelt worden war, wäre ich ehrlich betroffen gewesen. Ich sah ihn auffordernd an, er solle weiterreden.

»Man sollte seine Telefonnummer nicht einfach jedermann in die Hand drücken«, fuhr er fort. Ich nickte zustimmend. Zumindest nicht Ağababa.

»Man sollte sich auch nicht einfach nur so in die Angelegenheiten anderer einmischen«, meinte er dann. Auch in diesem Punkt stimmte ich ihm zu.

»Das kann sonst übel ausgehen«, setzte er nach. Na, vielen Dank! »Jetzt bist du dran«, sagte er. »Los, sing! Spucks aus. Du hast mich mehr als nötig herumreden lassen.«

Wenn ich jetzt ein paar Worte über Gesprächsgewohnheiten verlieren würde, würde er sich aufregen. Deshalb ließ ich es. Ich lenkte seine

Aufmerksamkeit noch einmal auf das Thema, indem ich wieder mit meiner an den Sessel gefesselten Hand wedelte. Bedauernd schüttelte er den Kopf.

»Wir wollten doch wie unter Männern reden«, sagte ich. »Ein bisschen seltsam, diese Situation hier. Was soll das, sieht doch aus wie im Film.«

»Ich traue dir nicht«, meinte er. »Du sollst dich auf ziemlich seltsame Handgriffe verstehen. Die Gelenke der Jungs haben wohl verdammt wehgetan hinterher. So ist es sicherer für uns alle.« Als er fertig war, sah er die Schlange an.

»Dann gebt mir wenigstens eine Zigarette«, meinte ich. »Wenn ich euch schon keine anbieten kann.«

Der Mann erteilte nickend seine Zustimmung. Die Schlange langte in die Tasche und zog eine Schachtel Marlboro heraus. Mit der freien Hand griff ich nach der angebotenen Zigarette und steckte sie in den Mund. Mit einem Ronson-Feuerzeug, das wirklich nach Geld aussah, zündete er sie an. Schon beim ersten Zug spürte ich, wie mein Kopf wieder anfing zu funktionieren.

Beide sahen mich an wie Kinder, die gespannt auf das nächste Kunststück des Zauberers warten. Ich nahm noch einen tiefen Zug.

»Na also … los dann«, sagte der Mann.

»Wie, los dann?«, fragte ich.

»Du beginnst mich zu nerven«, sagte er. »Spucks aus! Wo ist unser Junge abgeblieben?«

»Welcher Junge?«, fragte ich.

»Der junge Kerl, den du heute Morgen aus den Klauen meiner Leute befreit hast«, antwortete er. »Du fängst langsam wirklich an, mich aufzuregen!«

»Warum suchen Sie diesen Streuner?«

»Was geht dich das an?«, antwortete der Mann im Zweireiher.

Ich beschloss, die Situation ein bisschen aufzumischen. »Wenn ich nicht weiß, aus welchem Grund Sie ihn suchen, weiß ich nicht, obs das wert ist.«

»Na, na, na!«, sagte der Mann.

»Für eine beschissene Zigarette werde ich nichts ausplaudern.«

»Na, na, na!«, sagte der Mann noch einmal. »Warum wir ihn suchen, kann ich dir nicht sagen.«

Ich beschloss, noch einen draufzulegen. »Um mich brauchen Sie sich nicht zu kümmern. Im Grunde weiß ich ja, warum Sie ihn suchen. Eine schöne Schlagzeile würde das geben, das ist mir schon klar.«

Die Schlange öffnete den Mund wie für einen deftigen Fluch, sagte aber nichts. Der Mann im Anzug hatte sich besser im Griff. »Dann solltest du dir auch darüber im Klaren sein, dass wir dich nicht besonders sanft anfassen, um dich zum Sprechen zu bringen«, sagte er. »Also, ich würde es nicht drauf ankommen lassen.«

Ich wusste nur zu gut, dass meine einzige Chance im Verhandeln lag. »Ich brauche den Jungen noch«, sagte ich. »Ich brauche ihn für eine andere Sache. Hat nichts mit Ihnen zu tun.«

Er ließ die Gebetskette von der rechten in die linke Hand wandern. Er konnte es links mindestens so meisterhaft wie rechts. »Bist du sicher, dass du nichts sagst?«, fragte er.

Anstelle einer Antwort nahm ich noch einen Zug. Und ließ schließlich zu, dass die Asche auf den Teppich fiel.

»Bist du sicher?«, fragte der Mann.

Ich ließ mir die Situation kurz durch den Kopf gehen. Und entschied dann, dass ich noch eine Patrone zu verschießen hatte. Wie zum Zeichen, dass mir die Situation in ihrer ganzen Brisanz bewusst geworden war, beugte ich meinen Kopf zur Seite.

»Meine Schuld ist das nun nicht mehr«, sagte er. Die Schlange setzte sich in Bewegung. Der Mann im Zweireiher gab ihm ein Zeichen, er solle warten. Mit einem Ausdruck von Bedauern blieb die Schlange stehen und sah ihren Patron an. Der begann zu sprechen, als handle es sich um eine philosophische Angelegenheit. »Gibt es Ungeziefer in deiner Wohnung?«, fragte er. »Küchenschaben oder so?«

Ich konnte mich gerade noch zurückhalten zu sagen, ja, warum sollten die Viecher besser erzogen sein als du, die schauen hier halt ab und zu mal rein. Er nahm wohl an, ich hätte seine Frage bejaht. »Das hat mich schon immer interessiert«, sagte er wie zu sich selbst. »Wollen doch mal sehen.« Mit dem Kopf gab er ein Zeichen nach hinten. Dort stand aller Wahrscheinlichkeit nach Mr. T. Ich sah nicht nach.

Hinter mir geriet etwas in Bewegung, das konnte ich spüren. Ich wartete gelassen ab, ohne mich zu verkrampfen. Dann wurde eine gelbe Migros-Tüte über meine linke Schulter gereicht und von dem Mann im Anzug in Empfang genommen. Er griff hinein und holte eine Spraydose Baygon heraus.

Verdammte Scheiße, dachte ich mir.

Er fasste die Dose am Plastikdeckel mit sichtbarer Erregung an, als betastete er die Brust einer Frau. Er hielt sich die Dose dicht vor die Augen, um die Aufschrift darauf zu studieren. Er brauchte acht Sekunden, um herauszufinden, worauf es ankam. »Sieh mal an: ›... ist darauf zu achten, dass das Mittel nicht mit Schleimhäuten, Augen und Mund in Berührung kommt ...‹«, zitierte er die Aufschrift auf der Dose. Dann wandte er sich an die Schlange. »Schleimhäute, was sind das denn?«, fragte er. Die Schlange zuckte mit den Schultern und trat einen Schritt an mich heran. Der Mann im dunkelblauen zweireihigen Anzug las weiter. »›... vor Verwendung des Insektizids müssen Bewohner und Haustiere die betroffenen Räumlichkeiten verlassen.‹« Dann wandte er sich mir zu.

Ich fühlte, wie sich auf meiner Stirn Schweißtropfen bildeten.

Er fing erneut an zu lesen. »›Sind Anzeichen einer Vergiftung zu erkennen, ist umgehend ein Arzt zu rufen‹«, fuhr er fort. »Das ist gut«, sagte er. »Kennst du einen Arzt?« Die Schlange lachte vergnügt. Er kam noch etwas näher.

Ich sagte gar nichts. Ich war mit mir selbst beschäftigt.

»Die Anzeichen für Vergiftungen wollen wir uns mal sparen«, meinte er. Dann zog er die Plastikkappe von der Dose, hielt sich die Düse an die Nase und schnupperte daran. »Riecht ganz schön scheußlich.«

Die Zigarette war mir aus der Hand gefallen. Automatisch trat ich sie aus. Sollte ich die Wohnung wechseln müssen, würde ich mir vielleicht auch einen neuen Teppich besorgen. Dann hörte ich noch, wie er sagte, »Wie sieht es jetzt mit deiner Entschlussfreudigkeit aus?«

»Das Zeug brauche ich nicht«, konnte ich gerade noch herausbringen. Meine Stirn war jetzt schweißnass.

»Vielleicht ja, vielleicht auch nein ...«, sagte er. »Ich habe neulich mal einen gefragt, der dieses Zeug verkauft. Beim Menschen hinterlässt es keine große Wirkung, hat er gesagt. Ich wollte es immer schon mal ausprobieren. Wie es der Zufall will, klappt es wohl heute …« Er sah mich an, als erwartete er meine endgültige Entscheidung.

Ich konnte mir denken, dass Mr. T. hinter mir stand. Mir war klar, dass es keinen Zweck hätte, mich nur mit der freien Hand zu verteidigen. Und versuchte, flink nachzudenken.

Der Mann im Anzug wartete meine Entscheidung nicht ab. Er nickte. Die Schlange stürzte sich wie der Blitz mit beiden Händen auf meinen freien Arm. Ich spannte meinen Körper an, aber zu spät. Mr. T.s riesige Pranken umfassten meine Kehle, mit Druck gegen meinen Unterkiefer zog er meinen Kopf zurück. Wie schafft er es nur, seinen verletzten Arm zu benutzen, wunderte ich mich. Beim Druck auf meinen Kehlkopf spürte ich vom Magen her Brechreiz aufsteigen. Der Mann gab noch ein Zeichen mit dem Kopf. Um mich unter Kontrolle zu bringen, drückte die linke Hand über meiner Schulter meinen Kopf von unten noch weiter nach hinten und legte sich auf meinem Hals, während sich gleichzeitig von weiter oben die rechte Hand näherte und mit zwei Fingern meine Nase zukniff. Der Mann im blauen Anzug war aufgestanden. Die Baygon-Spraydose hielt er in der Hand.

Zwangsläufig machte ich den Mund auf, eine Technik, durch eine dritte Öffnung Luft zu holen, ist ja noch nicht erfunden worden. Ich öffnete den Mund, war jedoch nicht geneigt, den Versuch zuzulassen, ob Insektizide für den Menschen schädlich sind oder nicht. Also redete ich. »Einen Moment mal, einen Moment«, sagte ich. »Wenn ich Ihnen den Jungen ausliefere, bringt Sie das kein Stück weiter.«

Der Mann im Anzug drückte auf den Knopf der Spraydose und sprühte ein wenig von dem Insektizid in die Luft. »Und warum sollte das so sein?« Er beobachtete, wie die Schwaden des Mittels langsam zu Boden sanken.

Mir stieg der altbekannte Geruch in die Nase. »Mit dem, was Sinan Bozacioğlu Ihnen zu sagen hätte, könnten Sie überhaupt nichts anfangen«, sagte ich. »Was der gegen Kadir in der Hand hat, ist doch nicht mehr als ein vages Gefühl.« Ich hielt inne, als hätte ich noch eine ganze Menge mehr zu erzählen.

Das zeigte Wirkung. Er gab Mr. T. hinter mir ein Zeichen, der daraufhin den Druck seiner Arme ein wenig lockerte. Endlich konnte ich wieder durch die Nase atmen. Die Schlange ließ mich los und trat einen Schritt zurück. Der Mann im blauen Anzug stellte die Baygon-Spraydose auf den Beistelltisch. Er setzte sich wieder in den Sessel. »Erzähl weiter«, sagte er und schlug die Beine übereinander.

Bevor ich weiterredete, wiegte ich meinen Kopf hin und her und versuchte etwas zu entspannen, atmete jedoch nicht tief ein. »Es geht nur um ein, zwei Sprüche von Kadir Güler, die der am Telefon gemacht hat, um sich aufzuspielen und um zu drohen«, sagte ich. »Niemand hat etwas in der Hand, niemand kanns beweisen.«

»Wie kommst du denn auf den Gedanken, dass wir einen Beweis benötigten?«, fragte der Mann. »Reicht doch vollkommen aus, wenns ins Fernsehen kommt. Dann soll sich Kadir Effendi nur winden wie ein Aal. Du schaust doch auch ab und zu Fernsehen.«

»Aber ich habe etwas viel Besseres in der Hand«, sagte ich. »Mit dem, was ich habe, können Sie dem verehrten Herrn Güler ganz gewaltig über den Mund fahren, wenn Sie wollen.«

Das zu sagen, war gut. Im Zimmer machte sich Verblüffung breit, die beinahe die letzten Spuren des Insektenvernichtungsmittels vertrieb. Beide sahen mich an. Bevor der Mann im dunkelblauen Zweireiher zu reden begann, fingerte er ungeduldig an seiner Gebetskette herum, als befürchtete er, einen falschen Schritt zu tun. »Donnerwetter! Da bin ich aber gespannt«, sagte er. »Plaudere nur hübsch weiter.«

Ich bewegte meine an die Lehne gefesselte Hand.

»Lass sehen, was du anzubieten hast«, sagte er.

»Was ich in der Hand habe, ist eine andere Dummheit, die Ihr Mann da begangen hat. Eine viel schönere Dummheit«, sagte ich. »Lassen Sie den Jungen, dann liefere ich Ihnen Kadir Güler. Und zwar in völlig vernichtetem Zustand. Knock-out, ausgeschieden.«

»Erzähl weiter«, sagte er.

»Gestern wurde seine Frau umgebracht«, sagte ich. »Haben Sie davon nicht gehört?«

»Erzähl weiter«, wiederholte der Mann. Er sah zum ersten Mal, seit wir uns kennengelernt hatten, richtig ernst aus.

»Die haben sicherlich verhindert, dass es in den Nachrichten kommt«, sagte ich. »Aber in Ihrer Gemeinde müsste man es mitbekommen haben.«

»Erzähl weiter«, wiederholte er.

»Weiter«, sagte ich, »weiter heißt das also, anstelle irgendeines beschissenen Delegierten liefere ich Ihnen Kadir Güler, der seine Frau umgebracht hat, wenn Sie das wollen.«

»Ach du meine Fresse!«, sagte die Schlange. Und schwieg dann, als habe er etwas Ungehöriges verlauten lassen.

»Woher weißt du das?«

»Hat er selbst gesagt«, erwiderte ich. »Und es gibt eine ganze Menge Hinweise, die mich zu der Überzeugung bringen, dass er damit nicht nur aufschneiden wollte.«

»Im Ernst?«

»Vollkommen ernst.«

»Dann leg auf den Tisch, was du in der Hand hast, und wir hauen ab«, sagte er.

»Nein«, sagte ich, »ein, zwei Dinge muss man da noch herausfinden. Handfeste Beweise.«

»Und warum sollte ich dir, so mir nichts, dir nichts, vertrauen, sag mal?«

Er schien jedoch auf den Geschmack gekommen zu sein. »Das bleibt ganz Ihrem Scharfsinn überlassen«, sagte ich. »Entweder Sie lassen sich auf das, was ich sage, ein, oder Sie probieren aus, ob das Zeug, was Sie da haben, meinen Geschmack trifft oder nicht.«

Diesmal benutzte er nicht die Gebetskette, um zu einer Entscheidung zu kommen. Er gab der Schlange mit dem Kopf ein Zeichen. Ungerührt, ohne einen zweifelnden Blick, akzeptierte die Schlange diesen Entschluss, sprang behände zur Seite und war mit einem Satz neben mir. Mit geöffnetem Klappmesser beugte er sich über mich. Wie bei einer Schachtel Baklava, die man zum Ramadanfest bekommt, zerschnitt er vorsichtig das breite Band, das um meine rechte Hand klebte. Als ob er befürchtete, ich würde über ihn herfallen, nahm er sofort Abstand. Dabei interessierte ich mich überhaupt nicht für ihn. Wie bei den Aufwärmübungen vor dem Training machte ich kreisende Bewegungen mit meinem Handgelenk.

Ich stand auf, drehte mich um und blickte zu Mr. T. Der sah nicht sehr glücklich aus. Und auch nicht besonders gesund. Insgeheim freute ich mich darüber. Auch Mr. T. trat einen Schritt zurück, als ich mich erhoben hatte. Alle drei sahen mich an. »Möchten Sie einen Kaffee?«, fragte ich den Mann im dunkelblauen Zweireiher. Nur ihn.

Diesmal ließ er sich seine Gebetskette zweimal durch die Hand laufen, bevor er antwortete. Er lachte, fast ohne es sich anmerken zu lassen. »Zeit, den ersten Schluck zu sich zu nehmen«, sagte er. »Lieber wäre mir ein Raki.«

»Raki habe ich nicht«, antwortete ich.

»Dann komm mit«, sagte er. »Lass uns in Bebek einen heben und uns dabei unterhalten.«

»Ich trinke eigentlich keinen Alkohol.«

»Wie ein tiefgläubiger Muslim siehst du nicht aus«, meinte er.

»Hab ein Magengeschwür«, schwindelte ich schnell. »Außerdem hab ich noch etwas zu erledigen.«

»Hat das mit unserer Sache zu tun …?«, fragte er.

»Mit unserer Sache, ja«, antwortete ich.

Ich werde dann irgendwann mal einen Stock tiefer gehen und ein paar Fragen stellen, sagte ich mir.

Der Mann im dunkelblauen Zweireiher stand auf. »Also, dann sind wir fertig«, sagte er. »Und versuch keine Scherze, wir wissen, wo du wohnst.«

»Und meine Telefonnummer kennen Sie ja auch«, sagte ich.

Er nickte, packte dann die Baygon-Spraydose in die Migros-Tüte zu seinen Füßen und reichte sie Mr. T. »Wann gibts Neuigkeiten?«, fragte er.

»Weiß ich nicht.«

»Sollte nicht allzu lange dauern.«

»Wird es auch nicht.«

Wir gingen zur Tür, er vorneweg, ich hinterher. Die Schlange und Mr. T. schlossen sich uns an. Im Flur überholte ich ihn und öffnete die Tür. »Und entschuldige noch mal«, sagte der Mann im blauen Anzug und machte dabei eine Handbewegung, als drücke er auf eine imaginäre Spraydose.

»Schon vergessen«, meinte ich.

»Meine Frau wird es nicht glauben, wenn ich ihr das heute Abend erzähle«, sagte er. »Die hat mich seit Tagen ganz verrückt gemacht mit dieser Sache.«

»Schönen Gruß an Ihre Fliegen und Käfer!« Er lachte und drehte sich zur Schlange und zu Mr. T. um. »Da schau einer an«, sagte er. »Ist mit einem Mal ein ganz braves Bürschchen.« Dann ging er unverzüglich aus der Tür und begann, die Treppe hinabzusteigen. Die Schlange und Mr. T. liefen hinterher, ohne mich nur eines Blickes zu würdigen.

Als ich die Tür hinter ihnen geschlossen hatte, lehnte ich mich an die Tür und atmete erst einmal tief durch. Ich hatte einen neuen Verehrer, dem mein Charakter behagte. Je mehr Verehrer der Mensch hat, desto mehr Feinde legt er sich auch zu, aber, mein Lieber, so hielt sich doch alles im Gleichgewicht. Dann lief ich zum Fenster.

Draußen schneite es immer noch. Auf den Dächern der Autos auf dem Parkplatz hatte sich eine Schneedecke gebildet, und es lag jetzt so viel Schnee, dass die Kinder morgen bestimmt schulfrei hatten.

Rückwärts aus dem Fußweg, den unser Freund, der Hausmeister, mit mehreren Parkverbotsschildern versehen hatte, kam ein riesiger Wagen vom Typ Hummer zum Vorschein. Er nahm beim Rückwärtsfahren ein paar Hortensienzweige mit. Niemand erwartete von mir, dass ich meinen Gästen zum Abschied winkte. Trotzdem wartete ich bis zum Schluss, bis der Hummer es geschafft hatte, zu wenden, ohne an einen der anderen Wagen anzustoßen. Ein Fenster zum Fußweg hin wurde geöffnet, eine Frau streckte ihren Kopf heraus. Sie rief dem Hummer etwas nach, aber niemand hörte es.

Als ich mich mit dem Gedanken angefreundet hatte, eine warme Dusche zu nehmen, ging ich ins Bad und schaute erst einmal in den Spiegel. Besonders glänzend sah ich nicht aus. Die Dusche tat gut. Das kalte Wasser am Schluss war noch besser. Der Geruch des Insektenvertilgungsmittels in meiner Nase wich dem künstlichen Duft einer Blume, deren Name und Vorkommen ich weder kannte noch kennenlernen wollte. Nach der Dusche wischte ich den Wasserdampf vom Spiegel und schaute mir noch einmal mein klitschnasses Gesicht an. Du entwickelst dich nicht gerade zum Besseren, Remzi Ünal, sagte ich mir. Bist ziemlich durcheinander. Seit Tagen gehst du nicht zum Training. Du fragst nicht richtig. Stellst nur die Hälfte der Fragen, unvollständige Fragen. Die Leute haben angefangen, dich zu mögen, und drei Schlägereien am Tag sind zu viel für einen Mann in deinen Jahren.

Sag doch klar, was Sache ist. Die Kundin, die mit Erpressung dafür gesorgt hat, dass du den Auftrag übernimmst, ist tot. Du hast den Umschlag auf dem Tisch genommen, ohne zu fragen. Du hast die Intrige des Ehemannes deiner Kundin mit einer Intrige beantwortet, die du dir irgendwann mal mitten in der Nacht von Hitchcock abgeschaut hast. Du hast den Mann einem anderen, noch übleren Kerl ausgeliefert und hast einen Jungen – wenn du ein Kind gehabt hättest, wäre es jetzt im gleichen Alter – erst vermöbelt, dann möglicherweise Mitleid bekommen und hast dann, vielleicht um ihn in Schutz zu nehmen, vielleicht weil du ihn noch weiter ausquetschen wolltest, dafür einen anderen, dessen Schuld auf einem ganz anderen Niveau liegt, in die Scheiße geritten. So hast du dich früher nicht verhalten, Remzi Ünal. Du warst nie Polizist. Du warst nie Staatsanwalt. Nie Richter. Es war dir zuwider, das Leben anderer Menschen zu verändern. Langsam, aber sicher änderst du dein eigenes Leben.

Morgen wirst du wieder losgehen, um Fragen zu stellen – das ist so sicher wie zwei mal zwei vier macht. Und du wirst dir wieder Ärger einhandeln. Nicht einmal schön war deine Kundin. Sie hätte dich, ohne mit der Wimper zu zucken, ins Messer laufen lassen, wenn es ihr in den Kram gepasst hätte. Ohne dass du von ihr einen Kuruş bekommen hattest, ist sie gestorben. Was gehts dich an? Wer auch immer sie ermordet hat, hat sie eben ermordet. Wer auch immer ihr das Mauskabel um den Hals gewickelt hat, hat es eben getan. Was gehts dich an? Ist es deine Pflicht? Kriegst du einen Orden, wenn du den Mörder findest? Kannst du den Mörder finden? Wirst du den Mörder finden? Wie wirst du den Mörder finden?

Nachdem ich mir eine Hose und ein Sweatshirt angezogen hatte, ging ich in die Küche, gab zwei Löffel Kaffee in die Tasse und füllte mit kochendem Wasser auf. Noch im Stehen nahm ich einen großen Schluck, bei dem ich mir fast die Kehle verbrannte. Das tat gut. Dann ging ich mit der Tasse in der Hand ins Wohnzimmer und machte es mir in dem Sessel bequem, in dem ich zuvor so unbehaglich gewesen war. Ich entfernte die Klebebandreste Stück für Stück von den Lehnen und knüllte sie zu einem Ball, den ich in die Hosentasche steckte. Ich trank noch einen Schluck Kaffee und nahm dann das Telefon in die Hand.

Erst einmal orderte ich zehn Lahmacun und schärfte ihnen ein, sie sollten Petersilie darüberstreuen. Sie würden es wieder vergessen und nur Zwiebelwürfel und Sumak drauftun, das wusste ich hundertprozentig, schärfte es ihnen aber trotzdem noch einmal ein. Eine Flasche essigsauren Rübensaft fügte ich der Bestellung hinzu. Sinan Bozacioğlu bekommt Hausmannskost heute Abend, sagte ich mir. Dann machte ich den Fernseher an. Es kehrte Ruhe ein. Neugierig, ob der Mord an Muazzez Güler doch noch erwähnt werden würde, zappte ich zweimal durch alle Kanäle. Nichts. Amerika suchte in fernen Ländern nach den Mördern von viertausend Menschen. Und da sollte der Mord an Muazzez Güler zur Sprache kommen? Unmöglich.

Ich hielt den Programmdurchlauf bei Eurosport an, sah mit leeren Augen den Golfspielern und ihren Zuschauern zu und trank noch ein bisschen von meinem Kaffee. Dann fing ich an mich zu langweilen. Mein Computer fiel mir ein. Für einen kurzen Moment spürte ich Bedauern, dass ich die CD mit der Flugsimulator-Kopie weggeworfen hatte. Ich überlegte, ob ich zu Hi-Mem gehen und noch die Lage prüfen sollte, aber auch diesen Gedanken verwarf ich sofort. Ich zappte noch zwei Runden durch alle Kanäle und trank meinen Kaffee aus. Dann ging ich ins Bad und rasierte mich. Als ich mir das Gesicht wusch, klingelte es.

Das ging aber schnell, dachte ich und trat zur Tür. Der Mensch lernt nicht aus seinen Fehlern. Ohne durch den Spion zu schauen, öffnete ich die Tür sperrangelweit. Es waren nicht meine Lahmacun.

Mit einem Gesichtausdruck, als sei im Keller Feuer ausgebrochen, stand unser Hausverwalter, mein Freund, der pensionierte Militär, in der Tür.

»Was ist passiert?«, fragte ich.

»Er ist weg«, sagte er.

13

Mein erster Gedanke war, dass ich nicht aus dem Fenster zu gucken brauchte und dass der BMW-Schlüssel neben meinem Autoschlüssel lag. Ich sah den Hausverwalter fragend an.

Er sprach mit gesenktem Blick. »Ich verstehe wirklich nicht, wie das passieren konnte. Meine Frau war in der Küche beim Essenmachen. Ich war im Bad und habe mich gewaschen. Dem Jungen hatten wir Ismets Zimmer gezeigt, er sollte sich etwas hinlegen und ausruhen ...« Ismet war ihr Sohn, er lebte seit Jahren in Deutschland. Sie hielten sein Zimmer für ihn bereit, falls er eines Tages doch zurückkehrte. Es war das Zimmer direkt unter meinem unbenutzten Gästezimmer.

»... dann hab ich mir gesagt, schau doch mal zur Tür rein, ob es ihm gut geht«, fuhr der Hausverwalter fort. »Das Zimmer war leer. Nanu? Im Bad war ja ich gewesen, wo steckte der Junge also? Glaub mir, erst hab ich gedacht, der durchwühlt unser Zimmer. Wie konnte ich nur. Hab nachgesehen. Nichts natürlich. Hab meine Frau gefragt. Dann haben wir noch mal überall nachgesehen. Nichts. Der ist einfach abgehauen. Wie der Blitz von der Bildfläche verschwunden. Auch die Tür haben wir nicht gehört.«

»Wann haben Sie denn gemerkt, dass er weg ist?«

»Jetzt, gerade eben«, erwiderte der Hausverwalter. »Ich bin sofort hochgekommen, um Bescheid zu sagen.« Nun konnte er mir endlich wieder in die Augen sehen.

Ich schlug mir den Gedanken, auf der Straße nachzusehen, sofort aus dem Kopf. Schließlich gab es ja Taxis. »Hat das Telefon geklingelt, während er in seinem Zimmer war?«, fragte ich.

»Ich hab nichts gehört.«

Vielleicht hat er aus dem Fenster geschaut und den Hummer gesehen, überlegte ich.

»Er hat ja einen ganz anständigen Eindruck gemacht. Aber die Hose von Ismet, die hat er wohl angezogen und mitgehen lassen«, berichtete der Hausverwalter.

Mir war zum Lachen zumute, aber ich lachte nicht. Seine Frau hatte bestimmt schon alle Ecken kontrolliert, in denen sie ihre Dollars versteckt hatte. Als das Treppenhauslicht erlosch, streckte ich mich nach dem Schalter aus. »Ist nun mal passiert«, sagte ich. »Da kann man nichts machen. Danke, dass Sie mich benachrichtigt haben.« Eine Kleinigkeit galt es doch noch zu erledigen. Eine hoffnungslose Sache.

Der Besucher vor meiner Wohnungstür tippte an meiner Stelle auf den Lichtschalter. »Der Junge tut mir richtig leid«, meinte er. »Hoffentlich fährt er in diesem Zustand nicht nach Antalya.«

»Keine Ahnung«, erwiderte ich. »Seis drum, ich werde versuchen, ihn zu finden. Dann sehen wir, was er sich dabei gedacht hat.«

»Und wirklich, meine Frau hat sich auch nicht mürrisch oder ablehnend verhalten ihm gegenüber«, sagte er. »Wie den eigenen Sohn haben wir …«

»Davon bin ich überzeugt«, erwiderte ich. »Seien Sie bitte nicht traurig. Was geschehen ist, ist geschehen.«

»Wenn du ihn siehst, könntest du dann auch Ismets Hose …«

»Keine Sorge, werde ich nicht vergessen«, beschwichtigte ich ihn. Ich wartete. Wurde allmählich Zeit, dass er ging.

Endlich begriff er. »Entschuldige«, sagte er und wollte sich beinahe schon umdrehen. »Wir haben den Vogel abzwitschern lassen.«

»Das macht doch nichts.«

Sein schlechtes Gewissen ließ ihm keine Ruhe. »Und dann auch noch krank. Meiner Frau tat er so leid.«

»Davon bin ich überzeugt«, sagte ich noch mal.

»Hoffentlich ist deine Freundin, die Stewardess, nicht sauer«, meinte er. »Wo sie ihn dir doch anvertraut hat …«

Ich überlegte, wie ich aus dieser Situation herauskommen konnte, und freute mich, als ich Schritte im Treppenhaus vernahm. Diesen Gang wie ein Trampeltier, den kannte ich: der Laufjunge vom Kebap-Imbiss. Mit einem Lächeln, aus dem die Höhe des erwarteten Trinkgeldes abzulesen war, kam der Junge auf uns zu. »Und nun ist auch mein Essen da«, stellte ich fest.

»Dann werde ich mich mal empfehlen«, sagte mein Nachbar, der Hausverwalter. Der Laufbursche hielt mir die Tüte hin. »Die Scheibe von der Eingangstür ist kaputt«, sagte er zum Hausverwalter.

»Diese verfluchten Kerle ...«

Gut, dass Mr. T. das nicht gehört hat, dachte ich.

»Diese verfluchten Kerle«, wiederholte mein Freund, der Hausverwalter. »Das sind doch keine Menschen mehr. Immer dieses Pack, das in den Bruchbuden in dem Viertel da unten wohnt ... Ich geh mal nachsehen. Wo soll ich denn um diese Zeit noch einen Glaser auftreiben? Wieder die von Nummer sechs, wird es heißen. Wieder die. Wer denn sonst ...«

»Viel Glück«, rief ich ihm nach. Dann wandte ich mich an den Laufburschen und sagte: »Wart mal eine Minute.«

Ich stellte die Tüte, so wie sie war, auf den Wohnzimmertisch, holte meine Brieftasche aus der Schublade und nahm einen Schein raus, der sowohl für die Lahmacun als auch für ein wahrhaft üppiges Trinkgeld reichte, und gab ihn dem Jungen. Als er den Schein sah, machte er auf der Stelle kehrt und ging, ohne einen Gedanken an ein Dankeschön zu verschwenden. Ich schloss die Tür hinter ihm, ließ Lahmacun Lahmacun sein und setzte mich ans Telefon. Nach Monaten Funkstille rief ich Yildiz Turanli nun am gleichen Tag zum zweiten Mal an.

Sie nahm sofort ab.

»Ich bins.«

»Mensch, Remzi Ünal!«, sagte sie, als sie meine Stimme vernahm. »Das gibt es doch gar nicht ... Eine Ewigkeit nichts von dir gehört. Und heute geht es Schlag auf Schlag.«

»Ich habe noch eine Bitte.«

»Wer ist denn diesmal verwundet?«, fragte Yildiz.

»Nein, ich habe dich doch heute angerufen ...«

»Ja und?« Ich glaube, sie hatte den Ernst in meiner Stimme bemerkt.

»Sieh doch mal in deiner Anruferliste nach und sag mir die Nummer, bitte.«

»Moment mal«, sagte sie. Die Verbindung wurde unterbrochen, sie hatte mich in die Warteschleife gelegt. Ich starrte auf die Tüte mit den Lahmacun.

»Ich hab sie«, meldete sich Yildiz. Sie begann, mir die Ziffern zu nennen.

Nach der fünften Ziffer fing ich an, das Gehörte still für mich zu wiederholen. Erwischt, Remzi Ünal. Hatte dir Muazzez Güler nicht in eben diesem Zimmer alle Telefonnummern von Sinan mitgeteilt, auf den sie dich angesetzt hatte? Auch die Handynummer? Und hast du bis zum heutigen Tag jemals irgendeine Telefonnummer, eine Adresse vergessen? Wirst du jetzt etwa vergesslich, damit du einen Grund hast, noch mal bei Yildiz anzurufen? Du wirst alt, Remzi Ünal. Früher hättest du so was niemandem abgenommen, und schon gar nicht dir selbst.

»In Ordnung?«, fragte Yildiz am anderen Ende der Leitung.

»In Ordnung.«

Stille.

»Bist du noch da?«, fragte sie.

»Na hoffentlich.«

»Was heißt das nun wieder?«

»Hast du heute Abend was vor?«

»Was heißt das nun wieder?«, wiederholte sie.

»Ich habe gefragt, ob du heute Abend was vor hast.«

Sie lachte schallend. »Gehts dir gut, Remzi Ünal?«

»Weiß nicht«, meinte ich.

Berufsbedingt war Yildiz Turanli eine verständnisvolle Frau. Sie listete der Reihe nach auf, wo und wann wir uns abends treffen, was wir zuerst, was danach machen würden. Ich vergaß nichts davon. Bevor ich das Haus verließ, rief ich noch dreimal Sinan Bozacioğlu auf seinem Handy an. Aber auch beim dritten Mal ging er nicht ran.

Ich kam spät in der Nacht nach Hause. In den Taxis, mit denen wir gefahren waren, war es heiß gewesen, dort, wo wir hingefahren waren, war es heiß gewesen, und die Kaffees, die ich getrunken hatte, waren heiß gewesen. Auf dem Anrufbeantworter war nichts. Auch nichts von Sinan Bozacioğlu. Bevor ich ins Bett ging, rief ich noch mal bei ihm an. Wieder nichts. Dann zappte ich eine Runde durch die Fernsehprogramme. Der Zustand der Welt ließ mich kalt. Die Tüte mit den Lahmacun stand noch unberührt auf dem Tisch. So, wie sie war, warf ich sie in den Müll. Ich verschloss die Mülltüte mit einem festen Knoten, damit sich der Zwiebelgeruch nicht in der Wohnung ausbreitete. Um müde zu werden, griff ich nach einem dicken einheimischen Krimi, den ich schon seit Langem lesen wollte. Welchen, verrate ich nicht.

Am Morgen wachte ich von selber auf, wenn man überhaupt noch von Morgen reden konnte.

Weder hatte mich der Gymnasiast über mir mit seiner schrecklichen Musik geweckt, noch hatte das Telefon geklingelt. Ich habe wohl meinen inneren Wecker überhört, dachte ich und räkelte mich im Bett.

Dann sah ich aus dem Fenster. Es hatte aufgehört zu schneien, aber der Schnee war liegen geblieben, auch auf den Autos. Von den Kleinbussen, die die Kinder zur Schule bringen, waren keine Spuren zu sehen. Es war warm in der Wohnung. In Unterhemd und Unterhose machte ich meine Aufwärmübungen und schwor mir, das Training nicht weiter zu vernachlässigen. Als ich zu schwitzen anfing, ging ich unter die Dusche, putzte mir die Zähne und rasierte mich gründlich.

Dann war es Zeit für den Kaffee. Die Zeitung und das Brot waren schon längst da. Beim Frühstück mit dem, was im Kühlschrank noch aufzutreiben gewesen war, blätterte ich die Zeitung schnell durch. Die Welt war unverändert.

Obwohl ich mir rein gar nichts davon versprach, rief ich pflichtbewusst erneut bei Sinan Bozacioğlu an. Ich war nicht verärgert, als er noch immer nicht abnahm.

Ich zog mich an, schlug in der Wohnung ein bisschen Zeit tot und dann noch ein bisschen. Bevor ich das Haus verließ, rief ich noch mal bei Sinan an. Bei Yildiz rief ich natürlich nicht an, so weit ging die Sache ja nun auch nicht. Ich wendete meinen Mantel auf die seriöse Seite und steckte die BMW-Schlüssel ein. Pfeifend ging ich die Treppe hinunter. Das Glas der Eingangstür war genau an der Stelle eingeschlagen, an der man die Hand durch das Gitter strecken und das Schloss von innen hatte öffnen können. Die Glasscherben auf dem Boden hatte schon jemand weggeräumt.

Der BMW stand noch an derselben Stelle. Ich öffnete die Tür und setzte mich auf den Fahrersitz, sah mich im Wagen um und kramte hier und da herum. Es war nicht besonders viel Blut auf der Rückbank.

Hinter der Sonnenblende, auf dem Boden, in den Seitenablagen fand sich nichts, was dort nicht hingehört hätte. Das, was ich suchte, falls ich denn etwas suchte, musste klein sein, so viel war mir klar. Aber da war nichts. Das Handschuhfach war abgeschlossen. Ich rüttelte ein wenig daran rum, aber es ging nicht auf. Der Schlüssel neben dem Zündschlüssel gehörte zum Kofferraum. Der für das Handschuhfach musste kleiner sein.

Ich warf einen Blick unter den Fahrersitz, dann unter den Beifahrersitz. Außer zwei Münzen, die inzwischen nicht einmal mehr ein Sesamkringelverkäufer annehmen würde, fand sich dort nichts. Ich klappte den Beifahrersitz um und versuchte, die Sitzbank hinten aus ihrer Verankerung zu lösen. Ziemlich mühselig, aber ich schaffte es. Außer Staub war nichts darunter.

Ich machte den Kofferraum auf. Zuerst untersuchte ich ihn gründlich, auch die Stellen, wo ich früher immer etwas versteckt hatte. Reine Zeitverschwendung. Außer dem Zeug, das für einen Kofferraum gesetzlich vorgeschrieben ist, war da nur ein langes, aufgewickeltes Telefonkabel. Am einen Ende hing der Stecker, der unten in die Buchse am Telefon gesteckt wird. Am anderen Ende waren lose Drähte sichtbar.

Ich hatte schon vor langer Zeit gelernt, mir die Hände schmutzig zu machen. Ich schloss den Kofferraum, ging um den BMW herum, schloss die Wagentür ab und steckte den Schlüssel in die Tasche. Der Schnee am Hang war kurz davor zu vereisen. Vorsichtig lief ich bis zur Hauptstraße. Ich nahm eines der Taxis, die an der Ecke warteten. »Nach Beşiktaş«, sagte ich, noch bevor der Taxifahrer mich nach dem Fahrtziel fragen konnte. Ich rauchte nicht einmal während der Fahrt und stieg an der gleichen Stelle aus wie an dem Abend zwei Tage zuvor und zahlte dem Taxifahrer weit mehr als auf dem Taxameter stand. Er bedankte sich in hochgestochenem Türkisch. Die Sache lässt sich gut an heute, sagte ich mir.

Was den Schnee anging, war die Lage in der Straße von Hi-Mem besser als bei mir zu Hause. Die Mülltonnen waren geleert. Zwei Schulschwänzer bemühten sich, eine Schneeballschlacht zu veranstalten. Etwas lustlos, aber an einem solchen vom Himmel gefallenen freien Tag macht man so etwas eben.

Im Gehen inspizierte ich die Straße von oben bis unten. Einen Wagen, der dort nicht hingehört hätte, konnte ich nicht entdecken, weder einen mit noch einen ohne Blaulicht. Die Straße lag da, wie eine ruhige Seitenstraße eben so daliegt.

Abgesehen von einer jungen Frau in einem hellblauen Mantel. Die junge Frau mit Pferdeschwanz in einem hellblauen Mantel, der bis zu den Knöcheln reichte, stand vor dem ziemlich jämmerlichen Gebäude herum, in dem Hi-Mem residierte. Als würde sie dort etwas suchen. Sie schaute auf eine Stelle am Hauseingang. Dann zog sie etwas aus der Tasche und legte es in einen verbeulten alten Briefkasten, der neben den aus der Wand gerissenen Klingelschildern hing. Sie schloss den Kasten wieder und betrat das Haus. Ich wartete ab.

Dann ging ich langsam weiter und hielt gleichzeitig Ausschau, ob jemand in einem der umliegenden Gebäude am Fenster stand und die Gasse beobachtete. Niemand. Im Hauseingang steckte ich ohne Zögern meine Hand in den alten Briefkasten. Schon mit dem ersten Griff erwischte ich den Inhalt und steckte ihn in die Tasche.

»Auf gutes Gelingen!«, wünschte ich mir, als ich das Gebäude durch die verwahrloste Tür betrat. Das Treppenhaus sah bei Tageslicht nicht ganz so bedrückend aus. Mir kam das Haus vor wie eine Frau, die eine gewisse Altersgrenze überschritten hat, die aber hofft, mit ein wenig Schminke noch einmal mächtig Eindruck schinden zu können. Vielleicht war das der Grund, weshalb ich die Treppe langsamer hochstieg als sonst? Nein, dies war nicht der Grund. Ich untersuchte die Beute, die ich aus meiner Manteltasche gezogen hatte, und hielt dabei auf jeder der Stufen kurz inne.

Vielleicht hast du da den Schlüssel für das Handschuhfach gefunden, Remzi Ünal, dachte ich. Er trug kein Logo. Der Schlüsselanhänger, an dem er hing, war interessanter. Klein und flach, ähnelte er einer Fernbedienung und hatte die eisgraue Farbe, die ich bei Autos nicht ausstehen konnte. Direkt neben dem Loch für den Schlüsselring befand sich eine winzige rote Lampe, so eine wie die, die leuchten, wenn man die Fernbedienung auf den Fernseher richtet. Oben, über die ganze Breite, stand der Schriftzug »Afaya«. Ich musste grinsen und steckte das Ding in die Tasche. Noch bevor ich bis acht zählen konnte, war ich oben.

Dieses Mal war die Tür von Hi-Mem verschlossen.

Ich drückte auf die Klingel, die offensichtlich nachträglich angebracht worden war und deren Kabel irgendwo ins Innere führte. Von drinnen erklang das Gezwitscher eines Vogels, den man zu dieser Jahreszeit nicht zu sehen bekam. Ein junger Mann, gut zwei Jahre älter als der Laufbursche, der mir meine Bestellungen vom Kebap-Imbiss brachte, öffnete mit einem Gesichtsausdruck, der besagte, dass er seine Arbeit mindestens ebenso wenig mochte wie jener. Er sagte auch nicht »Bitteschön« oder etwas Ähnliches.

»Ist Koray Bey da?«

»Hi hi …«, kicherte der junge Mann und nickte, zog seine Hand aber nicht von dem Türrahmen zurück. Seiner Logik nach sollte das wohl verhindern, dass ich eintrat.

»Das wird ziemlich wehtun«, sagte ich.

»Was?«

»Wenn du sie da nicht wegnimmst, wird es ziemlich wehtun«, meinte ich und deutete mit dem Kopf auf seine Hand.

Er nahm seine Hand nicht weg, sondern starrte mich stattdessen an, als habe er nicht ganz verstanden.

»Also«, sagte ich. »Du glaubst also, es sei unpassend, wenn ich reinkomme. Gut, verstehe ich. Ich will aber trotzdem rein.«

Der junge Mann sah mich an, als würde ich Sanskrit sprechen. Offensichtlich war er schwer von Begriff.

»Und wie regeln wir das jetzt? Wenn wir beide auf unserem Standpunkt beharren, entscheidet der Stärkere.«

Der Junge schien mächtig durcheinander.

»In Ordnung, dein Vorteil ist, du bist jung. Aber ich habe auch gewisse Vorteile.«

Der Junge hielt es nicht mehr aus. »Du Blödmann, was hast du gesagt?«, sagte er und holte zu einem Schlag gegen meinen Kopf aus.

Kein besonders guter Angriff. Jeder einfache *shomenuchi ikkyo* sollte in solch einem Fall ausreichen. Mit angewinkeltem linkem Arm stoppte ich den Angriff auf meinen Kopf. Mit der Rechten drückte ich seinen Arm am Ellenbogen nach oben vor sein Gesicht. Dadurch verlagerte sich sein Schwerpunkt ein bisschen nach hinten. Ich nahm ihn mit der

Linken am Handgelenk, mit der Rechten am Ellenbogen gepackt in die Klemme, machte, so weit es die halb geöffnete Tür erlaubte, einen Schritt nach vorne und zwang den Jungen nach unten. Er ging vor mir ein wenig in die Knie. Als Sensei hätte er mich in dieser Lage gebeten, nun von ihm abzulassen. »Ich gebe dir noch eine Chance.«

Er hob den Kopf, so gut es ging. Er hatte die ganze Zeit keinen Laut von sich gegeben.

»Ich werde dich jetzt loslassen. Und du machst mir keine Zicken mehr. Ist das klar?«

Er beeilte sich, zustimmend zu nicken.

»Also gut.« Ich lockerte den Griff beider Hände gleichzeitig. Zuerst schien er nach hinten zu kippen, dann rappelte er sich auf. Wortlos begann er seinen Ellenbogen zu kneten. Ich ging hinein. Der Flur erschien genauso deprimierend wie beim letzten Mal. Nur die Kippen auf dem Boden waren zusammengekehrt worden. Ich stieß die zweiflügelige Glastür auf und betrat den zur Werkstatt umfunktionierten Salon. Alle sahen mich an.

Alle, das waren vier Personen. Sie saßen an einem der Stahltische, dem ganz hinten, neben dem Fenster. Zwei von den Jüngelchen waren im gleichen Alter wie der, der mir die Tür geöffnet hatte, und sahen auch mindestens genauso schlecht gelaunt aus – mit dem einzigen Unterschied, dass sie morgens auf die Idee gekommen waren, sich zu rasieren. Der dritte im Bunde hätte vom Alter her ihr Vater sein können. Er trug einen zerknitterten Anzug und eine schlecht gebundene Krawatte. Seine Schuhe hatten Schuhcreme noch dringender nötig als meine. Die vierte Person war das Mädchen mit dem Pferdeschwanz, das ich an der Tür gesehen hatte. Sie trug als Einzige einen Mantel, den sie über einen hellblauen Strickpullover und eine ebenfalls hellblaue Kordhose gezogen hatte. Ihr seidenes Halstuch passte überhaupt nicht dazu. Oder aber ich verfolgte Fashion-TV nicht aufmerksam genug. Die junge Frau saß ein bisschen abseits von den dreien. Sie hielt ein zerknülltes Taschentuch in der Hand und war ein wenig blass.

Man musste sich nicht wundern, dass der Rauchgestank stärker geworden war. Im Aschenbecher auf dem Tisch lagen drei brennende Zigaretten. Hinter mir betrat auch der junge Mann, der nicht bereit gewesen war, mich hereinzulassen, die Werkstatt. »Vielen Dank«, sagte ich zu ihm.

Der Mann im zerknitterten Anzug runzelte die Stirn.

»Koray Bey«, sagte ich und ging mit ausgestreckter rechter Hand auf ihn zu.

Der Mann machte einen Schritt auf mich zu, seine Miene war ein einziges Fragezeichen. Gezwungenermaßen streckte auch er seine Hand aus.

»Koray Bey, nicht wahr?« Ich drückte ihm die Hand. »Mein Name ist Remzi Ünal.«

Er neigte den Kopf, sah mich blinzelnd an, als ob er sich Mühe gäbe, meinen Namen mit einem der Karteikästen in seinem Büro in Verbindung zu bringen, gab dann zu erkennen, dass er mich nicht hatte finden können, hielt es dabei aber nicht einmal für nötig, mir seinen Nachnamen zu nennen.

»Können wir uns ein wenig unterhalten?«, fragte ich und deutete mit dem Kopf auf sein Zimmer.

»Worum dreht es sich da noch mal, Remzi Bey? Remzi Ünal hatten Sie doch gesagt, nicht wahr?« Er tat so, als würde er sich langsam erinnern.

»Muazzez Hanim …«, sagte ich.

Die acht Augen, die auf mich gerichtet waren, blickten plötzlich etwas eindringlicher. Nur der junge Mann von der Tür schaute mich nicht ein einziges Mal an.

Koray Bey machte eine abweisende Geste, als sei er zu dem Schluss gekommen, bei mir handle es sich um ein überflüssiges Stück Dreck. »Wenn Sie wegen des Geldes für die Anzeige gekommen sind, das müssen wir mit Muharrem regeln«, meinte er. »Das habe ich gestern Abend besprochen.«

»Nein«, sagte ich. »Ich wollte nur Sinan Bozacioğlus Beileidswünsche übermitteln.«

Die Augenpaare, auch das der Frau in Hellblau, fixierten mich mit messerscharfem Blick. Auch das merkte ich mir. Muazzez Gülers Bruder Koray Bey, der Buchhalter von Hi-Mem, war offensichtlich drauf und dran, mich für ein noch größeres Stück Dreck zu halten als zuvor.

Ich gedachte, ihm ein wenig behilflich zu sein. Und jemand anderem auch. »Vielleicht bringen wir bei dieser Gelegenheit gewisse Unregelmäßigkeiten in Ordnung«, sagte ich.

»Was für Unregelmäßigkeiten?«

»Gewisse Zahlungen, oder Nichtzahlungen …«, sagte ich und drehte dabei meine geöffnete Hand zwei-, dreimal zur Zimmerdecke und wieder zum Boden.

»Was zum Teufel für Unregelmäßigkeiten?«, schimpfte er. »Ich weiß gar nicht, worum es geht. Also … Wenn Sie meinen, lassen Sie uns darüber reden, aber … Unsere Unterlagen sind in Ordnung. Und um wen handelt es sich noch mal?«

»Sinan Bozacioğlu«, sagte ich. »SinanComp …«

Endlich schien dem Mann ein Licht aufzugehen, dann bemühte er sich zu lächeln. »Also bitte, reden wir darüber«, sagte er. »Bitte sehr.« Mit der Hand wies er auf die Tür seines Büros. Es war der Raum, den ich bei meinem ersten Besuch bei Hi-Mem zuerst betreten hatte. Ich ließ ihm den Vortritt. Die junge Frau mit dem Pferdeschwanz drückte ihre Zigarette aus, stand auf und brachte ihren Mantel in Ordnung. Dann wandte sie sich zur Tür. Koray Bey merkte, dass die Frau gehen wollte, und drehte sich schnell um. Seine Stimme verriet, dass er um Beherrschung rang. »Geh nicht weg!«, forderte er sie auf. »Wir sind gleich fertig.« Dann blickte er wieder zu den jungen Männern am Tisch.

Zwei der dort Versammelten waren sofort auf den Beinen, aber nicht um uns in Koray Beys Zimmer zu geleiten, sondern um die Frau in Hellblau noch etwas zu unterhalten.

Der Raum hatte sich seit dem Abend, an dem ich ihn gesehen hatte, nicht verändert. Nur die Schreibtischlampe brannte. Der Mann ging sofort zu seinem Chefsessel. Ohne mich bitten zu lassen, ließ ich mich auf einem der Sessel vor dem Schreibtisch nieder. Die Sessel waren niedrig, und sobald man saß, wirkte der Mensch hinter dem Schreibtisch bedeutender. Auf dem Beistelltisch lagen zwei Umschläge, Einladungen, wie man an den gestanzten, blumenverzierten Hochzeitspaaren ersehen konnte. Auf dem oberen stand der Name Muazzez Güler.

Ich verspürte das Bedürfnis, vor dem Gespräch meine Beine übereinanderzuschlagen. Dabei streifte mein Fuß ganz zufällig den Beistelltisch. Ich machte einen Satz, um ihn wieder gerade zu rücken. Dabei streifte meine Hand den Brief obenauf, er rutschte etwas zur Seite. Mit spitzer Füllfeder geschrieben stand auf dem Umschlag »Herrn Koray Şimşek und Gattin«. Ich spürte, wie sich die Anspannung in mir legte.

Koray Şimşek fragte nicht, was ich trinken wollte. Er lehnte sich zurück und kam direkt zur Sache: »Sie erwähnten eine Rechnung.«

»Ja.«

»Und dann haben Sie mit der Hand so was angedeutet«, sagte er und wiederholte meine Handbewegung.

»Ja.«

»Also?«

»Soll ich ganz von vorn anfangen?«, fragte ich.

»Das wäre gut«, sagte Koray Şimşek. »Aber fassen Sie sich kurz. Ich habe nicht viel Zeit.«

Manchmal ist es gut, ganz vorne anzufangen. Das kann manchmal kurz, manchmal lange dauern. Wir würden sehen. Ich lehnte mich zurück, holte eine Schachtel Zigaretten aus der Manteltasche und hielt sie Koray Şimşek mit ausgestrecktem Arm hin. Er schüttelte den Kopf. In aller Ruhe nahm ich mir eine Zigarette heraus. Ich überlegte noch, wo ich anfangen sollte. Dann zündete ich sie an. »Sinan Bozacioğlu …«, begann ich.

Koray Bey nickte. Er wartete darauf, dass ich fortfuhr.

»Muazzez Hanim hatte mich kurz vor ihrer Ermordung aufgesucht. Sie wollte, dass ich Sinan finde und etwas mit ihm bespreche. Bei dieser Gelegenheit – ich habe ganz vergessen, Ihnen mein Beileid auszusprechen. Entschuldigen Sie bitte.«

Noch einmal nickte Koray Bey. Ehrlich gesagt, ich hätte von jemandem, dessen ältere Schwester vor zwei Tagen umgebracht worden ist, eine andere Reaktion erwartet. Er fragte auch nicht nach meinem Beruf. Hielt er wohl nicht für nötig, dachte ich. Es herrschten Krisenzeiten, jeder stand ständig bei irgendwem in der Kreide. Ganz normal, solche Sachen. »Wie dem auch sei«, sagte ich. »Sie wollte unbedingt, dass ich diesen Job übernehme.«

Koray Şimşek nickte wieder. Ich nahm noch einen Zug.

»Sie wollte das so unbedingt, dass sie mich sogar ein wenig erpresst hat«, erklärte ich und blies den Rauch in die Luft.

»Völlig normal«, sagte er. »Das ist Muazzez zuzutrauen.«

Ich machte eine Handbewegung, als wolle ich beim Barmann noch einen doppelten Raki bestellen. »Eine kleine Erpressung, harmlos.«

»Hat es was genützt?«, erkundigte sich Koray Şimşek. Als bereute er die Frage, schob er seine Schreibtischunterlage hin und her.

»Ich weiß es nicht«, antwortete ich. »Ich bin hier, weil ich das von Ihnen erfahren wollte.«

Es war mir ganz offensichtlich gelungen, sein Interesse zu wecken. Er beugte sich in seinem Sessel vor. Auf seinen Lippen konnte ich zum ersten Mal so etwas wie ein Lächeln erkennen. »Warum?«, fragte er. »Haben Sie den Mann nicht aufgetrieben? Oder haben Sie ihn gefunden und nicht überreden können?«

»Ich habe ihn aufgetrieben«, antwortete ich.

Sein Lächeln wurde breiter. »Glückwunsch.«

»Ich hab ihn gefunden. Aber dann wurde die ganze Sache etwas verworren«, sagte ich. »Ob diese gewisse Rechnung nun bezahlt wurde oder nicht, das konnte auf einmal niemand mehr sagen.«

Koray Şimşek schaute wieder auf seine Schreibtischunterlage. Sie zu verschieben, würde nicht ausreichen. Er stand auf. »Wollen Sie etwas trinken?«

Jeder braucht eben so seine Zeit, um seine Gedanken ordnen. »Einen Kaffee, wenn möglich.«

»Wie soll er sein?«, fragte er, die Hand an der Tür.

»Mokka bitte, mit wenig oder ohne Zucker, oder Nescafé schwarz.«

Koray Bey verschwand und ließ die Tür halb offen. Ich konnte von meinem Platz aus sehen, was in der Werkstatt los war. Einer der jungen Männer sah zu mir hin. Die anderen beiden hatten die junge Frau mit dem Pferdeschwanz im Visier. Sie blickte zu Boden.

Dem Jungen, der zu mir hersah, machte ich mit der Zigarette ein Zeichen. Er verstand nicht und schüttelte den Kopf. Ich tat so, als würde ich die Zigarette in meiner Hand ausdrücken. Das verstand er. Er nahm einen Aschenbecher vom Nebentisch, kam angeschlurft und demonstrierte mit seinem Gang, dass ihm dies total gegen den Strich ging. Er stellte den Aschenbecher auf den Beistelltisch. »Herzlichsten Dank«, sagte ich zu dem jungen Mann.

Er gab keine Antwort. Als Koray Şimşek zurückkam, wären die beiden in der Tür fast zusammengestoßen. Der Junge machte dem Mann Platz, indem er mit einer flinken Bewegung hinausglitt. Koray Bey schloss die Tür und blieb einen Moment unschlüssig stehen. Er setzte sich dann in den Sessel mir gegenüber und sah sich um, als ob jemand uns belauschen könnte. »Was für einer Sache sind Sie denn auf den Fersen?«, fragte er leise.

Ich antwortete genauso leise: »Hab ich doch gesagt, es ist eine verworrene Sache.«

»Was daran ist denn verworren?«

»Verworren daran ist Folgendes«, sagte ich. »Alle sind irgendetwas auf den Fersen, verfolgen irgendwelche Absichten. Ich weiß aber nicht genau, hinter was ich dabei her bin. Wenn ich mit den Menschen spreche, erfahre ich etwas. Und je mehr ich erfahre, desto mehr Sachen gibt es, hinter denen man her sein könnte.«

»Dann sind Sie wohl hier, um neue Dinge herauszufinden, hinter denen Sie dann her sein können …?«, flüsterte er.

»Ja«, flüsterte ich zurück.

Koray Şimşek lehnte sich zurück. Er sah auf die Uhr. »Wie viel wollen Sie?«, fragte er. Seine Stimme war jetzt etwas lauter.

»Wofür?«, fragte ich, ebenfalls etwas lauter.

Er hatte jetzt etwas Selbstvertrauen gewonnen. Bequem zurückgelehnt, zählte er auf: »Dafür, dass Sie vergessen, hier gewesen zu sein … und vergessen, Muazzez getroffen zu haben … Dafür, dass Sie alles vergessen, was Sie rausgekriegt haben.«

Ich drückte meine Zigarette in dem Aschenbecher aus, den der junge Mann so widerwillig gebracht hatte. »Wenn ich möchte, kann ich so viel vergessen, wie ich will«, stellte ich fest. »Ich habe auch nichts gegen Geld einzuwenden. Aber es gibt Situationen, da reicht Geld nicht.«

»Was wollen Sie noch?«, fragte Koray Şimşek.

»Mal sehen … Gestern hatte ich Besuch. Von Leuten, über deren Besuch ich nicht sonderlich erfreut war. Die waren dem Jungen ebenfalls auf der Spur.«

»Ihre Geschichte fängt an, interessant zu werden.«

»Ja«, sagte ich. »Meine Gäste sind gegangen, ohne einen Kaffee getrunken zu haben. Aber die Vorstellung, sie könnten wiederkommen, behagt mir überhaupt nicht.«

»Was hat das mit Muazzez oder mir oder Hi-Mem zu tun?«, fragte er und gestikulierte dabei.

»So viel wie mit Kadir Güler«, antwortete ich.

Koray Şimşek fragte nicht, was das mit Kadir Güler zu tun haben könnte. Stattdessen glotzte er mich an. Ich war eigentlich gewillt, fortzufahren, doch dann kam der junge Mann, der mich nicht für würdig befunden hatte, die Büroräume von Hi-Mem zu betreten, mit einem Tablett in der Hand herein. Angeklopft hatte er nicht. Er sah mich grimmig an. Ich lächelte zurück. Bemüht, keine Reaktion zu zeigen, stellte er das Tablett auf den Beistelltisch zwischen uns. Zwei Tassen Kaffee und zwei Gläser Wasser. Wortlos verließ er den Raum. Ich schmunzelte innerlich. Koray Bey beugte sich vor, nahm das Glas und trank einen Schluck Wasser, dann einen kleinen Schluck Kaffee. Ich machte es ihm nicht nach, sondern griff direkt zum Kaffee. Es war eine Schaumkrone drauf.

Wir taten so, als würden wir nachdenken.

»Ein guter Kaffee ...«, sagte ich nach dem ersten Schluck. Eigentlich war er zu süß.

»Wohl bekomms«, entgegnete Koray Şimşek.

Ich nahm noch einen Schluck. Dann noch einen großen. Beim vierten Schluck war der zu süß geratene Kaffee ausgetrunken. Ich schwenkte die fingerhutgroße Tasse. Legte dann die Untertasse darauf, drehte beides um und stellte es auf den Beistelltisch vor uns.

Koray Bey sah mich verständnislos an. »Was soll das jetzt?«

»Wir werden aus dem Kaffeesatz lesen«, sagte ich. »Verstehen Sie sich darauf?«

»Wonach werden wir schauen?«

»Wir werden schauen, wer mit Ihrer Schwester an dem Abend, an dem sie ermordet wurde, hier in diesen Räumen war ...«, kündigte ich an.

14

Koray Şimşek hätte beinahe seinen Kaffee wieder ausgespuckt. Er konnte sich aber gerade noch beherrschen. Er stellte die Tasse schnell auf dem Beistelltisch ab und wischte sich mit dem Handrücken zwei Tropfen vom Kinn. Beim ruckartigen Abstellen hatte er die Hälfte seines Kaffees verschüttet. Er schaute wieder auf die Uhr. Das hätte nun wirklich nicht sein müssen. Ich sagte nichts und wartete ab.

»Welcher Sache sind Sie auf der Spur?«, fragte er noch einmal, als er sich wieder in der Gewalt hatte.

»Das hatten Sie vorhin schon gefragt.«

Er ging nicht darauf ein. »Woher haben Sie erfahren, dass wir uns hier versammeln?«, fragte er stattdessen.

»Es war mir nur als Möglichkeit in den Sinn gekommen.«

Er entschloss sich, einen Versuch zu wagen. Ich glaube, er war sich nicht sicher, ob er sich wieder beherrschen konnte, aber er versuchte es trotzdem. »Sehen Sie mal, Remzi Bey« – er bemühte sich, seine Stimme entschlossen wirken zu lassen –, »bis hierhin habe ich Ihnen zugehört, ohne zu widersprechen. Sie sprachen von einer offenen Rechnung, die nun ganz davon abhängt, was wir in der fraglichen Nacht gemacht haben. Sie haben kein Recht, mich auszufragen, das weiß ich. Außerdem, die Polizei hat uns schon ganz ähnliche Sachen gefragt, und wir haben alles erzählt.«

Ich ließ mich auf keine Diskussion ein. »Okay«, sagte ich. »Dann noch mal zurück zu der offenen Rechnung.«

»Welcher offenen Rechnung?«

»SinanComps Verbindlichkeiten gegenüber Hi-Mem«, sagte ich. »Erinnern Sie sich, ganz am Anfang hatte ich mich deswegen eingeschaltet.«

»Was war da passiert?«

»Folgendes: Sinan Bozacioğlu sagt, dass er Hi-Mem nicht einen einzigen Kuruş schuldig ist. Er hat schon alles bezahlt. Gut, vielleicht etwas spät, aber er hat alles bezahlt.«

»Bezahlt? Wirklich?«, sagte er halb zu sich, halb zu mir.

»Ja, bezahlt.«

»Bezahlt ...«, wiederholte er.

Ich nickte.

»Wann denn?«

»Vor ein paar Tagen.«

»An wen?«, fragte er.

»Wie immer, aufs Bankkonto.«

»Wenn er bezahlt hat, taucht es in den Auszügen auf«, sagte er und riss die Augen weit auf, als würde er andernfalls die Ehre seines Berufsstandes besudeln.

»Das tut es sicherlich.«

»Das werden wir gleich sehen.« Er erhob sich halb aus seinem Sessel, um sich mit dem Nachsehen zu beeilen, setzte sich aber gleich wieder hin, als sei ihm etwas eingefallen. »Einen Moment noch«, sagte er. »Eine Minute mal ...«

Ich sah ihn an.

»Eine Minute«, wiederholte er. »Vielleicht hat die Bank die Gutschrift auf das Konto verzögert. So etwas kommt manchmal vor.«

»Das könnte sein.«

»In diesem Fall hätte Muazzez Sie ganz umsonst engagiert.«

Mir kam es vor, als wäre Koray Şimşek angesichts dieser Möglichkeit ein Stein vom Herzen gefallen. Wie wäre es mal mit einer Suggestivfrage, dachte ich mir.

»Gut«, warf ich ein, »aber warum hat Kadir Güler später darauf bestanden, dass ich Sinan Bozacioğlu auftreibe?«

Koray Bey sah mir weiter in die Augen, ungefähr vier Sekunden lang. »Wem nützt es, die Antwort auf diese Frage zu kennen?«, fragte er dann.

»Eine schöne Frage!«

»Und die Antwort lautet?«

Statt zu antworten, griff ich nach meiner Zigarettenschachtel. Ich zog eine Zigarette heraus, verzichtete dann aber, schob sie wieder zurück und lehnte mich nach hinten. Ich bereitete mich auf eine lange Ansprache vor. Er schien genau das zu erwarten. »Koray Bey ...«, setzte ich an. Ich konnte aber nicht fortfahren.

Wieder wurde, ohne anzuklopfen, die Tür geöffnet. Cenk Bozer streckte seinen Kopf herein und redete mit einer Seelenruhe, als habe er sein eigenes Schlafzimmer betreten. »Ist das das Mädchen, Koray Abi?«, fragte er. Dann fiel sein Blick auf mich. Seine Miene änderte sich.

»Guten Tag, Cenk«, sagte ich.

»Ihr kennt euch?«, fragte Koray Şimşek höchst erstaunt.

Cenk gab keine Antwort. Er runzelte die Stirn und schien sich darüber den Kopf zu zerbrechen, was ich hier zu suchen hatte. Dann kam er zögernd herein. Koray Şimşek sah auf seine Uhr und stand auf. »Remzi Bey ist gekommen, um sein Beileid zu bekunden«, sagte er. »Wir haben ein bisschen geplaudert.«

»Ein bisschen geplaudert ...«, sagte ich. »Komm, setz dich zu uns.«

Als wolle er daran erinnern, wer der Herr im Haus ist, mischte sich Koray Şimşek ein: »Wir haben noch ein bisschen zu tun, Remzi Bey«, meinte er. »Wenn Sie erlauben ...«

»Ich kann warten.«

Cenk sah Koray Bey an und wies mit einem Kopfzeichen nach hinten. Koray Şimşek entschloss sich dazu, einen weiteren Versuch zu unternehmen. »Remzi Bey«, sagte er. »Schauen Sie mal, ich bin ein zivilisierter Mensch. Wenn Sie das hier hinauszögern – da drüben sitzen drei junge Kerle, die sind jünger als Sie. Leben Sie wohl!«

Cenk lachte schon mal vorher, weil er das, was er zu sagen hatte, besonders witzig fand. »Vier«, sagte er.

Koray Şimşek wartete auf meine Entscheidung. Gemächlich erhob ich mich und steckte die Zigaretten ein. »Nun denn«, sagte ich. »Dann sehen wir uns eben später.«

Er grinste. »Sie entschuldigen«, sagte er. Cenk schien ziemlich erstaunt, dass ich so leicht klein beigegeben hatte.

»Und bestell deinem Kadir Abi einen schönen Gruß«, sagte ich im Vorbeigehen zu ihm.

Keine Antwort. Das Kleeblatt am Tisch stand noch da, wie ich es zurückgelassen hatte. Vor der zweiflügeligen Glastür zur Werkstatt befand sich eine weitere Person. Der Typ sah aus wie ein Istanbul-Neuling, der sich noch nicht entschieden hatte, ob er als Minibusfahrer anfangen oder in das Geschäft mit den Parkplätzen einsteigen sollte. Die Art von

Typ, die einem über die Schulter linst, wenn man am Geldautomaten abhebt.

»Selma, komm! Wir gehen«, rief ich.

Am wenigsten überrascht schien das Mädchen mit dem Pferdeschwanz. Sie stand auf und kam auf mich zu. Der Bursche an der zweiflügeligen Glastür machte ein so verdattertes Gesicht, als habe er außer im Fernsehen noch nie ein Mädchen mit nacktem Bauch gesehen.

»Halt sie auf!«, hörte ich eine Stimme hinter mir. Es war Koray Şimşek.

»Hüseyin!«, schrie jemand anderes. Das war Cenk Bozer.

Hüseyin warf seine Zigarette zu Boden. Er hielt es nicht einmal für nötig, sie auszutreten. Er breitete seine Arme aus und richtete seine ganze Aufmerksamkeit auf mich. Ich ging weiter, da er den ersten Schritt würde machen müssen. Eineinhalb Schritte vor ihm blieb ich stehen und drehte mich ein wenig zur Seite, als wolle ich das Mädchen hinter mir schützen. Er enttäuschte mich nicht. Er überlegte einen Augenblick, dann sprang er mir an die Kehle, die Hände zum Würgegriff bereit. Irgend so eine ähnliche Aktion hatte ich erwartet.

Über das, was dann passierte, staunte Hüseyin nicht schlecht. Sein Handgelenk muss fürchterlich wehgetan haben. Das linke. Er verstand überhaupt nichts: warum ich mich fallen ließ, unter seinem Arm hindurchschlüpfte, mich mit den Beinen im Tangoschritt um die eigene Achse drehte, um so unseren Zuschauern bessere Sicht zu bieten, warum sein Arm wie der Flügel einer Taube plötzlich zur Zimmerdecke zeigte und woher ich die Kraft nahm, ihn dann kopfüber mitten in die Werkstatt zu schmettern. Er musste es ja auch nicht verstehen.

Das Mädchen erwies sich als aufgeweckter. Als die Aktion beendet war, schlüpfte sie an mir vorbei, öffnete die zweiflügelige Glastür und ging hinaus.

Cenk grinste verlegen. Koray Şimşek winkte den Leuten am Tisch und deutete auf mich. Ich wartete nicht, bis sie aufstanden, und schloss die Flügeltür hinter mir.

Das Mädchen mit dem Pferdeschwanz wartete an der Wohnungstür auf mich. »Geh du zuerst«, sagte ich zu ihr.

Ich lief zu den Kartons, die im Flur bis zur Decke gestapelt waren.

Computerzubehör hat kein Gewicht. Ich brauchte mit der Schulter nicht einmal besonders nachzuhelfen. Erst wollten sie nicht so richtig, dann ließ sich der zweite von unten leicht anheben, und schließlich polterten die Kartons mit lautem Krachen vor die beiden Flügel der Glastür. Aus dem obersten purzelten Dutzende Computermäuse heraus. Dutzende Mäuse, die an den Kabeln zusammengebunden waren. Das würde sie mindestens dreißig Sekunden beschäftigen. Ich machte, dass ich rauskam.

Selma wartete vier Stufen weiter unten. Sie ging weiter, als sie mich erblickte, und ich folgte ihr. Auf der Straße sah ich mich rechts und links um, aber es war niemand da. Ich ging vorsichtig, weil nicht auszuschließen war, dass sich der Schnee in Eis verwandelt hatte, und zog Selma am Ellenbogen hinter mir her zum Barbaros-Boulevard. Hier waren die Bürgersteige geräumt und wir kamen schneller voran. Alle vier Schritte drehte ich mich nach einem Taxi um; da bemerkte ich, dass die Leute von Hi-Mem den Boulevard erreicht hatten.

Eilig liefen wir am Möbelgeschäft vorbei. Dann schnell weiter bergab, an den Ticketläden und Büros der Reisebusgesellschaften, den Nachhilfeinstituten und Büfetts vorbei. Wieder sah ich mich um. Die Leute von Hi-Mem liefen jetzt auch. Vor dem Eingang zur Fußgängerzone stand ein leeres Taxi. Ich kalkulierte kurz. Bis der Chauffeur sein Fußballpalaver abgebrochen und sich ans Steuer gesetzt, bis er die Menschenmenge, die an der Ampel weiter vorne über die Straße wollte, durchquert und sich in den schleppenden Verkehrsstrom eingefädelt hatte, würde es zu lange dauern. Bis dahin hätten sie uns schon zehnmal eingeholt. Ich bewahrte mir meine Hoffnung, ein Taxi auftreiben zu können, für die Hauptstraße von Beşiktaş auf, unten am Ufer.

Wir hasteten nun an der Kaffee-Konditorei vorbei, auf deren Terrasse die Tische gestapelt standen und der Schnee nicht weggefegt worden war. Unsere Mäntel flatterten. Bevor wir in die Menge vor dem Durchgang zur Sinanpaşa-Moschee eintauchten, sah ich mich noch einmal um. Sie waren näher gekommen.

Ich blickte noch einmal auf die Menschenmenge, die sich auf den Durchgang zubewegte. Dann schubste ich meine Begleiterin unter die Leute. Sie nahm das Halstuch ab und bedeckte damit die Haare.

Schlaues Mädchen, sagte ich mir, wir werden gut miteinander klarkommen. Der Hof der Moschee war voller Menschen. Bei einem mit einem grünen Tuch bedeckten Sarg standen Kränze, alles echte Gestecke. Ein Mann hatte seinen Kopf auf die Schulter eines knapp achtzehnjährigen Jungen gelehnt und weinte.

Hier und da wurde unter den Leuten, die bemüht waren, sich in Reih und Glied aufzustellen, gemeckert. Ohne uns auf irgendwelche Diskussionen einzulassen, ob es sich nun für Frauen schickt, am Totengebet teilzunehmen oder nicht, fanden wir gleich neben dem verrosteten Zaun, der die alten osmanischen Grabsteine umgab, einen Platz für uns beide. Ich verzichtete darauf, noch einmal nachzusehen, ob jemand durch den Durchgang zur Moschee kam. Inmitten der Menge waren wir sowieso nicht mehr zu sehen.

»Verehrte Gemeindemitglieder, lasst uns die Reihen noch ein wenig dichter schließen«, hörte ich die kräftige Stimme des Imams. Die Leute links und rechts von uns rückten zaghaft nach vorn. »Ich weiß nicht, wie ich mich verhalten muss«, flüsterte Selma.

»Mach, was die Leute neben dir machen.«

»Im Gedenken an die Verstorbene …«, ertönte die Stimme des Imams, kräftig und Vertrauen erweckend. Dann das »Allahuakber …« Die Männer neben uns bewegten ihre Hände zu den Ohren, nahmen sie wieder runter und verschränkten sie vor dem Bauch.

So mogelten wir uns durch das Totengebet. Plötzlich traten die Leute links und rechts von uns zur Seite. Eine Gruppe ging auf die steinerne Aufbahrungsbank zu. Ich fasste Selma am Handgelenk und zog sie bis zur Mauer, an die die Metallgestelle mit den Kranzgestecken gelehnt waren. Die jüngste von vier verheult dreinblickenden Frauen löste sich aus ihrer Gruppe und musterte neugierig ihre Geschlechtsgenossin. Als wir vorbeigingen, grüßte ich sie ehrerbietig, wie es sich gehört. Sie erwiderte meinen Gruß mit einem zaghaften Lächeln, lehnte sich dann an die Frau neben ihr und zeigte mit dem Taschentuch in der Hand auf uns. Wir verließen den Hof über den zweiten Eingang, der zu den Toiletten der Sinanpaşa-Moschee führt. Ich schaute mich noch einmal um.

»Einen Moment mal«, sagte Selma. Sie hatte sich das Kopftuch wieder um den Hals gebunden. Sie erschien mir ein wenig blass und wies mit der Hand auf das Schild »Damen-WC«.

Ich nickte. Mir war etwas eingefallen. Das Mädchen ging auf die Toilettentür zu. Ich ging die drei, vier Stufen zur Herrentoilette herunter, zog meinen Mantel aus, steckte die Hand in die Ärmel und drehte ihn schnell auf die andere Seite. Dann zog ich ihn wieder an. Als anderer Mensch kam ich wieder die Treppe hoch. Das wäre vielleicht nicht einmal nötig gewesen, denn von der Hi-Mem-Truppe war niemand zu sehen. Ich ging zu den Stufen der Damentoilette und holte aus der Innentasche meine Zigarettenschachtel heraus. Ich steckte mir eine an und nahm einen tiefen Zug. Die Damentoilette hatte keinen anderen Ausgang, da konnte ich ganz beruhigt sein. Ich hatte meine Zigarette so gut wie aufgeraucht, als Selma aus der Toilette kam. Obwohl sie die Veränderung in der Farbe und im Muster meines Mantels bestimmt bemerkt hatte, sagte sie nichts. Sie machte einen erleichterten, gelösten Eindruck. Wir gingen durch den kleinen Park, der an die Hauptstraße von Beşiktaş grenzt. Ein paar fahle Sonnenstrahlen fielen durch die dicken Schneewolken und erleuchteten die Umgebung. Ich wies mit dem Kopf auf die Fußgängerbrücke vor uns. Die ausgetretenen Stufen waren voller Lachen geschmolzenen Schnees. Von oben schaute ich noch einmal auf die Menschenmenge.

Aus der Ortabahçe-Straße kam eilig der Junge, der sich so unwillig gezeigt hatte, mich bei Hi-Mem einzulassen. Suchend lief er vor dem Mann, der Sesamkringel, Busfahrscheine und einzelne Zigaretten verkaufte, auf und ab.

Beim Abstieg von der Fußgängerbrücke beeilten wir uns etwas mehr. Wortlos gingen wir am Museum für Malerei und Skulptur entlang bis zum Barbaros-Hayrettin-Schiffsanleger. Das Meer rechts, gingen wir weiter die Straße hinab, die Köpfe vorgereckt, ohne die kleinen Fährschiffe, weit entfernten Tanker, die Möwen oder die Wellen, die ein paar Meter entfernt von uns ans Ufer klatschten, eines Blickes zu würdigen. Eine Zigeunerin wollte uns das Schicksal weissagen, zur falschen Zeit am falschen Ort. Ich hielt es nicht einmal für nötig, sie abzuweisen.

Vor dem Schalterhäuschen am Anleger stellte ich mich in die

Schlange. Selma wartete auf mich, anscheinend fest entschlossen, sich nicht zu wundern, was auch immer passierte. Ich drückte ihr einen Jeton in die Hand. Der Zugang zum Anleger war bereits geöffnet, und wir gingen auf das Schiff. Auf dem offenen Hinterdeck war keine Menschenseele. Um vor dem Wind geschützt zu sein, setzten wir uns mit dem Rücken zum Salon.

Als ich meine Zigaretten aus der Tasche zog, setzte sich die Fähre in Bewegung. Wir konnten das Brausen des Wassers hören, das von den Schiffsschrauben aufgewirbelt wurde. Ich steckte mir eine Zigarette zwischen die Lippen und hielt die Packung dem Mädchen hin. Als sie sich ihren Mantel fest um den Körper geschlungen hatte, streckte sie bedächtig ihre Hand aus und nahm sich eine.

»Dein Name ist Selma, oder?«, fragte ich, als ich ihr Feuer gab.

Sie nickte, während sie den ersten Zug nahm. Dann richtete sie sich auf und blies den Rauch in den Wind über dem Bosporus. »Selma«, sagte sie. »Selma Akar.«

Ich zündete meine eigene Zigarette an und sagte nichts.

Sie sah mich lange von der Seite an. »Ich danke Ihnen sehr, dass Sie mich befreit haben.«

»Keine Ursache«, erwiderte ich.

»Fahren wir zum Laden?«

Da wollte ich erst mal nicht hin. Aber ich nickte trotzdem.

15

Es sollte eine schöne Schifffahrt werden. Noch schöner wäre sie allerdings im Frühling gewesen. Die erste Frage stellte Selma Akar. »Woher wussten Sie, dass ich Selma bin?«

Bevor ich ihr eine Antwort gab, richtete ich mich in meinem Sitz auf. Durch das geöffnete Fenster blickte ich in den großen Passagiersalon und versuchte ausfindig zu machen, ob der Mann mit dem Teetablett irgendwo drinnen unterwegs war. Er war nicht zu sehen. »Ich hatte eine Eingebung.«

Selma Akar lachte nicht. Aber sie tat so, während sie mit dem kleinen Finger einen nicht vorhandenen Fleck neben ihrer Unterlippe wegwischte. »Sinan hat gesagt, dass Sie ein interessanter Mann sind.«

»Habt ihr euch unterhalten?«

»Wir waren gestern Abend zusammen.«

Das ist gut, dachte ich. »Was hat er noch über mich erzählt?«

»Ein guter Mann, aber etwas naiv.« Noch besser.

»Bist du Sinans Geliebte?«

Selma Akar zog die Augenbrauen hoch, als sie antwortete. »Das steht nicht so genau fest.«

Durch die Tür, die in den großen Passagiersaal führte, traten zwei Jungs und zwei Mädchen heraus und gingen auf den vorderen Teil des Decks. Sie diskutierten eine Weile, auf welcher Seite sie sitzen sollten. In den Händen hielten sie Übungsbücher für die Aufnahmeprüfung an der Universität. Das eine Mädchen stieß das andere mit dem Ellenbogen an und zeigte auf uns. Doch die kümmerte sich nicht darum. Sie war einzig daran interessiert, neben dem hochgewachsenen Jungen zu sitzen, was ihr schließlich auch gelang.

»Was wollten sie von dir?«, begann ich.

Bevor sie eine Antwort gab, blickte Selma Akar lange in die Ferne und schien sich den Mädchenturm im Bosporus genauer zu betrachten. »Das Verhör hat wohl begonnen«, sagte sie. »Wird das jetzt bis Kadiköy so weitergehen?«

»Um Gottes willen, nein«, entgegnete ich. »Wir machen hier eine wunderbare Schifffahrt und unterhalten uns dabei ein bisschen, mehr nicht. Gleich kommt auch der Mann mit dem Tee ...«

»Was, wenn ich Ihnen keine Antwort gebe?«

»Gar nichts.«

»Das haben Sie Sinan aber nicht so gesagt.«

»Ich habe nur Spaß gemacht.«

»Aber er hat sich sehr gefürchtet.«

Ich konnte mir nicht vorstellen, dass er ihr verraten hatte, wie sehr er sich gefürchtet hatte. Da wollte ich mich nicht einmischen. Schließlich hatte ich nicht im Sinn, irgendjemandes Charisma zu zerstören.

»Aber er glaubt dennoch, dass er Ihnen Dank schuldet«, setzte sie nach.

»Warum ist er dann abgehauen?«, wollte ich wissen.

»Das hat er nicht gesagt.«

»Und was will er jetzt unternehmen?«

Selma warf ihre Zigarette ins Wasser. »Wahrscheinlich wird er nicht aus dem Haus gehen, bis sich alles beruhigt hat.« Dann fügte sie hinzu: »Er hat sich bei einer Freundin von mir versteckt. Wenn Sie mich fragen, dann wird er sich eine ganze Zeit lang nicht nach draußen wagen.«

Warum hat er dich gestern nicht angerufen und um Hilfe gebeten, wollte ich sie zuerst fragen, aber dann ließ ich es sein. »Ist sein Mobiltelefon ständig aus?«

»Warum?«

»Ich könnte zum Beispiel wissen wollen, was hinter all diesen Märchen steckt, die er mir aufgetischt hat.«

»Worüber?«

Alles klar, es würde eine nette Schifffahrt werden, aber mit einem Tee würde sich die Unterhaltung noch schöner entwickeln. Ich streckte wieder meinen Kopf durch das Fenster und sah den Mann mit dem Tablett voller Teegläser. Ich winkte ihm. Mit einer leichten Kopfbewegung gab er mir ein Zeichen, dass er gleich zu uns kommen würde. Auf seinem Tablett befanden sich noch ein paar volle Teegläser.

»Worüber hat er Ihnen Märchen aufgetischt?«, fragte Selma Akar, als wüsste sie von nichts.

»Über die Angelegenheit, über die du mir gleich auch ein paar Märchen auftischen wirst.«

Sie schaute mich überrascht an.

»Egal, wen ich in dieser Angelegenheit frage, von niemandem erhalte ich eine brauchbare Antwort. Jeder druckst herum und erzählt mir irgendeinen Mist.«

»Versuchen Sie es.«

Vielleicht war dieses Mädchen klüger, als ich dachte. »Warum solltest du dich anders verhalten als die Typen, die ich bis jetzt befragt habe?« Ich stellte ihr diese Frage, weil es mich wirklich interessierte.

»Angst …«

»Du siehst nicht aus wie ein Mädchen, das sich sehr leicht fürchtet.«

»Ich habe gelernt, zu unterscheiden, wovor man Angst haben muss und wovor nicht«, antwortete sie. Es klang so, als würde sie von einer Lektion berichten, für die sie einen sehr hohen Preis bezahlt hatte.

Während ich mich noch bemühte, eine gescheite Erwiderung zu finden, ging die Tür auf und der Mann mit dem Tee betrat das Oberdeck. »Teeeeee«, rief er lauthals. Er hatte eine Glatze. Ich streckte zwei Finger in die Höhe. Flink nahm er zwei Gläser vom Tablett und gab sie uns. Dann machte er sich auf den Weg zu den vier Jugendlichen, die am äußersten Ende des Decks saßen, und rief wieder laut »Teeeee«.

Ich nippte an meinem Tee. Er war nur noch lauwarm, aber was solls, das musste reichen.

»Fang an …«, forderte ich sie auf.

»Wo soll ich anfangen?«

»Was wollten sie von dir haben?«

»Wahrscheinlich wollten sie, dass ich etwas vergesse, was ich an jenem Abend gesehen habe.«

Kein schlechter Anfang. »Was hast du an jenem Abend denn gesehen?«

»Im Grunde genommen gar nichts«, antwortete Selma.

Na bitte, sagte ich zu mir. Jetzt fangen wir wieder an mit dem Mist. Mit einem großen Schluck leerte ich mein Teeglas.

»Das heißt …?«

Sie trank ebenfalls ihren Tee aus, verzog das Gesicht und drehte dann das Glas in ihrer Hand hin und her, als wüsste sie nicht, was sie damit machen sollte. Dann stellte sie es samt dem Untersetzer auf den Sims hinter uns.

»Was hast du an jenem Abend gesehen?«

Sie schwieg und schaute mich an, als würde sie sich darum bemühen, ein Urteil über mich zu fällen. Dann schien sie zu einem Entschluss gekommen zu sein. »Wäre ich doch zuerst zu Ihnen gekommen!«

Bingo! »Jetzt bist du ja bei mir.«

»Als die Männer auf mich zustürmten, hatte ich fürchterliche Angst«, sagte sie. »Ich hatte dermaßen viel Angst ... Jetzt ...«

Ich drehte mich halb zu ihr um.

»Schau«, sagte ich. »Wir sind mitten auf dem Meer. Nur du und ich. Du kannst nirgendwo hin. Wenn du mich fragst, dann glaube ich, dass du dich mit großer Wahrscheinlichkeit anders entscheiden wirst, sobald das Schiff anlegt. Also solltest du jetzt dein Herz ausschütten. Was hast du an jenem Abend gesehen?«

»Sie waren da.«

»Wer?«

»Dieser Affe, den sie Koray nennen, und Kadir Bey ...«

»Wann war das?«

»An dem Abend, an dem Muazzez Abla getötet wurde.«

Eine fürchterlich laute Sirene erschallte über uns. Sogar ich sprang erschreckt auf. Ein anderes Schiff antwortete. Daraufhin wieder unser Schiff.

»Warst du dort?«

»Wir waren dort«, erwiderte sie. »Ich war mit Sinan ...«

»Ihr habt euch eine schlechte Zeit ausgesucht, um Hi-Mem einen Besuch abzustatten«, sagte ich. »Was hattet ihr dort zu suchen?«

»Wir wollten Muazzez sagen, dass wir den Betrag schon vor ein paar Tagen überwiesen hatten«, antwortete sie.

»So, wolltet ihr das?«

»Ja. Nachdem ich Sinan von dem Anruf erzählt hatte, setzte er sich in den Kopf, sofort hinzugehen und das mit den Schulden richtigzustellen.«

Plötzlich schlug sie die Hand vor den Mund, als ob sie einen Schrei ersticken wollte. »Das waren Sie ...«, sagte sie. »Das waren Sie ...« Ich nickte lediglich.

»Ich hätte Ihre Stimme gleich erkennen müssen«, sagte sie. »Sie klingt zwar am Telefon etwas anders, aber ich hätte sie gleich erkennen müssen ...«

»Ich bitte um Entschuldigung, falls ich euch Angst eingejagt habe.«

»Na ja, ich habe Angst gekriegt, aber Sinan schien sich noch viel mehr zu fürchten als ich«, fuhr Selma fort. »Er sagte, dass er es nicht mehr aushält, wegen der zehn Kuruş dermaßen unter Druck gesetzt zu werden, zumal er das Geld ja inzwischen überwiesen hatte. Er hat sich den ganzen Weg über nicht beruhigt und schimpfte ständig vor sich hin. ›Eine Drohung nach der anderen, verdammt, das reicht jetzt, wir müssen einen Strich unter die Sache ziehen‹, sagte er. Ich konnte es ihm nicht ausreden. Er war sehr wütend. Ich hatte Angst, dass er der Frau etwas Unüberlegtes an den Kopf werfen würde.«

Ich lächelte innerlich. Aber nur innerlich. Äußerlich verzog ich keine Miene. Mein Gesicht glich einer Statue, aber nicht einer aus Marmor oder aus Bronze, sondern aus Papier. Wahrscheinlich hatte Sinan Bozacioğlu etwas Falsches zu Muazzez Güler gesagt. »Red weiter!«

»Ich sagte, lass uns nicht hingehen, die werden schon merken, dass das Geld überwiesen ist, doch er hörte nicht. Ich will nicht mitkommen, sagte ich, doch er hörte nicht. Schließlich gingen wir doch. Sie war allein ...«

»Hat er etwas Falsches zu der Frau gesagt?«

»Ich weiß es nicht«, antwortete Selma Akar. »Ich war nicht im Büro, als sie sich unterhielten. Ich hab draußen gewartet. Ich habe die Frau nie gemocht. Ich bin nicht hineingegangen.«

»Und dann?«

»Dann kam Sinan heraus. ›Komm, wir gehen‹, hat er gesagt. Wir sind dann schnell zum Auto.«

Wir waren nun auf der Höhe des Mädchenturms. Die Aussicht gefiel mir.

»War Sinan besorgt oder aufgeregt, als er aus dem Büro kam?«

»Also ... Nein eigentlich nicht.«

»Hast du die Frau gesehen, als Sinan aus ihrem Büro kam? Hast du ihre Stimme oder so gehört?« Selma Akar schüttelte den Kopf. Dann wurden ihre Augen plötzlich groß. »Mein Gott, nein!«, rief sie aus. »Was glauben Sie denn ...«

Die vier Jugendlichen standen auf und gingen laut redend an uns vorbei. Das Mädchen, das ihre Freundin angestoßen und auf mich gezeigt hatte, verzog verächtlich den Mund. Ich zwinkerte ihr zu. Sie lief schnell den anderen dreien hinterher. »Ich hatte es in Betracht gezogen.«

»Was glauben Sie denn ...«, wiederholte Selma. »Die Tür war zwar geschlossen und ich hab nichts gehört, aber ...«

»Egal«, schloss ich das Thema ab. »Was ist danach passiert?«

Selma Akar bemerkte in diesem Augenblick den Mädchenturm und drehte sich herum, um ihn besser betrachten zu können. »Dann sind wir in den Wagen gestiegen.«

»In den BMW?«

»Ja.«

»Der Wagen ist nicht angesprungen.«

»Allah, Allah.«

»Sinan versuchte es immer wieder«, fuhr Selma fort. »Er hat geflucht und war wütend, doch der Wagen ist einfach nicht angesprungen.«

»Und?«

»›Der ist wohl abgesoffen. Lass uns warten, damit der Motor wieder zu sich kommt‹, hat er dann gemeint. Wir sind also sitzen geblieben und haben gewartet.«

»Deswegen also konntet ihr sehen, was ihr gesehen habt ...«, sagte ich. »Weil der Motor abgesoffen war ...«

»Ja.«

»Wer kam zuerst?«

»Sie kamen beide zusammen.«

»Zu Fuß?«

»Ja. Ob sie aber am Anfang der Straße aus einem Auto ausgestiegen waren, weiß ich nicht.«

»Und weiter?«

»Nichts«, sagte Selma Akar. »Wir haben uns im Wagen ein bisschen geduckt, als wir die Männer gesehen haben. ›Gleich bricht da drinnen die Hölle los‹, meinte Sinan. ›Lass uns mal abwarten‹, hat er dann vorgeschlagen.«

»Und ihr habt gewartet.«

»Wir haben gewartet.«

»Sind sie rausgekommen?«

»Ja. Zuerst Koray Bey.«

»Und dann?«

»Dann Kadir.«

»Wie viel später?«

»Drei, vier Minuten später. Nicht viel mehr. Aber ich habe nicht auf die Uhr geschaut ...«

»Was habt ihr dann gemacht?«

»Nachdem beide verschwunden waren, hab ich zu Sinan gesagt, ›Versuch es noch mal‹, doch er hat gesagt, ›Wart noch einen Augenblick.‹«

»Wollte er noch länger warten?«

»Ja«, antwortete sie, ohne mich anzuschauen.

»Ihr habt gewartet ... Wie lange?«

»Vielleicht noch fünf Minuten, vielleicht auch weniger. Ich hab mich sehr unwohl gefühlt, aber den Mund gehalten.«

»Hat sich euer Warten wenigstens gelohnt?«

»Wie meinen Sie das«, fragte Selma Akar unsicher.

»Habt ihr noch irgendwas bemerkt?«

»Eigentlich nicht. Oder ist es wichtig, dass der Junge noch gekommen ist?«

»Welcher Junge?«

»Der vorhin auch da gewesen ist«, sagte sie. »Ihr Fahrer. Der Typ mit dem Gel in den Haaren.«

»Cenk.«

»Ich weiß nicht, wie er heißt.«

»Und weiter?«

»Nach einer Weile kam er wieder raus.«

»Wie lange ist er drinnen gewesen?«

»Ich weiß es nicht. Mindestens so lange wie die beiden anderen. Er kam ja später raus.«

»Er kam raus und ging davon?«

»Ja, er kam raus und ging weg. Wir sind dann auch weggefahren.«

»Der BMW ist angesprungen?«

»Ja.«

»Dann war er wohl wirklich abgesoffen.«

»Wahrscheinlich.«

»Das Absaufen eines Wagens gleicht nicht dem Ertrinken eines Menschen«, erklärte ich ihr. »Der Mensch kann danach nicht wieder atmen, aber ein Wagen kann wieder anspringen.«

Es herrschte ein unangenehmes Schweigen zwischen uns. Mist. Normalerweise plappere ich solche Sachen nicht laut aus. Mist!

Wir schauten aufs Meer. Das Schiff hatte schon einen Großteil der Strecke hinter sich gebracht. Auf dem Hafendamm von Haydarpaşa ging ein Mann entlang. Was suchte er dort bei dieser eisigen Kälte, fragte ich mich. Normalerweise machten die Schiffe, die von Beşiktaş nach Kadiköy fahren, keine Station in Haydarpaşa. Was war bloß heute los?

Der Mann mit dem Teetablett tauchte wieder auf. »Leere Glääääser«, rief er diesmal lauthals über das Oberdeck, auf dem sich außer uns beiden niemand mehr befand.

Ich holte meine Brieftasche hervor und machte ein Wie-viel-Zeichen. Er nannte mir einen Betrag, ich holte eine Banknote heraus, die auch einen dritten Tee beglichen hätte, und gab sie ihm. Er machte sich betont langsam daran, das Kleingeld zwischen den Teegläsern auf dem Tablett zu suchen. Ich streckte die Hand aus und wartete. Er gab mir einige Münzen und wirkte dabei sehr unzufrieden. Dann ging er.

Das Schiff war jetzt fast zum Stillstand gekommen. Als es an die Anlegestelle vor dem Bahnhof Haydarpaşa stieß, gab es eine leichte Erschütterung, einen Augenblick später noch ein zweites Mal. Wir blickten auf die Kaimauer und warteten schweigend. Plötzlich merkte ich, dass ich fror. Ich umfasste meinen Mantel und drückte ihn fest an mich, als ob das etwas gegen die Kälte nützen würde. Selma war in Gedanken versunken. Einige Fahrgäste stiegen aus, andere stiegen ein. Wir konnten sie zwar nicht sehen, aber ich vermutete, dass es so war. Leute aus Eskişehir, Ankara, Kayseri, Sivas, Diyarbakir. Dann legten wir wieder ab und fuhren weiter. Die große Uhr oben am Bahnhofsgebäude zeigte die Zeit an. Der Kapitän ließ wieder das Horn ertönen. Wir erschreckten uns aber nicht so sehr wie beim ersten Mal.

»Schau an, Sinan hat recht gehabt«, begann ich.

Sie fuhr zusammen, als hätte sie völlig vergessen, dass ich bei ihr war. »Bitte?«

»Ich sagte gerade zu mir, dass Sinan recht gehabt hat.«

»Womit hat er recht?«

»Dass ich ein guter, aber naiver Mann bin.«

»Das haben Sie doch nicht ernst genommen«, erwiderte sie. »Sinan hält sich für sehr schlau.«

»Du dich offensichtlich auch.« Sie schaute mich an, als ob sie sich fragte, was denn dieser gute, naive Mann sagen wollte. »Wenn ich du wäre, hätte ich es genauso gemacht«, fuhr ich fort.

»Was hätten Sie genauso gemacht?«

»Ich hätte auch all die Dinge nicht erzählt, nach denen ich nicht gefragt wurde.«

»Was habe ich denn nicht erzählt?«

Ich strich von außen über meine Manteltasche, in der sich der Schlüsselbund befand. Ich suchte einen richtig guten Satz, um das Thema zu eröffnen. Wieder drosselte der Kapitän die Geschwindigkeit des Schiffes und ließ danach die Sirene ertönen. Das Schiff neigte sich leicht zur Seite.

Offensichtlich konnte ich keinen richtig guten Satz finden. Dann dachte ich mir, dass das kein Beinbruch war. Selma stand auf. »Ich friere.«

Alles klar, sagte ich mir. Ich stand ebenfalls auf. Ich nahm meine Zigaretten und mein Feuerzeug. An der Tür zum Passagiersalon ließ ich ihr den Vortritt. Die Passagiere, die möglichst schnell das Schiff verlassen wollten, hatten schon alle Treppen verstopft. Ich trat wegen des Gedränges ein wenig näher an Selma Akar heran. »Wenn wir aussteigen, versuch nicht den Tumult zu nutzen und die Flucht zu ergreifen«, sagte ich ihr leise ins Ohr. »Der Schlüssel ist in meiner Tasche.«

Selma blickte mich mit echtem Erstaunen an, sagte aber kein Wort. Das Gedränge wurde größer, und wir kamen nicht mehr voran. Mir gegenüber hing ein riesiges Plakat, auf dem die Polizei von Istanbul die Jugendlichen eindringlich vor den Gefahren des Drogenkonsums warnte. Ich studierte das Plakat genau und las jedes Wort darauf. Selma hatte den Kopf gesenkt und betrachtete eingehend die Schuhe der vielen Menschen um sie herum.

Dann gab es einen heftigen Ruck und wir hörten das Schleifen der Holzbohlen am Anlegeplatz. Allmählich lichtete sich der Pulk vor uns. Wer es sehr eilig hatte und in dem Gedränge eine Lücke vor sich sah, zwängte sich hindurch. Wir bewegten uns sehr langsam vorwärts und sprachen nicht miteinander. Nachdem wir durch die eisernen Tore gegangen waren, schritt ich schnurstracks auf einen Sesamkringelverkäufer zu, den ich in der Nähe ausgemacht hatte.

»Möchtest du einen?«, fragte ich Selma. Sie schüttelte den Kopf.

Ich kaufte einen. Den ganzen Weg bis zur Straße, in der sich die Karamsar-Bar befand, sprach Selma Akar nicht ein einziges Wort. Ich aß in Ruhe meinen Sesamkringel.

Als wir die Schwingtür aufstießen und die Bar betraten, hatte ich meinen Sesamkringel längst gegessen und auch schon eine Zigarette geraucht. Drinnen herrschte im Vergleich zum Vortag mehr Betrieb. Drei der Billardtische waren besetzt, von den Tischen an der Fensterfront lediglich einer. Dort saßen ein Junge und ein Mädchen, die sich wohl verkracht hatten und nun offensichtlich nicht mehr miteinander sprachen. Jeder hatte ein Bier vor sich. Die Blutspuren auf dem Boden waren weggewischt worden.

Als Erstes suchte ich die Bar nach den beiden Jungs ab, mit denen wir gestern diesen Affentanz hatten. Sie waren nicht zu sehen. Aber das Mädchen mit dem schlaftrunkenen Blick und der vorspringenden Nase war da. Wir gingen auf sie zu. Zuerst erkannte sie Selma Akar und lächelte. Mit professioneller Neugier schaute sie dann mich an. Als sie mich schließlich erkannte, riss sie mit amateurhafter Verwunderung die Augen auf.

»Merhaba«, grüßte ich.

»Merhaba.« Mit sorgenvoller Miene ließ sie ihre Blicke durch die Bar schweifen und schaute auch zur Schwingtür, ob uns jemand folgte.

»Wie läufts so?«, fragte ich.

»Alles in Ordnung«, antwortete sie leise.

»Die hübschen Jungs haben sich hier nicht wieder sehen lassen, oder?«

Statt zu antworten, schüttelte sie den Kopf. »Selmas Vorlieben wirst du sicher kennen.« Sie setzte ein gezwungenes Lächeln auf.

»Merhaba«, grüßte Selma.

Das Mädchen mit dem schlaftrunkenen Blick grüßte zurück. Dann besann sie sich auf ihre Aufgaben hinter der Bar. »Möchtet ihr etwas trinken?«, fragte sie, nachdem sie die Theke vor uns abgewischt hatte.

»Wir haben ziemlich gefroren auf dem Schiff«, sagte ich. »Ein Kaffee würde mir guttun.«

Das Mädchen wandte sich zu Selma. »Das Gleiche wie heute Morgen?«, fragte sie.

16

Ein leichtes Lächeln breitete sich auf meinem Gesicht aus. »An wie viele Türen hast du seit heute Morgen geklopft?«, fragte ich Selma.

Das schlaftrunkene Mädchen merkte, dass sie einen Fehler begangen hatte. Ohne Selmas Antwort abzuwarten, ging sie davon, um meinen Kaffee zu machen. »Möchtest du dich hinsetzen?«, fragte ich Selma. Sie nickte. Die Theke war besser als die Tische am Fenster. Hier saß niemand. »Schau, ich hatte doch recht«, sagte ich. »Die Menschen erzählen einem nicht alles.«

Sie gab keinen Kommentar dazu ab.

»Sinan hat dir aufgetragen, hierherzukommen, nicht wahr?«

Sie nickte erneut.

»Damit du etwas abholst, was er hier hinterlassen hat.«

Wieder nickte sie.

»Auf der Damentoilette.«

Nicken.

»Wahrscheinlich hat er dir von dem Ärger erzählt, den er am Hals hat?«

Schließlich entschloss sie sich zu sprechen. »Ja.«

»Auf wessen Seite stehst du?« Sie schaute mich an, als hätte sie nicht verstanden, was ich gesagt hatte. Ich holte meine Zigaretten aus der Manteltasche, zündete mir eine an und legte die Schachtel auf die Theke, damit sie sich bedienen konnte. »Bei jeder Operation, in der jemand mit Scheiße beworfen wird, gibt es drei Parteien«, begann ich und blies dabei den Rauch meines ersten Zugs in Richtung eines großen Flecks auf der Theke aus, den das Mädchen übersehen hatte. »Die Partei, die mit der Scheiße wirft. Diejenige, die mit Scheiße beworfen wird. Und die Scheiße selbst. Zu welcher Partei gehörst du?«

Selma wollte lachen, aber sie beherrschte sich im letzten Augenblick. Es schien ihr eine leichte Frage zu sein. Aber im Grunde genommen war es gar keine leichte Frage. »Ich gehöre zur selben Partei wie Sinan.«

»Gut. Wahrscheinlich war es auch Sinan, der dich heute Morgen zu Hi-Mem geschickt hat, oder?«

»Ja.«

»Also, wenn wir zusammenfassen wollen ...«, begann ich. »Er hat dich beauftragt, den Schlüssel, den er in der Damentoilette der Karamsar-Bar versteckt hatte, an dich zu nehmen und dann zu Hi-Mem zu gehen, stimmt das?«

Selma nickte. »Das Ding steckte unter dem zweiten Waschbecken von links ...«

Das Mädchen, das auch letzte Nacht nicht viel geschlafen hatte, brachte mir den Kaffee. Schwarze Tasse, schwarze Untertasse, schwarzer Kaffee. Sie freute sich, dass Selma und ich uns freundschaftlich unterhielten.

»Für mich auch einen Kaffee«, sagte Selma.

Das Mädchen zog sich sofort zurück.

»Hat er dir auch den Grund genannt?«, fragte ich.

Sie wand sich unruhig auf ihrem Hocker hin und her, wahrscheinlich merkte sie es gar nicht. »Er sagte nur, dass ich ihn Koray Bey übergeben soll.«

»Aber du hattest nicht die Absicht, ihn Koray Bey zu geben. Warum nicht?«

»Weil ich blöd bin.«

»Das heißt?«

»Ich wollte noch ein Pfand in der Hand haben, falls sie mich zu sehr bedrängen«, sagte sie. »Nachdem sie so scharf auf die Aufnahme des Gesprächs waren ...«

»Es ging um das Telefonat mit Kadir Güler ...«

»Ja.«

Das Mädchen brachte Selma den Kaffee. Diesmal hatte sie ihn schneller zubereitet, wahrscheinlich, weil sie heißes Wasser von meinem übrig hatte.

»Guter Kaffee«, sagte ich.

»Der ist hier immer gut«, erklärte Selma Akar. »Die benutzen kein Leitungswasser. Was nun?«

»Wir gehen los und schauen, welches Schloss dieser Schlüssel öffnet.«

»Muss ich mitkommen?«

»Das musst du wissen«, antwortete ich. »Ab und zu kann es sehr amüsant sein, mit mir durch die Gegend zu ziehen.«

Sie gab keine Antwort.

»Es gibt doch sonst nichts mehr auf der Damentoilette, oder? Wir müssen nicht noch einmal nachschauen?«

»Nein.«

»Trink aus, wenn du mitkommen willst.«

»Ich komme mit.«

Ich winkte, um das Mädchen mit dem schlaftrunkenen Blick auf mich aufmerksam zu machen, und gab ihr mit Handzeichen zu verstehen, dass ich zahlen wollte. Als Antwort erhielt ich das Zeichen, dass ich nicht zu zahlen brauchte, also bedankte ich mich, indem ich mich ein wenig nach vorne beugte und sie anlächelte. Ich stieg vom Hocker.

Als wir nach draußen traten, schlug uns die Kälte entgegen. Wir knöpften unsere Mäntel zu. Angeblich sollte doch diese Ecke Istanbuls wärmer sein als die andere Seite des Bosporus. Wir kannten beide den Weg und gingen mit schnellen Schritten zu den Geschäftsräumen von SinanComp.

Es war viel los auf der Straße.

Vielleicht steckte die viel gepriesene Wärme ja in den Menschen, die hier in Kadiköy lebten, denn es herrschte weitaus mehr Trubel, als man es an einem herkömmlichen Werktag bei so einem Wetter erwarten würde. Inmitten all dieser Geschäfte war anscheinend nur SinanComp geschlossen. Aber auch da gab es ein Lebenszeichen. Ağababa saß auf einem kleinen Hocker und hatte die gleichen Kleider an wie am Tag zuvor. Schon von Weitem sah er uns kommen. Dann stand er auf. Als er mich anschaute, lag ein seltsamer Ausdruck auf seinem Gesicht. So als wüsste er nicht, ob er lächeln oder ernst sein sollte. Dann entschloss er sich. Wahrscheinlich wollte er die Gegenleistung für das von mir erhaltene Geld erbringen. Er lächelte.

Mit ernstem Gesichtsausdruck trat ich zu ihm. »Hast du immer noch den Schlüssel?«, fragte ich.

»Ich trage ihn bei mir, mein Herr«, antwortete Ağababa.

Gleichgültig, so als ob ich mich nicht im Geringsten dafür interessieren würde, ob er uns folgte oder nicht, ging ich in das Gebäude. Selma Akar befand sich hinter mir. An dem Geklapper seiner Hausschuhe hörte ich, dass Ağababa uns folgte. An der großen Metalltür trat ich zur Seite und ließ ihm den Vortritt, damit er aufschloss. Vor dieser Tür hatte sich nichts geändert und auch nicht zwischen ihr und der Eingangstür dahinter.

Schweigend schloss Ağababa beide Türen auf. Dann trat er zur Seite. Vielleicht sollte ich ihm die Gelegenheit geben, Dampf abzulassen. »Haben sie dich sehr in die Mangel genommen?«, fragte ich.

Sein Gesichtsausdruck hellte sich auf, als er merkte, dass ich ihn nicht verantwortlich machte für das, was geschehen war.

»Frag nicht, mein Herr, frag bloß nicht«, begann er zu klagen. »So wie der Kerl mir in die Seite getreten hat …«

Selma schaute mich fragend an. Ich gab ihr ein Zeichen, das Ganze nicht ernst zu nehmen, und ging hinein. »Waren sonst noch Leute da?«

»Nein, niemand, mein Herr.«

Auch in den Geschäftsräumen von SinanComp hatte sich seit gestern nichts verändert. Sogar unsere halb vollen Teegläser standen noch auf dem Tisch. Ich ging geradewegs zum Fenster und öffnete einen der Flügel. Frische, kalte Luft strömte herein.

»Soll ich Tee bestellen?«, fragte Ağababa.

»Nicht nötig«, antwortete ich. »Wir haben gerade Kaffee getrunken.«

»Ich freue mich, mein Herr, dass du unsere liebe Selma gefunden hast«, sagte er. »Sie kennt sich hier im Laden am besten aus.«

Sie schaute mich wieder mit fragendem Blick an und gab mir zu verstehen, dass sie wissen wollte, wovon der Alte sprach. Ich kümmerte mich nicht um sie.

»Ich habe bei Emre Bey bei passender Gelegenheit angetönt, dass du …«, fuhr Ağababa fort. »Wir reden darüber, hat er gesagt.«

Anstatt auf seine Worte zu reagieren, zog ich meine Zigaretten aus der Manteltasche und zündete mir eine an. Ich steckte die Schachtel wieder ein. Ağababa erzählte voller Begeisterung weiter. »Es hat mir sowieso das Herz gebrochen, dass ich seit gestern allen erzählen musste, dass der Laden geschlossen ist. Ein Laden, der so gut lief …«

Selma hielt es nicht mehr aus. »Was erzählt der Typ?«, fragte sie mich.

»Er glaubt, dass ich SinanComp übernehmen werde«, klärte ich sie auf.

»Wirst du das denn nicht tun, mein Herr?«, fragte Ağababa überrascht. »Sinan hatte mir gesagt, dass …«

»Der Typ, den sich Sinan ausgeguckt hatte, ist wohl abgesprungen, nehme ich an. Nachdem er nicht mehr aufgetaucht ist …«

Ağababa schaute mich an. Die Verwunderung stand ihm ins Gesicht geschrieben. »Du bist … mein Herr?«

Ich ließ bei meinem Beruf ein Wort aus. »Ich bin Detektiv.«

Als hätte ich ihn zu einer lebenslangen Haftstrafe verurteilt, breitete sich eine Farbe irgendwo zwischen Gelb und Violett auf dem Gesicht von Ağababa aus. »Oh, mein Gott … was nun …«, sagte er mit zitternden Lippen.

»Du brauchst keine Angst zu haben, mein Lieber«, beruhigte ich ihn. »Ich bin nicht vom Zoll.«

Ağababa warf einen unkontrollierten Blick in Richtung Tür. Aber er wusste, dass es keinen Sinn hatte, die Flucht zu ergreifen.

Ich legte meine Zigarette in den Aschenbecher neben dem Computer, an dem die Kunden die Videospiele ausprobieren konnten. Die Kippen von gestern lagen immer noch drin.

Ich setzte mich auf den Drehstuhl und wandte mich zu Selma Akar. »Nimm es ihm nicht übel«, sagte ich. »Was kann man schon mit einem Job zwischen Hauswart und Laufbursche verdienen? Ist es nicht so?«

Ağababa hatte nicht den Mut, ein Wort zu sagen. Ich schob das Lenkrad vor dem Computer etwas beiseite und schaltete den Rechner ein. »Bevor sie zu Hause herumliegen, kann man sie auch hier aufbewahren. Was ist schon dabei?«, sagte ich, nachdem Ağababa immer noch schwieg.

»Ich schwöre, sie gehören nicht mir … Ich schwöre bei Gott …«, sagte Ağababa mit einer Stimme, die nicht mal in seinen Ohren überzeugend klang.

»Ja, ja«, brummte ich. Auf dem Bildschirm erschien die Startseite von Windows XP in voller Pracht und begrüßte mich mit einem »Welcome«.

Das Eisen muss geschmiedet werden, solange es noch heiß ist, dachte ich mir. »Erinnerst du dich an meine Worte?«, fragte ich Selma. »Bei jeder Operation, in der jemand mit Scheiße beworfen wird, gibt es drei Parteien …«

Sie nickte.

»Manchmal gibt es auch eine vierte Partei«, sagte ich, während ich auf die unzähligen Icons auf dem Bildschirm schaute.

Sie lächelte.

»Manchmal gibt es auch noch diejenigen, die die Flasche mit dem Kölnischwasser halten«, sagte ich, als ich die Maus in die Hand nahm. Verdammt, was für eine Metapher, sagte ich mir. Ich ließ den Cursor auf dem Bildschirm umherwandern, auf der Suche nach einem Icon, das ich kannte. Und ich fand es. »Jetzt ratet mal, wer in unserem Fall die Flasche mit dem Kölnischwasser hält«, sagte ich, während ich mich umdrehte und Ağababa anschaute.

Es war mehr als offensichtlich, dass Ağababa nichts kapierte. Aber wahrscheinlich spürte er, dass wir uns nach und nach von dem Zigarettenschmuggelthema entfernt hatten. Ich entschied mich, ihm keine allzu große Freude zu machen. »Die Scheiße befand sich in Sinan Bozacioğlus Händen«, fuhr ich fort. »Der Geruch reichte ja bis zu euch, als ihr darüber Witze gerissen habt, was man damit wohl alles anfangen könnte.«

Ich nahm einen Zug von meiner Zigarette. Selma und Ağababa hörten mir gespannt zu. An dem Tonfall meiner Stimme merkten sie, dass ich eine Bombe platzen lassen würde. Ich aber war hin und her gerissen, ob ich die neue Version meines alten Freundes kennenlernen wollte oder nicht. »Ich weiß nicht, ob es richtig ist«, sagte ich, nachdem ich auf das Icon der neuesten Version meines Flugsimulators geklickt hatte. »Aber als Kadir Güler Sinan am Telefon einschüchtern wollte, erzählte er ihm, dass er bereits jemanden getötet hätte. Nebenbei bemerkt, dieses Telefonat wurde von Selma digital aufgezeichnet und befindet sich inzwischen auf einem kleinen USB-Stick.«

Ağababa druckste ein wenig herum. Selma zuckte nicht einmal mit der Wimper, soweit ich es beurteilen konnte. »Diese Scheiße war Gold wert«, sagte ich, ohne meine Augen von dem Bildschirm zu nehmen. »Wenn man sie an die richtige Wand streichen konnte«, fuhr ich fort, während ich eine Cessna Skylane RG aussuchte und versuchte, sie an den Anfang der nach Norden weisenden Startbahn des kleinen Flughafens zu platzieren, der auf der Halbinsel Meigs vor Chicago lag. Diese Metapher war vielleicht etwas abwegig, aber ich kümmerte mich nicht darum. »Einer von euch kannte jemanden, der sich für diese Informationen interessieren würde.«

Hinter mir atmete jemand mehrmals tief ein und aus. Ich drehte mich nicht um. »Ich glaube nicht, dass du direkten Kontakt zu jemanden in der Partei oder in der Bezirksorganisation hattest, der für diese Informationen in Frage kommt«, sagte ich zu Ağababa. »Aber an einem der Tage, an denen du zu Emre Bey gegangen bist … Ein Bekannter von einem Bekannten von ihm …«

»Gott bewahre … Gott bewahre …«, schrie Ağababa plötzlich auf. »Ich habe doch nur Spaß gemacht, das war doch alles nur Spaß! Ich schwöre bei Gott. Wenn ich jemandem irgendetwas erzählt habe, will ich tot umfallen. Wir haben doch nur unter uns Spaß gemacht.« Er schlug sich mit der Hand auf das Knie.

Ich löste die Bremsen der Cessna. »Aber irgendjemand hat sich an die Fersen von Sinan geheftet, um diese Scheiße zu kaufen.«

»Ich schwöre, ich habe Emre Bey nichts von all dem erzählt. Ihm nicht und sonst auch niemandem«, beteuerte Ağababa hinter mir. »Niemandem …«

»Ich glaube auch nicht, dass du so viel Mut aufbringst«, entgegnete ich. »Das Ganze wäre eine Nummer zu groß für dich.«

Ich drückte auf die Taste »9« im Zahlenfeld rechts auf der Tastatur. Aus den Augenwinkeln beobachtete ich den Drehzahlmesser des Flugzeugmotors. Mein Flugzeug begann sich langsam vorwärtszubewegen.

»Ich schwöre bei Gott, ich habe niemandem etwas über Kadir Bey erzählt«, hörte ich Ağababa hinter mir sagen.

Bis die nötige Umdrehungszahl erreicht war, würde es noch eine Weile dauern. Ich nahm die Hände von der Tastatur und wartete. Die Cessna beschleunigte von selbst.

»Aber du hättest es Kadir Bey erzählen können«, sagte ich zu Ağababa. »Dafür, dass du ihn vor einem Fiasko bewahrst, hätte er bestimmt etwas springen lassen. Was sagst du dazu, Selma?«

»Ist das die Kategorie derjenigen, die das Kölnischwasser halten?«, fragte sie. »Habe ich das richtig verstanden?«

»Ja«, entgegnete ich. »Oder warum sollte Kadir Güler sogar mich einschalten, um Sinan zu finden? Wenn er so viele andere Sorgen hat? Auch wenn man einen guten Draht zur Polizei hat, Mord ist Mord.«

Als das Flugzeug fünfzig Knoten erreichte, hob sich die Nase leicht. Unter diesen Bedingungen war auf die Cessna Verlass: kein starker Seitenwind, kein Übergewicht, keine Veränderung im Luftdruck, fünfzig Knoten, und man hebt ab. Ich hob ab. Meine Hände wurden feucht.

»Haben Sie Sinan denn nicht wegen der Schulden gesucht?«, fragte Selma. »Ich bin jetzt ziemlich durcheinander.«

»Zuerst dachte ich auch, es sei wegen der Schulden. Aber es ging nur am Anfang um Schulden«, antwortete ich. Zu meiner Linken lag Chicago, zu meiner Rechten der Michigan-See. Ich ließ die Wolkenkratzer schnell hinter mir zurück.

»Und dann?« Natürlich war es Selma, die fragte.

Langsam und stetig gewann die Cessna an Höhe. Ich drückte immer noch keine Taste.

»Nachdem seine Frau tot war, engagierte mich Kadir Güler«, entgegnete ich. »Damit ich Sinan finde. Damit ich diese Scheiße finde und sie das Klo runterspüle.«

»Ich schwöre bei Gott … Ich habe Kadir Bey nur gesagt …«, wollte Ağababa zu einer Erklärung ansetzen.

Ich drückte ganz leicht auf die Taste »G«, um das Fahrwerk einzufahren. Weil die Lautsprecher des Computers ausgeschaltet waren, konnten wir die Geräusche nicht hören. Aber ich konnte auf dem Armaturenbrett im Cockpit erkennen, dass das Fahrwerk eingezogen wurde. Jetzt war ich beruhigt. »Vergiss es …«, sagte ich. »Du kannst dich bei Sinan entschuldigen, wenn du ihn siehst.«

Ağababa freute sich offensichtlich über die Möglichkeit, nur mit einem Tadel aus dieser Sache herauszukommen. »Lang sollst du leben, mein Herr …«, sagte er. »Lang sollst du leben. Dann will ich nach unten gehen und dort nach dem Rechten sehen, wer alles im Gebäude ein und ausgeht.« Er bewegte sich schon auf die Tür zu.

Ich rief hinter ihm her: »Warte mal.«

Er machte auf dem Absatz eine halbe Drehung. »Bitte, mein Herr?«

Ich drückte auf die Taste »3« und nahm ein wenig Gas weg. Von nun an brauchte ich keine andere Taste mehr zu drücken. Mein kleines Flugzeug würde einen kleinen Ruck nach oben machen, dann das Gleichgewicht wiederfinden und auf gleicher Höhe stetig weiterfliegen, so weit es kam. Bis der Strom ausfiel. Oder bis das Kerosin verbraucht war. »Die Schlüssel …«, sagte ich.

»Ha …« Als ob er nicht verstanden hätte, was ich meinte.

»Gib mir die Schlüssel«, forderte ich und streckte ihm die offene Hand entgegen.

»Aber, mein Herr, das kannst du doch nicht …«, protestierte er. Aus den Augenwinkeln blickte er nach hinten zum Lagerraum. »Ich dachte, falls jemand kommt und sich interessiert und fragt …«

»Falls jemand fragt, kannst du ihm meine Telefonnummer geben«, sagte ich. »Das kannst du doch sowieso ganz gut.«

»Gott bewahre, mein Herr«, klagte er. »Habe ich denn den Männern deine Nummer freiwillig gegeben? Einer von denen war ein furchtbarer Hüne. Mit einem Schlag auf meine Seite hatte er …«

»Die Schlüssel!«, wiederholte ich etwas lauter.

Offensichtlich war Selma mittlerweile auch wütend. »Nun gib ihm schon die Schlüssel, Ağababa. Du kannst ja anrufen, falls was ist.«

Ağababa nahm seinen ganzen Mut zusammen. »Und was soll mit den Sachen hier drin passieren?«

Ich überlegte einen Augenblick und rief mir in Erinnerung, dass ich weder Kläger noch Richter war. Lass ihn gehen, so weit er kommt, sagte ich mir. Bis er gegen eine andere Wand läuft … »Hol das Zeug da raus.«

Ağababa blickte an die Decke und wog die Möglichkeiten schnell ab. Dann griff er in die Tasche. Er holte den Schlüsselbund mit dem Emblem des Fußballklubs von Fenerbahçe hervor und legte ihn in meine Hand, die ich immer noch ausgestreckt hielt.

»Hau ab.« Ich steckte den Schlüsselbund in meine Tasche.

»Gott soll dir ein langes Leben bescheren, mein Herr«, sagte er und war sofort eilig auf dem Weg nach hinten.

Selma lachte hinter ihm her. »Der ist gerissen«, sagte sie. »Das war er schon immer.«

»So sehr auch wieder nicht«, entgegnete ich. »Als er mich das erste Mal sah, hielt er mich für einen Mann der *Business Software Alliance* und hat euch denunziert. Der ist daran gewöhnt, über andere herzuziehen.« Ich schaute zum letzten Mal auf die Armaturen meines Flugzeugs. Ja, der neue Flugsimulator hatte eine viel bessere Auflösung als die alte Version. Die Wolkenkratzer waren scharf. Auf dem See waren kleine Segelboote zu erkennen. Alles wirkte sehr realistisch. Es war gut. Aber je mehr sich Bilder auf dem Bildschirm der Realität näherten, desto schwieriger wurde meine Arbeit. Mal schauen, wie nahe sie der Realität kamen. Mal schauen, wie nahe ich der Wahrheit kam.

In jeder Hand zwei Taschen, kam Ağababa aus dem ehemaligen Schlafzimmer, das zu einem Lagerraum umfunktioniert worden war. Ohne ein Wort zu sagen, schauten wir ihm zu, wie er auf dem kürzesten Weg mit gesenktem Blick zur Tür ging, sie öffnete und verschwand.

»Sinan hatte schon gesagt, dass Sie ein seltsamer Mann sind«, sagte Selma.

Ich drückte auf die Escape-Taste links oben auf der Tastatur. Die Cessna Skylane RG verschwand. Chicago verschwand. Der Michigan-See verschwand. »Das war noch gar nichts«, entgegnete ich, während der Computer mich fragte, ob ich das Programm wirklich verlassen wolle, und ich auf »Yes« klickte. »Es ist auch schon vorgekommen, dass ich Leute laufen ließ, von denen ich sicher wusste, dass sie jemanden vorsätzlich getötet hatten.«

»Werden Sie auch mich laufen lassen?«, fragte sie mit einem Zittern in der Stimme.

»Ja.«

17

»Aber ich habe niemanden getötet«, sagte Selma. »Das wissen Sie doch, oder?«

»Das weiß ich«, entgegnete ich. Wusste ich das? Wahrscheinlich wusste ich es. Aber ich wusste auch noch einiges anderes. Ich erhob mich von dem Stuhl vor dem Computer, ging zwischen zwei Tischen hin und her, auf denen Joysticks, Bildschirmkarten, Motherboards, Disketten, externe Festplatten, Kopfhörer, Lautsprecher und jede Menge anderer Dinge herumlagen, wie ein Kunde, der zu entscheiden versuchte, welches Zubehör und welche Teile er für seinen Computer kaufen wollte.

Zwei der Regale an der Wand waren voll mit verschiedenen Maus-Typen, billige Mäuse, teurere Mäuse, Mäuse mit zwei Knöpfen, solche mit dreien, Mäuse mit Scroll-Funktion ... Die kabellosen Mäuse lagen gesondert in einem anderen Regal, einzeln verpackt in Kartons. Ich nahm eine in die Hand und schaute sie mir näher an.

»Nehmen Sie sie mit, wenn Sie wollen«, sagte Selma.

»Eine so teure Maus nützt mir nichts«, antwortete ich. »Ich werde eine billige aussuchen.« Ich nahm eine billige Maus aus dem ersten Regal und betrachtete sie. Es war so eine Maus, wie sie sich in den Kartons befanden, die ich im Flur von Hi-Mem umgekippt hatte.

»Was passiert jetzt?«, fragte Selma.

Inzwischen war genug frische Luft im Raum. Ich ging langsam zum Fenster, warf einen Blick nach unten auf die Straße und schloss es, ging wieder zurück und lehnte mich mit dem Rücken an die Wand. Selma hatte ihren Mantel nicht ausgezogen und machte nicht den Eindruck, dass sie schon lange in diesem Geschäft arbeitete. Sie wirkte eher wie jemand, der nur mal vorbeigekommen war.

»Das hängt von dir ab.«

»Von mir?«

»Wenn du willst, kannst du gehen, so wie der Schlaumeier vorhin auch«, schlug ich ihr vor. »Aber es könnte sein, dass du mir einiges erzählen möchtest.«

Sie atmete tief aus. »Das haben Sie verstanden, nicht wahr?«

»Was habe ich verstanden?«

»Dass ich diesen Mist gebaut habe, haben Sie doch verstanden, oder?«

»Ich habe es verstanden«, sagte ich. Mal schauen, was ich da verstanden hatte.

»Wenn man von drei zwei abzieht, bleibt eins übrig«, sagte sie. »So viel Mathematik müssten Sie eigentlich beherrschen. Da bin ich mir sicher.«

»Erzähl ruhig weiter. Das tut dir gut.«

»Ich habe das getan, was Sinan nicht tun wollte.«

»Ich stimme mit dir darin überein, dass ich genug Mathematik beherrsche, um mir ausrechnen zu können, dass du diejenige warst, die aus Kadir Gülers Geschwätzigkeit Profit schlagen wollte«, sagte ich in einem Atemzug. »Aber was ich nicht verstehen kann, ist, warum du den, der wahrscheinlich dein Geliebter ist, in so eine schlimme Lage gebracht hast.«

»Der Mut des Trottels.«

»Von dem haben wir alle etwas.«

»Wenn man herumalbert und sich über eine Sache lustig macht, erkennt man den Ernst der Lage nicht«, sagte Selma. »Dann gab es plötzlich diese Möglichkeit ... als würde Geld vom Himmel fallen ...«

»Es fällt nie Geld vom Himmel«, warf ich ein.

»Das glaube ich mittlerweile auch«, sagte sie. »Ich dachte, es würde eine wunderbare Überraschung werden. Wir würden in Urlaub fahren, Reisen machen, wir würden viel Geld ausgeben und so ... Ich habe nie daran gedacht, dass die Sache dermaßen eskalieren könnte ...«

»Woher kanntest du den Mann?«

»Sie haben das vorhin doch schon gesagt.«

»Erzähl noch einmal.«

»Als wir an jenem Abend herumgealbert haben, erzählte uns Ağababa, wer sich für diese Information interessieren könnte. Als Sinan merkte, dass die Sache einen ernsten Anstrich bekam, brach er das Thema sofort ab. Ich dachte mir, dass ich mit etwas Mut den Rest erledigen könnte.«

»Und dann?«

»Nach ein, zwei Telefonaten hatte ich den richtigen Mann gefunden«, sagte sie und schwieg einen Augenblick. Als schien sie im Geiste die Telefongespräche durchzugehen.

»Aber du hast dich nicht unter deinem Namen gemeldet, oder?«

»Nein.«

»Dann hättest du dir ausrechnen müssen, dass die ganze Sache an Sinan hängen bleibt.«

Sie bewegte die Hände in den Manteltaschen. Sie glich einem hellblauen Pinguin, der mit seinen Flügeln schlug. »Wahrscheinlich habe ich gedacht, dass ich ihm das irgendwie erzählen würde«, sagte sie. »Ich habe es ja gesagt: der Mut des Trottels.«

»Okay.«

Sie zog die Hände aus den Manteltaschen, atmete wieder tief aus und wirkte etwas erleichtert. »Könnten Sie mir bitte eine Zigarette geben?«

»Natürlich.«

Mit der Zigarette zwischen den Lippen sprach sie weiter. »Und? Was soll jetzt passieren? Werden Sie mich gehen lassen?«

»Falls Sinan auf eine Nachricht wartet, ruf ihn an«, schlug ich vor.

»Er soll warten«, antwortete sie. »Ich habe jetzt keine Lust, mit ihm zu reden.« Sie zündete sich die Zigarette an.

»Wenn du gehen möchtest, dann geh«, sagte ich.

»Ein Kaffee wär jetzt gut. Wenn Sie wollen, mache ich einen«, schlug sie vor. »Hier müsste irgendwo löslicher Kaffee sein. Wenn ihn unser Schlaumeier nicht hat mitgehen lassen ...«

»Lass nur«, sagte ich. »Eigentlich wäre es besser, wenn ich mich auf den Weg mache.«

»Wollen Sie sich das Telefongespräch denn gar nicht anhören?«

»Ich habe mir die Prahlereien von Kadir Güler schon zur Genüge angehört«, antwortete ich. »Und falls nötig, kann ich das zu Hause nachholen. Ich habe einen USB-Port an meinem Computer.«

»Das heißt, Sie werden mir den Schlüssel nicht geben?«

Ich überlegte einen Augenblick. »Hier, nimm!«, sagte ich und griff in meine Manteltasche. Ich holte den Schlüsselbund mit dem Fenerbahçe-Emblem hervor und warf ihn ihr vorsichtig zu. Sie fing ihn in der Luft.

»Ich habe nicht diesen gemeint«, sagte sie.

»Den anderen kann ich dir nicht geben.«

»Warum nicht?«

Ich gab mir bei der Antwort die größte Mühe, damit sie merkte, dass es mir sehr ernst war. »Ich weiß zwar nicht genau wie, aber ich denke, dass ich die Zündschnur für diese Dynamitstange löschen kann«, erklärte ich ihr. »Deswegen kann ich den Schlüssel nicht weggeben.« Ich schlug zweimal mit der Hand gegen meine Manteltasche.

Selma kam wieder auf mich zu. Dann kam der letzte Angriff. Sie gab mir einen Kuss auf die Wange. Mein Gott, dachte ich.

»Ich danke Ihnen«, sagte sie. »Und ich verspreche Ihnen, dass Sie von nun an weder von Sinan noch von mir etwas sehen oder hören werden.«

»Nun, so schlimm ist es auch nicht«, entgegnete ich. Ich wischte mir die Wange nicht ab. Wenn die Träne einer jungen Frau einem die Wange benetzt, dann wischt man sie nicht ab, das verbietet allein schon der Brauch. Man wartet ab, bis die Träne trocknet.

»Sie wollten mich doch gehen lassen?«

»Ich habe mir das bisher nicht anders überlegt«, sagte ich.

Sie schaute mich an, als hätte sie mich nicht verstanden.

»Richte Sinan aus, dass er sein Handy eingeschaltet lassen soll«, sagte ich. »Es kann sein, dass ich euch anrufe und bitte, an einen bestimmten Ort zu kommen. Euch beide.«

»Wohin?«

»Zu mir nach Hause«, antwortete ich. »In meiner Wohnung herrscht ein überaus soziales Leben in letzter Zeit. Bei der Gelegenheit könnt ihr den BMW mitnehmen.«

Auf der Rückfahrt saß ich im geschlossenen Deck des Schiffes. Während der gesamten Fahrt las ich in einer Zeitschrift, die ich an einem Kiosk in der Nähe der Anlegestelle gekauft hatte. Ich schaute mich kein einziges Mal um. Und ich rauchte keine einzige Zigarette. Ich hatte meine Schachtel bei SinanComp vergessen. Das war gut so. Sobald ich

Lust auf eine Zigarette bekam, atmete ich mehrmals tief ein und aus. Ab und an tastete ich nach dem USB-Stick in meiner Tasche. Ich fragte mich kurz, zu welchem Schloss wohl der am Stick hängende Schlüssel passte. Dann schweiften meine Gedanken weiter. Eine Weile dachte ich an Yildiz Turanli. Sie hatte einen Freund gehabt. Einen sehr guten Freund. Man hatte ihn ermordet. Sie hatte nicht lange um ihn geweint. Oder ich hatte nicht gesehen, wie sie geweint hat. Sie hatte es niemanden sehen lassen. Sie musste allein geweint haben.

Um sich vorzustellen, dass Nimet Çankaya weinte, die Mörderin von Yildiz Turanlis Freund, musste man schon ein Drehbuchschreiber für eine Fernsehserie sein. Sie war eine gierige Frau, die an keinem Sack voll Geld vorbeigehen konnte. Wenn sich in ihren Augen ein paar Tränen zeigten, dann nur wegen der Schläge, die sie einstecken musste. Mittlerweile sollte sie auf Bewährung aus dem Gefängnis entlassen sein.

Dilek Aytar war die schönste Frau der Stadtteile Ortadoğu und Balkanlar gewesen. Sie hatte in einer Branche gearbeitet, die sich darum bemühte, auch andere Frauen zu den Bestgekleideten in Ortadoğu und Balkanlar zu machen. Ich glaubte nicht, dass der Linksaußen, der »Sohn des Windes«, der an diesem Mord beteiligt gewesen war, um sie geweint hatte. Wenn überhaupt, hatte er ein paar Tränen vergossen, weil er sich darüber geärgert hatte, wie er sich auf der Flucht von der provisorischen Ehrentribüne, von der aus wir das Fußballspiel verfolgten, hatte erwischen lassen. Mittlerweile müsste er auf Bewährung aus dem Gefängnis entlassen worden sein.

Und dann war da noch das Model Zuhal. Als sie den Mann tötete, der ihr das Leben zur Hölle gemacht hatte, schoss sie auf einen Teil seines Körpers, den keine Kamera in diesem Land bei der Berichterstattung zeigen würde. Anstatt zu weinen, hatte sie sich mitten auf dem Tisch übergeben, an dem nach europäischer Art mit Wein gespeist wurde. Mittlerweile müsste auch sie auf Bewährung aus dem Gefängnis entlassen worden sein.

Riza Sofuoğlu hatte mit Sicherheit geweint. Einmal hatte ich es sogar gesehen. Ich hatte gedacht, dass er wegen seiner vergangenen Jugend geweint hatte; stattdessen hatte sein Gewissen die Tränen vergossen. Nachdem er die Bar verlassen hatte, in der die seltsame Geburtstagsfeier stattfand und bei der alle Einzelheiten ans Tageslicht kamen, fing er keine zehn Meter weiter an zu weinen. Da bin ich mir sicher. Wenn er drinnen nicht gestorben ist, müsste auch er mittlerweile auf Bewährung aus dem Gefängnis entlassen worden sein.

Hatte Kadir Güler still und heimlich um seine ermordete Frau geweint?

Hatice Abla hatte bestimmt geweint, da war ich mir hundertprozentig sicher. Hatte Cenk Bozer geweint? Wahrscheinlich hatte er einige Tränen vergossen. Hatte Sinan Bozacioğlu geweint? Hatte Selma Akar geweint? Hatte Kudret, der voll bekleidet neben dem Schwimmbecken im Dedeman-Hotel saß, geweint? Hatte dessen Bruder geweint? Hatten der Junge mit der Pilotenjacke und der Junge mit dem Pferdeschwanz in der Bar Karamsar geweint? Hatte der Idiot, der mich nicht durch die Tür lassen wollte, geweint? Hatte Hüseyin geweint? Hatte Ağababa geweint? Hatte Emre Bey geweint? Hatte die Schlange geweint? Hatte Mr. T. geweint? Hatte der Mann mit dem dunkelblauen Zweireiher geweint? Hatte das Mädchen mit dem schlaftrunkenen Blick geweint? Hatten irgendwelche Leute in Tekirdağ geweint?

Als das Schiff in Beşiktaş ankam, ließ ich die Zeitschrift auf der Bank liegen. Vielleicht würde der Teeverkäufer, von dem ich keinen Tee gekauft hatte, die Zeitschrift lesen, während er auf die Abfahrt des Schiffes wartete.

Am Anleger herrschte viel Betrieb. Es dämmerte schon. Ich knöpfte meinen Wintermantel zu und ging schnell durch die Unterführung. Als ich bei Rot an der Fußgängerampel stand, führte ich einige *makaho* aus. Ein kleines Mädchen neben mir schaute mir zu und dachte wohl, was dieser Mann denn da bloß machte. Ich lächelte es an.

Ich setzte meinen Weg in Richtung Markt fort, ging an Uhren, Kleidern, Fischen, Töpfen, Pfannen, Waschmaschinen und Kühlschränken vorbei. Bei den Bauarbeiten an den Gehsteigen schwang ich mich wie Tarzan über die Absperrungen. Dann ging ich an der Adler-Statue vorbei. Dort stand der Kastanienverkäufer, den ich nach der Parteizentrale gefragt hatte. Ich mied ihn.

Ohne dass ich jemanden anstieß oder dass jemand mich anrempelte, erreichte ich mein Ziel. Vor der Bezirksorganisation der Partei, die sich über zwei Stockwerke erstreckte, blieb ich stehen und schaute mich um. In beiden Stockwerken brannte Licht, und in beiden Fahrtrichtungen der Straße parkten Autos, soweit das Auge reichte. Ein bekanntes Gesicht kam aus der Drehtür, bog nach rechts ab und ging schnell davon.

Ich blickte dem Mann hinterher. Ich schlängelte mich zwischen den Autos, die von links kamen, hindurch und ging auf die andere Straßenseite. Dann ging ich durch die Drehtür. Mir gegenüber befand sich ein tresenähnlicher Tisch wie in der Rezeption in einem Dreisternehotel in Bodrum. Dahinter saß ein Mann, der seinen Vollbart einem sehr schlechten Friseur anvertraut hatte. Eine ziemlich breite Treppe führte nach oben. Hinter dem tresenähnlichen Tisch befand sich eine Tür. Der Mann schaute auf einen Fernseher, der sich auf einem an der Wand montierten Bord befand. Ich ging auf ihn zu. Es fiel ihm schwer, den Blick vom Bildschirm abzuwenden. Der Ton war fast ausgeschaltet, man konnte eine Sängerin sehen, die im Studio auf und ab tanzte. Würde sie mit dieser Kleidung auf die Straße gehen, würde sie sich erkälten. »Ich möchte mit Kadir Güler sprechen«, sagte ich.

»Er ist noch nicht da«, antwortete der Vollbart.

»Sein Wagen steht draußen.«

»Ich weiß, wovon ich spreche«, sagte er. »Er ist noch nicht da.«

»Vielleicht ist er gekommen, während du dir die Show im Fernsehen angeschaut hast. Vielleicht hast du ihn gar nicht kommen sehen.«

Mit einem Jetzt-haben-wir-den-Ärger-Blick drehte er sich zu mir um. »Suchen Sie Streit, mein Herr?«, fragte er mit dem bedrohlichsten Ausdruck, den er zustande bringen konnte.

»Ich weiß nicht«, entgegnete ich.

»Machen Sie, dass Sie wegkommen, bevor ich mich noch ärgere.«

»Okay.« Ich ging langsam auf die Treppe zu. Der Mann mit dem Vollbart begriff erst sechs Sekunden später, als ich am Fuß der Treppe stand, was ich vorhatte.

»Sacit!«, schrie er, bevor er aufsprang. Ich drehte mich um. Ich befand mich schon auf der zweiten Treppenstufe. Die Tür hinter dem tresenähnlichen Tisch wurde aufgerissen. Der Bruder von Kudret, Kadir Gülers Leibwächter, dem ich im Schwimmbad des Dedeman-Hotels die brennende Zigarre in die Hand gedrückt hatte, kam heraus. Als er mich sah, fiel ihm die Kinnlade herunter.

»Merhaba Sacit«, grüßte ich. »Wohin ist dein Kudret Abi gegangen? Ich habe vorhin gesehen, wie er rausgelaufen ist.«

Der Mann mit dem Vollbart schaute erst mich, dann Sacit an. Sacit wusste zunächst nicht, was er sagen sollte. »Kennst du ihn … den Herrn?«, fragte der Vollbart. Sacit sagte nichts. Vielleicht konnte er auch nichts sagen.

»Mit den beiden hatten wir im Schwimmbad sehr viel Spaß«, sagte ich zu dem Vollbart.

»Er hat nach Kadir Bey gefragt. Ich hab ihm gesagt, dass er noch nicht da ist«, klärte er Sacit auf.

Es schien, als müsste Sacit auf seinen Bruder warten, bevor er eine Entscheidung treffen konnte. Ich sollte ihm helfen, sagte ich mir. »Nun führ mich doch zu ihm, Sacit«, forderte ich ihn auf.

Schließlich überwand Sacit seine Unentschlossenheit. Er gab dem Vollbart ein Zeichen, sich ruhig zu verhalten, dann ging er zur Treppe. Der Vollbart griff zum Telefon. Ich ging hinter Sacit die Treppe hinauf. Wir gelangten in einen Korridor mit Türen zu beiden Seiten. Sacit wandte sich nach links, ich folgte. Die Türen waren alle geschlossen. An der Wand hingen einige Wahlplakate der Partei. In der Türkei, die auf diesen Postern vorgestellt wurde, herrschten paradiesische Zustände. Plötzlich wurde eine Tür geöffnet und Kadir Güler kam heraus.

Der Anzug, den er heute trug, kaschierte erfolgreich seinen Bauch. Man sah ihm an, dass er sich am Morgen sehr gewissenhaft rasiert hatte. Als er mich erkannte, breitete sich ein Lächeln auf seinem Gesicht aus. Mit dem Kopf gab er Sacit ein Okay-Zeichen.

»Was für eine Überraschung! Remzi Ünal!«, rief Kadir Güler und streckte mir die Hand entgegen.

»Merhaba«, grüßte ich ihn. »Wie geht es Ihnen?«

»Mein Gott, was ist das bloß mit dir«, sagte er. »Du gehst mit Getöse und kommst mit Getöse.« Ich gab keine Antwort. Er hielt mir die Tür auf und ich ging hinein.

Das Zimmer, in das ich trat, war genau richtig für Kadir Güler. Es wirkte gediegen, war jedoch nicht übermäßig groß und auch nicht üppig ausgestattet. Die Möbel konnte man zu einem durchschnittlichen Preis kaufen und ließen keinen Raum für Gerüchte, dass ein kleiner Politiker die Parteikasse zu sehr strapazierte. Vor einem Bürostuhl mit hoher Rückenlehne befand sich ein großer Schreibtisch. Für Gäste standen zwei Sessel zur Verfügung, dazwischen ein niedriger Beistelltisch. In einer Ecke des Raumes stand ein Konferenztisch für gut und gerne acht Personen. Passend zu den anderen Möbelstücken war noch ein Bücherregal vorhanden, und der ganze Raum war mit hellgrünem Teppichboden ausgelegt. An der Decke hing ein Leuchter mit drei Armen, der nicht so recht zu der übrigen Einrichtung passte. Die beiden Fenster wurden von Kunststoffjalousien verdeckt.

Der eigentliche Prunk bestand aus Fotos. Jeder Quadratzentimeter der Zimmerwände war mit eingerahmten großen und kleinen Fotos ausgefüllt. Der Parteivorsitzende mit Kadir Güler. Die stellvertretenden Parteivorsitzenden mit Kadir Güler. Kadir Güler im Parlament. Kadir Güler auf dem Wahlkampfbus. Kadir Güler im Wahlkampf trifft auf die Bevölkerung. Kadir Güler bei einer Feierlichkeit, bei der ein Opfertier geschlachtet wird. Kadir Güler bei einem großen Beschneidungsfest. Kadir Güler mit einer turkmenischen Kopfbedeckung. Kadir Güler mit einer Mütze, wie sie in den anatolischen Dörfern getragen wird. Kadir Güler vor Trümmern von eingestürzten Häusern nach einem Erdbeben. Kadir Güler bei einem Bankett. Kadir Güler in Uludağ. Kadir Güler in Abant. Aber kein Foto von Kadir Güler in einem Schwimmbad.

Dann Plaketten. In den Regalen, in denen man eigentlich Bücher erwartet hätte, standen viele große und kleine Plaketten. Auf dem Schreibtisch standen gleich vier. Auf den meisten war das Emblem der Partei zu sehen, die bei den letzten Wahlen die meisten Stimmen erhalten hatte.

Vermutlich gefiel es Kadir Güler, dass ich mir alles so genau anschaute. Mit einer ausladenden Armbewegung zeigte er auf die vielen Fotos an den Wänden. »Siebzehn Jahre in der Politik. »Das ist leicht gesagt …«

Ich schwieg und wartete im Stehen, dass er mich aufforderte, mich zu setzen.

Er schloss die Tür. »Nachdem du von selbst gekommen bist, gehe ich davon aus, dass du den Hurensohn gefunden hast«, sagte er. Ganz schwach schimmerte Dschingis Khan zwischen den vielen Bildern durch.

»Ich habe ihn gefunden.«

»Bravo!«, rief er laut, nachdem er mir einen freundschaftlichen, aber harten Schlag auf die Schulter verpasst hatte. Ich ließ mir nichts anmerken. »Wo steckt der Hurensohn?« Er schaute sich im Raum um, als könnte er ihn dort irgendwo finden.

»Ich habe ihn wieder verloren«, sagte ich.

»Verfluchter Mist«, rief er diesmal aus. Er schien sich Gedanken darüber zu machen, wie er die freundschaftliche Geste von vorhin ungeschehen machen könnte.

Vielleicht sollte ich ihm helfen. Ich wollte vermeiden, dass auch Mussolini die Bühne betrat. »Ich weiß nicht, welche Beziehungen Sie zu dem Parteivorsitzenden pflegen, aber Ihre siebzehn Jahre in der Politik werden keinen Schaden erleiden. Sie können beruhigt sein.«

»Verfluchter Mist!« Sein Tonfall hatte sich leicht geändert.

»Wenn Sie mir den wahren Grund verraten würden, warum Sie Sinan suchen, würde das meine Arbeit sehr erleichtern«, sagte ich.

Er schüttelte schwach den Kopf, als ob er Zeit gewinnen wollte, um die richtigen Worte zu finden.

»Es würde auch die Arbeit von Koray Şimşek erleichtern«, fuhr ich fort. »Der arme Kerl hat sich ganz schön gewunden.«

»Du sollst das Mädchen mitgenommen haben«, sagte er ohne jegliche Emotion in der Stimme. Dann lächelte er, als wäre ihm etwas eingefallen. »Hüseyin war ein Fall für den Arzt«, sagte er. »Seine Hand ...«

»Gegenüber Gästen, die früh aufbrechen wollen, sollte man sich immer liebenswürdig verhalten.«

»Wenn mein idiotischer Schwager wenigstens mal eine Arbeit ordentlich erledigen könnte, würde ich ihn auf die Pilgerfahrt nach Mekka schicken«, sagte Kadir Güler. Langsam, aber sicher kam er wieder zu sich. »Na, warum setzen wir uns nicht?«, fügte er hinzu. »Was möchtest du trinken? Zieh doch deinen Mantel aus.«

»Einen Kaffee«, entgegnete ich. »Ohne Milch. Ich behalte den Mantel an.«

Er griff zum Telefon, das hinter zwei großen Plaketten stand. »Schick mir einen löslichen Kaffee ohne Milch«, sprach er in den Hörer. »Und für mich ein Mineralwasser. Beeil dich, ich hab hier einen Gast …« Er legte auf. »Wir haben das Mittagessen verpasst«, sagte er und fuhr sich mit der Hand über den Bauch.

Ganz Kadir Güler, wie er leibt und lebt, sagte ich mir.

Er schaute mich augenzwinkernd an. »Also hast du die Nummer durchschaut …«

»Genau«, antwortete ich. »Stimmt das Ganze denn?«

»Nun, da ist etwas schiefgelaufen bei uns«, sagte er. »Jetzt verstehst du sicher, warum ich diesen Hundesohn unbedingt haben will, oder?«

»Sie haben eine eigenartige Art, jemanden für einen Auftrag zu motivieren.«

»Ich hätte es dir nicht gleich zu Anfang sagen können.«

»Ich verstehe.«

»Hast du dir das Band angehört?«

Ich verriet ihm nicht, dass es kein Band war. Es war nicht notwendig, einen Vortrag darüber zu halten, was man alles mit einem Computer machen konnte, den man an eine Telefonleitung anschloss. »Nein«, entgegnete ich. »Ich wollte nicht, dass Sie in meiner Schuld stehen.« Ich wartete schweigend.

»Je mehr Zeit vergeht, desto mehr fange ich an, dich zu mögen, Remzi Ünal«, sagte er dann. »Du bist schon ein feiner Kerl.«

Daran habe ich mich schon gewöhnt, dachte ich. »Ich mache das nicht, damit Sie mich noch mehr mögen«, sagte ich. »Ich mache das, damit Sie keinen Grund haben, mich nicht zu mögen.«

Kadir Güler lachte. Er lachte lauthals und ausgelassen. »Du hast aber gute Phrasen auf Lager«, sagte er. »Hast du noch nie daran gedacht, in die Politik zu gehen?«

»Meine Arbeit ist von vorn bis hinten Politik.«

Er beugte sich zur rechten Seite seines Schreibtisches. Man konnte hören, wie eine Schublade aufgezogen wurde. Er holte eine Schachtel Dunhill hervor und legte sie auf den Tisch. »Nur für meine besonderen

Gäste«, sagte er. »Soweit ich mich erinnern kann, rauchst du leidenschaftlich gern Zigarren.«

»Ich rauche, was ich in die Hände bekomme.«

Er warf mir die Schachtel zu und ich fing sie in der Luft auf. Anscheinend hatte er in der letzten Zeit nicht so viele besondere Gäste gehabt, denn die Schachtel war noch zu. Ich machte sie vorsichtig auf, klopfte eine Zigarette heraus, klemmte sie mir zwischen die Lippen, zog mein Feuerzeug aus der Tasche und zündete sie an. Nach dem ersten Zug wurde mir leicht schwindlig.

»Und wo ist das Band?«, fragte er dann.

»Ich habe es bei der Überfahrt mit dem Schiff ins Meer geworfen.« Es fiel mir nicht im Traum ein, auf meine Manteltasche zu klopfen.

Er lachte erneut. Lauthals und ausgelassen. Mit ausdruckslosem Gesicht beobachtete ich ihn. Dann versuchte er, das Lachen zu unterdrücken, konnte aber nur mit großer Mühe aufhören. »Noch eine letzte Frage«, sagte er. »Wer war der Käufer dieser Ware? Hast du ihn wenigstens ausfindig machen können?«

Nun wäre es an mir gewesen, zu lachen. Aber ich lachte nicht. Ich blickte an die Decke, während ich den Rauch mit dem etwas herben Geschmack ausstieß. »Es wäre besser, wenn Sie das nicht erfahren«, antwortete ich.

Jegliche Spuren von Lachen verschwanden plötzlich aus seinem Gesicht. »Und warum das?«, fragte er. »Handelt es sich um eine sehr wichtige Person?«

»Nein«, antwortete ich. »Das glaube ich nicht. Wenn es so eine wichtige und mächtige Person wäre, bräuchte er kein Tonband oder so etwas, um Ihnen Schaden zuzufügen. Ich denke, dass in der Politik alles möglich ist. Irgendwann kommt vielleicht der Tag, und dann stehen Sie beide sich gegenüber.«

»Eigentlich hast du recht«, sagte er mit einem nachdenklichen Kopfnicken. Es schien, als ob er versuchte, sich selbst zu überreden.

Es wurde zaghaft an die Tür geklopft.

»Herein«, brüllte er.

18

Ein schmächtiges, unscheinbares Mädchen kam mit einem Tablett in der Hand herein. Sie hat mit Sicherheit Tränen vergossen, als sie von Muazzez Gülers Tod erfahren hatte. Sie stellte die Kaffeetasse auf dem Beistelltisch vor mir ab, dann das Mineralwasser für Kadir Güler auf dessen Schreibtisch. Ohne ein Wort ging sie hinaus.

Ich nahm einen Schluck von meinem Kaffee. Er war heiß, man hatte ihn mit Leitungswasser gekocht, und man hatte genügend Pulver verwendet. Nicht zu viel, nicht zu wenig.

»Sind Sie nun fertig mit Ihren Fragen?«

Kadir Güler trank einen Schluck Mineralwasser und verzog das Gesicht. »Ich bin fertig«, antwortete er. »Mir fällt nichts mehr ein.«

»Na gut. Dann hätte ich ein, zwei Fragen.«

»Moment, Moment …«, unterbrach er mich mit dem Ton eines Mannes, dem etwas sehr Wichtiges eingefallen war. »Da gibt es noch etwas, das wir erledigen müssen.«

Er beugte sich nach rechts, öffnete die Schublade und suchte ein wenig darin herum. Dann richtete er sich mit einem Scheckbuch in der Hand auf. Ich sagte nichts. Meine Fragen konnte ich auch später noch stellen. Aus der Innentasche seines Sakkos holte er einen prächtigen Kugelschreiber hervor. Mit zusammengekniffenen Augen schrieb er etwas auf den Scheck und kontrollierte das Geschriebene. Dann riss er das Blatt ab und reichte es mir.

Ich beugte mich leicht vor, nahm den Scheck und las, was drauf stand. Er war auf den Überbringer ausgestellt. Der Betrag, in Zahlen und in Buchstaben geschrieben, war fünfzig Prozent höher als der, den wir im Dedeman-Hotel ausgehandelt hatten. Der Scheck war auf den heutigen Tag datiert. Ich reichte ihn über den Tisch zurück. »Ich kann ihn nicht annehmen.«

»Warum nicht?«, fragte er überrascht.

»Sie wissen, welche Unterlagen in meiner Akte im Regierungspräsidium fehlen«, begann ich. »Und außerdem stelle ich niemandem eine Quittung aus. Ich möchte nicht, dass irgendwann irgendjemand zu mir kommt und wissen will, warum ich dieses Geld von Kadir Güler erhalten hab.«

Er blickte mich noch einmal durchdringend an, versuchte zu ergründen, was sich in meinem Kopf abspielte. »Wenn ich dir sage, dass du deine Akte mit den fehlenden Unterlagen im Regierungspräsidium vergessen kannst, würdest du mir glauben?«, fragte er mit sehr ernstem Gesicht.

»Ja, das würde ich.« Warum auch nicht?

Er tat so, als würde er kurz nachdenken. »Warte eine Minute«, sagte er dann und stand auf. Mit einem Elan, den man seinem massigen Körper nicht zutraute, ging er zur Tür, schloss sie hinter sich und war verschwunden. Ich nahm noch einen Schluck von meinem Kaffee, an dem mir alles passte. Dann steckte ich mir eine weitere Dunhill an. Ich konnte nichts anderes tun, als die Bilder zu betrachten, die mir gegenüber an der Wand hingen. Also schaute ich mir die Fotos an. Ein Gesicht auf einem der Bilder in den kleinen Rahmen kam mir bekannt vor. Kann das denn sein, fragte ich mich. Ich stand auf und schaute mir das Foto aus der Nähe an. Der Mann, den ich im dunkelblauen Zweireiher kannte, war auf diesem Foto sportlich gekleidet. Er hatte seine Hand auf die Schulter von Kadir Güler gelegt. Sie standen vor mannshohen Blumengebinden und Girlanden. Neben ihnen stand eine Braut mit einem hässlichen Gesicht und ein Bräutigam, der nicht zu begreifen schien, was da gerade passierte. Ich wartete. Kadir Güler kam wieder herein. In der Hand hielt er einen Umschlag. Einen dicken Umschlag. Er reichte ihn mir. »Gott sei Dank hatten wir noch etwas Geld in der Kasse«, sagte er. »Ich habe es mir von der Partei geliehen. Cenk wird später Cash holen und meine Schulden begleichen.«

Ich steckte den Umschlag in die linke Innentasche meines Wintermantels. Er drückte leicht über meinem Herzen, aber das störte mich überhaupt nicht. »Vielen Dank.« Ich drückte die Dunhill in dem Aschenbecher auf dem Beistelltisch vor mir aus.

»Brichst du jetzt auf?«, fragte Güler und schaute dabei auf die Uhr.

»Nein. Ich hatte ja gesagt, dass ich noch ein, zwei Fragen habe.«

»Um was geht es?« Natürlich wusste er genau, um was es bei meinen Fragen ging, aber aus strategischen Gründen konnte man immer einen kleinen Aufschub gebrauchen. »Es geht um den besagten Abend ...«, begann ich.

Kadir Güler setzte sich in seinen Sessel und rieb sich plötzlich mit beiden Händen über das Gesicht. Er bemühte sich, den Eindruck zu vermitteln, als würde er sich nur ungern an die Ereignisse jenes Abends erinnern, aber es gelang ihm nicht. »Die Polizei hat mich schon zu allem befragt«, sagte er. »Warum stocherst du da noch rum? Du hast mit einem Telefonat erledigt, worum dich Muazzez gebeten hatte. Und du sagst, dass du erledigt hast, worum ich dich gebeten hatte. Ich glaube dir. Du hast dein Geld bekommen. Was willst du noch?«

»Möchten Sie wissen, wer Muazzez Hanim getötet hat?«

»Ja, das möchte ich«, sagte er. »Wie man es auch betrachtet: Über kurz oder lang ist es doch eine Frage der Ehre ...« Er legte eine Pause ein, als würde er gleich weiterreden, und betrachtete für einige Sekunden die Fotos an der Wand. »Ich könnte auch darauf verzichten«, sagte er. »Ich könnte einfach ein Politiker sein, der den Sicherheitskräften vertraut. Es kommt ganz auf die Situation an. Aber was ist der wahre Grund, dass du noch weiterbohren willst? Ich habe schon festgestellt, dass du kein Mann bist, der nur für Gottes Lohn arbeitet.«

»Sagen wir es mal so: Ich habe Muazzez Hanim sehr gemocht«, antwortete ich.

»Niemand mochte Muazzez«, sagte Kadir Güler. »Sie hatte einen üblen Charakter. Sie war eine launische, mürrische Frau, die meinte, alles besser zu wissen. Erzähl mir irgendwas Gescheites, was ich dir abnehmen kann.«

»Aber ohne Vorwürfe!«

»Okay. Keine Vorwürfe.«

»Um meinen Arsch zu retten.«

»Das ist ein guter Grund«, sagte er. »Aber ich habe dennoch nicht verstanden, um was es dabei geht.«

»Die Sache ist so«, begann ich dann. »Bislang haben Sie der Polizei noch nicht verraten, dass Sie wussten, dass auch ich an jenem Abend vorbeikommen wollte. Denn bislang brauchten Sie mich. In dem Augenblick, in dem ich die Ware ins Meer werfe, brauchen Sie mich nicht mehr. Was mache ich, wenn Sie morgen, übermorgen oder nächste

Woche Ihre Meinung ändern? Und was mache ich, wenn Sie doch wieder einen Täter brauchen? Es ist sehr leicht, der Theorie zu glauben, die Sie am Swimmingpool im Hotel erzählten.«

»Du willst also auf der sicheren Seite stehen, wenn sie an deine Tür klopfen.«

»Ja, die Wahrscheinlichkeit ist zwar gering, aber dennoch ...«

»Das gefällt mir«, sagte Güler. »Und was passiert, wenn ich nicht so mitspiele, wie du möchtest?«

»Wenn die an meine Tür klopfen ... Ich sag es noch mal, es ist sehr unwahrscheinlich, aber ... dann liefere ich Sie ans Messer.«

»Allah, Allah«, sagte er. »Dieser Gedanke kommt mir irgendwie bekannt vor, aber egal ... Er könnte nützlich sein. Aber du weißt sicher, dass du ihn irgendwie begründen musst.«

»Das ist einfach«, antwortete ich. »Sie haben Ihre Frau sowieso nicht geliebt. Sie hatte einen üblen Charakter. Sie war eine launische, mürrische Frau, die meinte, alles besser zu wissen. Eigentlich wollten Sie Sinan Bozacioğlu ein wenig Angst einjagen und haben eine alte Geschichte wieder aufgewärmt. Das hat Ihre Frau geärgert. Sie hat Sie kritisiert. Die ganze Angelegenheit wurde etwas heftiger. Sie kränkte Sie in Ihrer Mannesehre. Sie konnten das nicht mehr ertragen ...«

»Koray war bei uns«, warf Kadir Güler ein. »Was ist, wenn er deine Geschichte nicht bekräftigt?«

»Koray Şimşek hat vor Ihnen Hi-Mem verlassen.«

»Man kann Angst vor dir kriegen, Remzi Ünal«, sagte er. »Man kann wirklich Angst vor dir kriegen. Woher weißt du das alles?«

»Ich weiß es eben.«

Güler überlegte einige Sekunden lang. Als würde er mit sich ringen, ob er den Vorsitz seiner Partei übernehmen sollte oder nicht. »Als ich gegangen bin, hat Muazzez noch gelebt«, sagte er. »Nur für den Fall, dass dus wissen willst ...«

»Was haben Sie mit ihr besprochen?«

»Mehr oder weniger das, was du vorhin vermutet hast«, sagte er. »Sie hat mir vorgeworfen, dass ich es nicht geschafft hätte. Dass du die ganze Angelegenheit mit einem Telefonanruf erledigt hättest. Natürlich war sie aufgebracht darüber, dass die alte Geschichte überhaupt wieder ans

Tageslicht gezerrt worden ist. Wir haben uns gegenseitig angeschrien. Aber ich habe sie nicht getötet.«

»Haben Sie ihr verraten, dass die ganze Angelegenheit eskaliert und komplizierter geworden ist?«, fragte ich.

»Zu der Zeit wusste ich es noch nicht«, antwortete er. »Der Typ, den sie Ağababa nennen, rief mich später an, kurz nachdem die Polizisten mit mir gesprochen hatten. So und so sehe die ganze Sache aus, hat er erzählt. Da hatte meine Frau doch recht gehabt, sagte ich mir. Dann habe ich Cenk zu dir geschickt.«

»Was hat Muazzez Hanim denn dazu gesagt, dass sie recht behalten hat?«

»Eigentlich war das der Hauptgrund für ihre Vorwürfe. Du bist ein Politiker, sagte sie, es gibt viele Leute, die nichts anderes wollen, als dass der ganze Mist, den du verzapft hast, an die Öffentlichkeit kommt, sagte sie ständig. Was machst du, wenn das bekannt wird … Wie kommst du aus dem Schlamassel wieder raus, sagte sie, wie kriegst du wieder eine weiße Weste …«

»Sie wollte also, dass Sie in der Politik Erfolg haben?«

Er hob den Kopf und betrachtete die vielen Fotos an der gegenüberliegenden Wand. »Mehr als das«, sagte er. »Man darf ihre Verdienste nicht unter den Teppich kehren. Dass ich es in der Politik so weit gebracht habe, das habe ich im Grunde ihr zu verdanken.«

»Tatsächlich?«

»Glaub mir, wenn diese Partei reif genug wäre für eine Bezirksvorsitzende, dann säße Muazzez an diesem Schreibtisch und nicht ich.«

Jetzt, wo das Gespräch so gut verlief und Kadir Güler ausführlich erzählte, überlegte ich mir, was ich ihn noch fragen konnte. Ob seine Antworten wahr oder gelogen waren, konnte ich später immer noch klären. »Als Muazzez Hanim in meiner Wohnung war, wurde sie von jemandem angerufen«, begann ich. »Es war von einem Treffen die Rede. Wissen Sie, wer sie angerufen hat?«

»Das war ich, mein Lieber«, antwortete er. »Zu der Zeit war der ganze Mist noch nicht auf dem Tisch. Es ging um einen Hauskauf, wir wollten das gemeinsam besprechen.«

»Und wer war der Dummkopf, den Sie anrufen sollten?«

»Wer soll das schon sein? Ihr Bruder natürlich.«

»Das heißt also, dass sie Sie später noch einmal angerufen hat?«

»Ja«, antwortete Kadir Güler. »Nachdem sie mit diesem Hurensohn Sinan Bozacioğlu gesprochen hatte, rief sie an und sagte, dass wir schleunigst kommen sollten. In all dem Tumult wurde der Termin wegen des Hauses vergessen.«

»Ist das Haus in Maçka zu klein?«

»Muazzez wollte das Haus für sich kaufen.«

»Wollte sie sich trennen?«

»So viel Schneid hatte sie nicht. Selbst wenn sie sich von mir trennen wollte, ihre Familie in Tekirdağ hätte es nicht erlaubt. Wir dachten, dass es uns beiden durch diese räumliche Trennung besser gehen würde. Jeder für sich. Ab und zu würden wir uns sehen …«

Ich spürte, dass Kadir Güler ein wenig angespannt war. Offensichtlich behagte es ihm nicht, über Familienangelegenheiten zu sprechen. Besser, ich verließ dieses Terrain. »Haben Sie später noch einmal angerufen, nachdem Sie Hi-Mem verlassen hatten?«

Er zögerte mit der Antwort, als könne er sich nicht entscheiden, ob es gut oder schlecht für ihn war, seine Frau angerufen zu haben. »Ich habe sie angerufen«, antwortete er. »Hätte ich es bloß nicht getan!«

»Was haben Sie besprochen?«

»Ich habe sie angerufen, weil ich hoffte, sie ein wenig milder zu stimmen«, erklärte er. »Aber die Sache lief aus dem Ruder. Sie konnte sich vor lauter Ärger gar nicht mehr beherrschen. Sie begann, wie eine Verrückte zu schreien.«

Das kann passieren, sagte ich mir. Das kann gut passieren. Ich hatte noch einen letzten Angriff zu starten. »Vielleicht weiß ich, wer Ihre Frau getötet hat«, sagte ich.

»Verfluchter Mist.« Das war das dritte Mal, dass er fluchte, seitdem ich in sein Büro gekommen war. Er sprach die Worte nur mit dem Mund. Alles andere an ihm blieb ohne eine einzige Regung. Eingetreten waren gemeinsam Mussolini und Dschingis Khan.

»Ja, verfluchter Mist«, pflichtete ich ihm bei.

»Aber du bist nicht sicher?«, fragte er. »Sonst hättest du vorhin nicht so lange um den heißen Brei geredet.«

»Wann kann man heutzutage schon sicher sein?«, fragte ich zurück. »Sogar darüber, wer die Zwillingstürme in Schutt und Asche gelegt hat, gibt es verschiedene Theorien.«

»Die Bomben, die über Afghanistan abgeworfen wurden, sind keine Theorien.«

»Ich bin derselben Auffassung.«

»Also?«

»Ich habe Angst, die falsche Stelle zu bombardieren.«

»Es ist nicht gut, ängstlich und zögerlich zu sein.«

Ich schaute auf die Fotos an der Wand, bevor ich ihm eine Antwort gab. Mein Problem bestand nicht darin, zögerlich zu sein. Mein Problem war, dass er nicht im Geringsten zögerlich war. Oder dass er zumindest diesen Eindruck vermitteln wollte.

»Es ist nicht gut, ängstlich und zögerlich zu sein«, wiederholte er. »Sag schon! Lass uns tun, was nötig ist!«

»Noch nicht.«

»Warum?«

»Ich habe Angst, dass, wenn ich es Ihnen verrate, Sie etwas in Gang bringen werden, das die ganze Sache noch komplizierter macht.«

»Ein wenig Bewegung tut gut.«

»Was ist denn plötzlich mit dem Politiker, der den Sicherheitskräften vertraut?«

»Scheiß auf die Sicherheitskräfte!«

»Wenn Sie wollen, können wir es folgendermaßen machen«, sagte ich. »Es gibt noch ein, zwei Dinge, die ich überprüfen muss. Um ganz sicher zu gehen. Fahren Sie am besten nach Hause. Oder zum Schwimmen. Lassen Sie sich massieren oder so etwas. Erholen und entspannen Sie sich ein wenig. Wenn ich meine Arbeit erledigt habe und die Sache konkret wird, werde ich Sie benachrichtigen. Oder besser, Sie kommen zu mir nach Hause. Und bringen Sie doch Koray Bey auch gleich mit.«

»Wenn sich aber der Hurensohn inzwischen verpissen sollte, der Muazzez getötet hat, werde ich wirklich sauer«, sagte er. Bei diesen Worten lächelte er mich vielsagend an, als ob er mir deutlich machen wollte, welchen Preis ich für seinen Missmut zu bezahlen hätte. Ich stand auf. »Abgemacht!«, sagte ich. »Der Typ, der Ihre Frau auf dem

Gewissen hat, wird nichts erfahren, bevor ich Ihnen nicht ausführlich über meine Erkenntnisse berichtet habe.«

Kadir Güler machte keinerlei Anstalten sich zu erheben, um mich zu verabschieden. Er rutschte nur ein wenig auf seinem Sessel hin und her. Dann streckte er seinen rechten Arm aus, öffnete eine Schublade unter dem Tisch und zog den Revolver hervor, den ich bereits im Schwimmbad des Dedeman-Hotels gesehen hatte. Er wog ihn in der Hand. Dann legte er ihn auf den Schreibtisch und legte seine Hand wie ein Pranke darauf. »Wenn uns jemand sein Wort gibt, dann verstehen wir so etwas darunter.«

Ich schüttelte den Kopf. »Auf Wiedersehen«, sagte ich. »Eine Bitte habe ich noch. Kann Cenk mich fahren? Ich habe meinen Wagen nicht dabei.«

»Na klar …«, antwortete er. »Was für eine Frage … Das geht natürlich, sofort. – Wo ist Cenk?«, fragte er in den Hörer, in einem Ton, der Hundegebell glich. Er wartete die Antwort ab. »Scheiß auf die Hackfleischpizza und den anderen Mist!«, brüllte er. »Hör zu. Hier ist ein Freund von mir. Der kommt gleich nach unten. Sag Cenk Bescheid, er soll ihn fahren, wohin er möchte. Er soll den Opel nehmen. Danach kann er meinetwegen seine Hackfleischpizza essen.« Er legte den Hörer auf und schaute mich an.

»Danke.«

Er wiegte den Kopf, als würde er dabei über etwas unheimlich Wichtiges nachdenken, griff den Revolver und ließ ihn wieder in der Schublade verschwinden. »Ich warte«, sagte er, während er die Schublade geräuschvoll schloss.

»Es dauert höchstens zwei Stunden«, antwortete ich. »Ich werde Sie benachrichtigen.«

Bevor ich aus dem Büro ging und die Tür hinter mir schloss, blickte ich auf die Uhr. Auf dem Korridor war niemand zu sehen. Dann drehte ich mich plötzlich wieder um, öffnete die Bürotür und steckte meinen Kopf hinein.

Kadir Güler war von seinem Sessel aufgestanden. Er hatte beide Hände zu Fäusten geballt und stützte sich mit ihnen auf dem Schreibtisch ab. Seine Augen waren auf den Rand des Tisches gerichtet.

»Entschuldigung«, sagte ich, »gibt es viele Einbrüche in der Abbas-Ağa-Straße?«

»Im Herbst ist zweimal bei Hi-Mem eingebrochen worden«, antwortete er. »Ich habe sogar den Leiter der Polizeidirektion in Beşiktaş gebeten, dass seine Leute sich ein wenig umhören und ein Auge auf das Geschäft werfen.«

Ich nickte, ohne ein Wort zu sagen. Ich frage ihn lieber nicht, warum sie das automatische Licht im Treppenhaus nicht repariert haben, sagte ich mir und ging den Korridor entlang den Weg zurück, den ich gekommen war. Die Türen waren immer noch geschlossen. Geräusche waren nicht zu hören. Cenk Bozer wartete an der Rezeption auf mich. Der Mann mit dem Vollbart war gegangen. Sacit und Kudret waren nirgendwo zu sehen. Im Fernsehen liefen gerade die Nachrichten, die die niedrigste Einschaltquote im Lande hatten. Als Cenk Bozer mich sah, kam er mir entgegen. Auf seinem Gesicht lag ein freudiger Ausdruck. »Merhaba, Remzi Abi«, grüßte er. »Warst du der Freund oben?«

»Merhaba«, grüßte ich. »Ich habe wahrscheinlich dein kleines Festessen mit der Hackfleischpizza unterbrochen.«

»Ach Abi, mach dir keine Gedanken«, wiegelte er ab. »Es ist ja nicht so, dass wir verhungern … Wenn du willst, gehen wir eines Tages mal gemeinsam Hackfleischpizza essen.«

Hatte ich Hunger? »Hat Koray Bey noch viel geflucht, nachdem ich weg war?«, fragte ich.

Cenk Bozer machte eine Handbewegung, die alles bedeuten konnte.

»Wann wird hier zugemacht?«, fragte ich.

»Wenn Kadir Abi geht«, antwortete er, während er vor der Drehtür wartete, um mir den Vortritt zu lassen.

»Wo wohnst du?«, fragte ich nach hinten.

»Im Stadtteil Dolapdere, Remzi Abi. Hinter der Bilgi-Universität.«

»Eine schöne Gegend«, sagte ich. »Da siehst du bestimmt die vielen Studentinnen, wenn sie zur Uni gehen.«

»Oh nein, Abi. Vergiss es! Meine Wohnung ist viel weiter hinten. Nichts mit Mädchen oder Studentinnen, die man von da aus sehen könnte. Irgendwann war mal die Rede vom Umziehen, aber da ist dann nichts draus geworden.«

Draußen war es erheblich kälter geworden. Mit der feuchten Luft zusammen ergab das eine Kombination, die förmlich ins Fleisch schnitt. Cenk Bozer trug die Jacke, die er auch bei unserer ersten Begegnung angehabt hatte.

»Behältst du den Wagen, wenn du Feierabend hast?«, fragte ich ihn.

»Kommt drauf an«, antwortete Cenk. »Manchmal haben wir gar keinen Feierabend.« Er ging einen Schritt vor mir. Ungefähr fünfzig Meter vor uns parkte der Opel Corsa zwischen zwei Geländewagen. Als Cenk den Schlüssel in Richtung des Opels ausstreckte, hörte man es zweimal Klicken. Ich ging auf die Beifahrertür zu. Cenk Bozer schaute mich überrascht an, warum ich nicht auf dem Rücksitz Platz nehmen wollte. Der Corsa sprang gleich beim ersten Mal an, alle Scheiben waren beschlagen, man konnte nichts sehen. Cenk drückte auf eine Reihe von Knöpfen und drehte an einigen Schaltern. Ein rasselndes, auf die Dauer einschläferndes Geräusch erfüllte das Wageninnere.

»Wohin fahren wir, Remzi Abi?«

»Zu mir nach Hause.«

Er trat ein-, zweimal auf das Gaspedal. Der untere Teil der Frontscheibe wurde langsam klar. Ich brauchte eine Weile, bis ich mich angeschnallt hatte. Dann lehnte ich mich im Sitz nach hinten und machte es mir bequem.

Cenk Bozer fuhr mit einer sanften Bewegung aus der Parklücke. Er hatte sich nicht angeschnallt.

»Seit wann arbeitest du schon bei Kadir Güler und seiner Frau?« Die schneidend kalte Luft drang zwar nicht so tief in mein *hara*, wie ich es mir gewünscht hätte, aber für den Augenblick reichte es.

»Seit ungefähr einem Jahr«, antwortete er. Offensichtlich galt seine Aufmerksamkeit der Straße vor uns. Die Ortabahçe-Straße war wie ausgestorben. Wir kamen zwischen den geparkten Autos rechts und links gut vorwärts. In manchen Schaufenstern brannte Licht, obwohl niemand in den Geschäften zu sehen war.

»Bist du zufrieden?«, fragte ich. »Ich meine, mit deiner Arbeit.«

»Wenn nur diese Katastrophe nicht über uns gekommen wäre ... Eigentlich war ich vorher ganz zufrieden, Abi«, antwortete er. »Aber was nützt das?«

»Wo kommst du ursprünglich her?«

»Ich komme aus Sivas, Abi«, antwortete er und mir schien, als hätte ich ein Lächeln auf seinem Gesicht entdeckt.

»Dein Kadir Abi kommt doch auch aus Sivas, oder?«

Das Lächeln auf seinem Gesicht wurde breiter. »Ja, er kommt auch aus Sivas. Er ist ein entfernter Verwandter meines Vaters. Als mein Vater starb, kam ich zur Beerdigung nach Istanbul. Kadir Abi brauchte einen tüchtigen Mann, auf den er sich verlassen konnte. Er ließ mich nicht gehen.«

»Wie war es mit dem Militärdienst?«

»Ich gehörte zu den Kommandos«, antwortete er kurz und knapp, als wollte er nicht mehr darüber erzählen. Die meisten anderen wären stolz darauf gewesen.

Ich ging nicht weiter darauf ein. »Hast du Zigaretten?«

»Im Handschuhfach müssten welche sein.«

Ich öffnete das Fach. Auf einem Stapel ungeordneter Papiere lagen sechs Schachteln Virginia Slim. Ganz oben befand sich noch eine angebrochene Schachtel Marlboro 100. Die nahm ich. Dahinter konnte ich die Ecke einer Packung Präservative der Marke *Amor* erkennen. Ohne zu bremsen, fuhr Cenk um den Platz, auf dem gerade der Markt aufgebaut wurde. Streunende Hunde liefen bellend neben unserem Wagen her. Erst als er nach rechts abbog und den Hang hinauffuhr, ließen sie von uns ab. Die Frontscheibe des Opel Corsa war nun vollständig klar. Vor dem Restaurant *Chefs* waren zwei Autos zusammengestoßen. Die Fahrer waren ausgestiegen und schrien sich gegenseitig an.

Wir schwiegen beide, bis wir den oberen Abschnitt des Barbaros-Boulevards erreichten. Ich rauchte genüsslich meine Zigarette und überlegte mir, wie ich das Thema anschneiden konnte. »Du kannst mit zu mir kommen. Ich gebe dir deine Hose«, schlug ich vor. »Ich hab sie gewaschen.«

Zuerst sagte er kein Wort, als ob er nicht begriffen hätte, wovon ich sprach. Dann ging ihm ein Licht auf. »Ach, erinnere mich bloß nicht daran, Remzi Abi«, sagte er. »Erinnere mich nicht daran. Mensch, wie schlecht es mir ging an dem Tag … Ich kann das noch immer nicht vergessen. Du hast sie also gewaschen. Vielen Dank. Möge deinen Händen kein Leid widerfahren.«

»Ist schon in Ordnung«, antwortete ich. »Was ist denn schon dabei. Ich habe die Hose in die Maschine geworfen. Fertig.«

»Eigentlich bin ich noch nie so zusammengebrochen …«, klagte er kopfschüttelnd. »Ich weiß gar nicht, wie das kommen konnte …«

»Das passiert manchmal«, antwortete ich. »Sich den Kummer mit Bier runterzuspülen, kann manchmal ganz gut sein. Aber bei dir war es wohl noch etwas anderes.«

Ich konnte nicht feststellen, ob der Fahrer des Busses vor uns Mist gebaut hatte oder ob es Cenks Fehler war. Auf jeden Fall mussten wir plötzlich bremsen. Der Busfahrer hatte geblinkt und war links ausgeschert. Fast hätten wir den Bus gerammt. Der Sicherheitsgurt drückte auf meine Schulter und meinen Bauch. Hinter uns wurde gehupt. »Langsam, langsam«, ermahnte ich ihn. »Kein Grund zur Aufregung. Es ist doch kein großes Vergehen, Drogen zu nehmen.«

Plötzlich wurde der Opel Corsa so langsam, dass er jeden normalen Autofahrer in Istanbul wütend machen musste.

»Nein, Abi«, sagte er. »Als du das so plötzlich gesagt hast …«

»Was soll schon passieren. Es bleibt unter uns …«

Wir hielten unversehrt vor der roten Ampel gegenüber der Balmumcu-Kaserne an. Aus der Yildiz-Posta-Straße kam ein Krankenwagen mit Blaulicht und Sirene herangeschossen und fuhr vor uns weiter. Ihm folgte ein Wagen mit eingeschaltetem Warnblinklicht.

»Wie habe ich mich verraten?« Er lächelte halb verlegen.

»Du hast was in der Hosentasche vergessen.«

»Du hättest dir ja eine drehen können, Remzi Abi, als Strafe für mich«, sagte er mit dem Mut, den das Teilen von Geheimnissen offensichtlich mit sich brachte. Er hatte sich ein wenig beruhigt.

Ich sollte erzählen, was zu erzählen ist, sagte ich mir, solange wir an der roten Ampel stehen. Dann kann er wenigstens niemanden überfahren. »Wahrscheinlich bist du völlig aus dem Häuschen gewesen, weil du an jenem Abend die Leiche von Muazzez Hanim gesehen hast«, sagte ich. »Das kann auch davon kommen.«

19

Ich dachte schon, dass Cenk Bozer sich erneut übergeben würde. Das war nicht der Fall. Er beließ es lediglich dabei, seinen Kopf ans Steuer zu lehnen. Mit der Faust schlug er einige Male gegen das Lenkrad, dann richtete er sich wieder auf und strich sich über die Haare.

In der Sekunde, in der die Ampel auf Grün sprang, begann hinter uns das Hupkonzert. Cenk schien nicht zu bemerken, dass der Protest ihm galt. Während die Autos rechts und links an uns vorbeifuhren, starrte er vor sich ins Leere.

»Besser, wir fahren weiter«, schlug ich vor. »Sonst kriegen wir gewaltigen Ärger mit den Leuten hinter uns.«

Mit langsamen Bewegungen legte er den ersten Gang ein. Dann fuhren wir abrupt an. Mit quietschenden Reifen schnellten wir vorwärts. Ich hielt den Mund. Als er den zweiten Gang einlegte, schien er ein wenig zu sich gekommen zu sein. »Remzi Abi, Remzi Abi, du darfst das nicht wissen …«, sagte er und legte den dritten Gang ein.

»Das muss eine beschissene Situation gewesen sein.«

»Beschissen? Das ist nicht das richtige Wort, Remzi Abi«, antwortete er. »Das ist nicht das richtige Wort. Es ist beschissener als beschissen … Nicht einmal bei den Kommandos in Şirnak, bei den Kämpfen an der irakischen Grenze ging es mir so übel.«

Weil er vor dem neu erbauten Hauptsitz der Garanti-Bank die Spur wechseln musste, blieb ihm nichts anderes übrig, als die Geschwindigkeit zu drosseln. Ich erinnerte mich daran, dass auch Sinan Bozacioğlu mir genau an dieser Stelle einiges erzählt hatte.

Bei Cenk brauchte ich nicht mal Fragen zu stellen, damit er mir erzählte, was er alles an jenem Abend erlebt hatte. Er redete ununterbrochen, als würde es ihn erleichtern, jemandem sein Herz auszuschütten. So als ob er sich das alles schon zigmal selbst erzählt hätte, aber weil niemand ihm zugehört hatte, sich über dessen Bedeutung nicht bewusst geworden war.

»… Ich bin in ihr Büro gegangen. Sie saß da in ihrem Stuhl. Um ihren Hals das Kabel einer Maus. Zuerst dachte ich, sie macht Spaß.

Manchmal hat sie ja solche Späße gemacht. Ich dachte, das wäre wieder einer ihrer abgefahrenen Scherze ...«

Ich sagte kein Wort, als er eine Pause einlegte und tief Luft holte. Die Auffahrt nach Etiler war wie immer völlig verstopft. Das würde im Schneckentempo bis zur Koç-Brücke so weitergehen. Wir hatten alle Zeit der Welt.

»... Ich berührte sie an der Schulter. Nein. Zuerst habe ich sie gar nicht berührt. ›Ich bin da, Muazzez Abla‹, hab ich gesagt, sobald ich ihr Büro betreten hatte. Und ich hab darauf gewartet, dass sie sagte: ›Wo bist du so lange gewesen, du brauner Bär.‹ Manchmal hat sie so etwas gesagt, weißt du?«

Ich hörte zu und verstand.

»Die Frau gab keinen Ton von sich. Ich habe gesehen, dass sie sich gar nicht bewegt hatte. Echt, glaub mir, ich dachte wirklich, sie würde einen Spaß machen. Aber nein, das war gar kein Scherz, das war ...«

Ich schwieg weiterhin und hörte zu.

»Dann berührte ich sie an der Schulter. Verdammt, da sehe ich die Maus um ihren Hals. Wie ein Halsband, ich schwöre bei Gott, wie ein Halsband hing das Kabel der Maus. Du lieber Himmel ... Abi, gib mir doch eine Zigarette.«

Ich beugte mich vor zum Handschuhfach und gab ihm eine Zigarette.

»Wie eine Statue, Abi. Wie ein Statue. Im Bebek-Park gibt es doch so eine Statue von einem alten Mann, der da so sitzt. Genau so. Keine einzige Regung auf dem Gesicht, gar nichts. Selbst wenn man schläft, gibt es doch irgendwelche Regungen im Gesicht, oder? Selbst wenn man bewusstlos ist. Ich hab Angst gekriegt. Ich schwöre bei Gott, ich hab fürchterliche Angst gekriegt.«

»Hast du irgendetwas angefasst?«

»Nein, auf keinen Fall, Abi, ich habe sie nur an der Schulter berührt.«

»Du hast doch nichts mitgenommen, oder?«, fragte ich. »Vom Schreibtisch oder aus dem Büro?«

»Nein, auf gar keinen Fall, Abi. Was hätte ich denn auch mitnehmen können bei der Angst, die ich hatte?«

»Und dann?«, fragte ich weiter.

»Bei Gott, dann hat es mich echt zerrissen. Ich habe innerlich gebrannt. Du kannst dir nicht vorstellen, wie ich innerlich gebrannt hab. Ich hab mir die größten Vorwürfe gemacht. Mensch, du Idiot, sagte ich zu mir selbst, wenn du nicht so getrödelt hättest, wenn du etwas früher gekommen wärst, vielleicht hättest du Muazzez Abla retten können. Aber wozu das Gejammer? Es war zu spät.«

»Du hast niemanden gesehen, der vielleicht rein- oder rausgegangen ist?«

»Nein. Hätte ich doch bloß jemanden gesehen.«

»Und dann?«, fragte ich wieder. Es lief gut.

»Dann ...«, sagte er, »... dann bin ich abgehauen.«

»Sofort?«

»Was weiß ich«, antwortete er. »Ich war gar nicht richtig bei Verstand. Ich weiß wirklich nicht, wie lange ich bei ihr geblieben bin.«

»Hat vielleicht das Telefon geklingelt, als du dort gewesen bist?«

»Nein. Kein Telefon und nichts.«

»Und was hast du danach gemacht?«

»Ich war total verwirrt, wusste gar nicht, wie mir geschah. Ich bin die Straße runtergegangen. Hab weder nach rechts noch nach links geschaut. Einfach nur runter und immer weiter. Und dann hab ich plötzlich gemerkt, dass ich bei der Moschee angekommen bin ...«

Meine Warnung kam zu spät. »Du bist vorbeigefahren, Cenk«, sagte ich. »Du hättest die Auffahrt zur Brücke nehmen müssen, um zu mir nach Hause zu kommen.«

»Entschuldige, Abi«, sagte er. »Da weiter vorne gibt es doch eine Straße nach links, oder?«

»Ja, aber ziemlich weit weg von hier«, antwortete ich. »Du musst noch am Akmerkez-Einkaufszentrum vorbei. An der zweiten Ampel kannst du nach links abbiegen. Und dann?«

»... Als ich zu mir kam, stand ich vor den Grabsteinen und sagte ein paar Gebete für Muazzez Ablas Seele auf.« Er sprach schnell, als ob er dieses Thema zügig hinter sich bringen wollte.

»Ist es dir nicht in den Sinn gekommen, die Polizei zu benachrichtigen?«

»Was für eine Polizei denn, Abi?«, fragte er aufgeregt. »Was für eine Polizei? Ist das denn so einfach, am Tatort zu sein? Bei Gott, die machen dir die Hölle heiß, wenn sie dich dort erwischen. Hättest du denn die Polizei gerufen?«

Du hast recht, pflichtete ich ihm innerlich bei. »Ein Kunde ist später vorbeigekommen, er hat wahrscheinlich die Polizei benachrichtigt … Hattest du das nicht so erzählt?«

»Ja«, antwortete er, als wir an der Ampel vor dem Akmerkez-Einkaufszentrum standen. »Der Mann hatte seine kleine Tochter bei sich. Was für ein Schlamassel …«

Wenn wir schon an einer Ampel standen, konnte ich auch eine ernste Frage stellen. »Aber sag mal«, begann ich. »Warum bist du eigentlich zu Hi-Mem gefahren um diese Zeit? Hatte sie dich angerufen?«

Dieses Mal starrte Cenk auf die Ampel, während wir warteten, um kein Hupkonzert hinter uns aufkommen zu lassen. »›Komm sofort her und fahr mich nach Hause‹, hatte sie am Telefon gesagt.«

»Und wo warst du, als sie anrief?«

»Ich hab in der Stadt herumgehangen.«

Als die Ampel auf Grün umsprang, fuhren wir sofort an. Niemand hinter uns hupte. Mir schien, als hätte sich Cenk Bozers Stimme verändert.

»Da vorne musst du gleich nach links«, ermahnte ich ihn.

»Alles klar«, antwortete er, während er mit einem Tanklaster von Aygaz kämpfte, um auf die Spur außen links zu gelangen.

»Bitte versteh mich nicht falsch, Remzi Abi«, sagte er, während er zu schnell in die Tepecik-Straße abbog und dabei die rote Ampel für die Linksabbieger übersah. »Aber warum fragst du so genau nach all diesen Sachen? Ist irgendwas vorgefallen?«

Jetzt ist er gekränkt, sagte ich mir. Das passiert immer. Erst erzählen sie und erzählen, und dann sind sie gekränkt und nehmen es dir übel. Ich hatte mich schon daran gewöhnt.

»Nein«, antwortete ich. »Ist nur eine Gewohnheit von mir.«

Als wir beim Sanatçilar-Park angelangt waren, gab ich ihm ein Zeichen, nach links abzubiegen. Wir schwiegen beide, bis wir die

Zeytinoğlu-Straße erreichten. »Alles klar«, sagte er. »Ab hier kenne ich mich aus, ich finde dein Haus allein.«

»Da weiter vorne ist ein Supermarkt«, sagte ich. »Lass uns kurz dort anhalten.«

Ich sprang raus und ging zwischen den Regalen entlang, nahm hier und dort etwas raus. Mit zwei großen Tüten verließ ich den Supermarkt. Ich legte sie auf den Rücksitz des Opels und stieg wieder ein.

»Was hat das zu bedeuten, Abi?«, fragte Cenk Bozer und zeigte mit dem Kopf auf die beiden Tüten.

»Vielleicht kommt dein Kadir Abi«, antwortete ich. »Und vielleicht taucht auch Koray Bey noch auf. Ich habe einige Vorbereitungen getroffen.«

Er verzog keine Miene, als er erfuhr, dass ich heute Abend Besuch bekommen würde. Dann muss ich ihm auch die anderen potenziellen Gäste nicht mehr nennen, sagte ich mir.

Auf der Hangstraße, die zum Parkplatz vor unserem Wohnblock führte, stellte ich plötzlich fest, dass ich mich freute. Die Wege des Menschen sind zwar verschlungen, aber sie führen ihn immer wieder nach Hause. Hier lag immer noch Schnee, obwohl er überall in Istanbul bereits geschmolzen war. Deswegen fuhr Cenk langsam hinunter. Zuerst hielt ich Ausschau nach meinem eigenen Wagen. Er war noch an seinem Platz, genau dort, wo ich ihn abgestellt hatte. Dann suchte ich den BMW von Sinan Bozacioğlu. Auch er war da, niemand hatte ihn abgeholt. Ein Hummer oder ein anderes hier in der Gegend unübliches Fahrzeug war weit und breit nicht zu entdecken.

Gekonnt parkte Cenk den Opel neben einem Alfa Romeo. Er gehörte dem Vater des Gymnasiasten in der Wohnung über mir, der mich zu den unmöglichsten Zeiten mit seiner unmöglichen Musik nervte. Vor einiger Zeit, als ich sehr spät heimkam, konnte ich dem Drang nicht widerstehen. Ich zerkratzte eine der Türen des Alfa.

Eine der beiden Einkaufstüten reichte ich Cenk, es war die schwerere von beiden. Das Glas in der Haustür, das meine Gäste gestern Abend zerbrochen hatten, war repariert. Von der Anschlagtafel im Treppenhaus waren die Mahnungen an die Bewohner verschwunden, die ihre monatlichen Nebenkosten noch nicht bezahlt hatten. Ohne jemandem aus dem Haus zu begegnen, stiegen wir die Treppen hinauf zu meiner Wohnung. Ich machte zuerst alle Lichter an. Dann zeigte ich Cenk, der im Flur wartete, die Tür zur Küche und drückte ihm auch noch meine Einkaufstüte in die Hand. »Stell sie auf den Küchentisch«, sagte ich.

Es drängte mich, so schnell wie möglich den Anrufbeantworter abzuhören, dessen Signallampe blinkte. Sechs Nachrichten. Ja, ich war sehr beliebt zurzeit. Es war vielleicht besser, wenn Cenk nichts hörte. Er stand in der Tür zum Wohnzimmer und schien sich nicht entschließen zu können, ob er eintreten sollte oder nicht.

»Zieh doch deine Jacke aus«, schlug ich ihm vor.

»Ich behalte sie lieber an«, antwortete er. »Ich sollte besser zurück zur Parteizentrale fahren. Wenn Kadir Abi hierherkommen will …«

»Der kann doch auch ein Taxi nehmen«, sagte ich. Dann fiel mir ein, dass ich immer noch nicht wusste, warum Muazzez Güler mich damals angelogen hatte, dass sie mit dem Taxi gekommen war. Ich zuckte mit den Schultern und sagte mir, dass man nicht alles wissen kann auf dieser Welt. Gerade als ich mich entschlossen hatte, meinen Mantel auszuziehen, den Umschlag aus der Innentasche rauszuholen und ihn bei seinem Kollegen unter dem Bett zu deponieren, klingelte das Telefon. Ich musste rangehen. Wenn der Anrufer auf den Anrufbeantworter sprach, würde Cenk alles mithören können. »Ja bitte«, sagte ich in den Hörer.

»Na, da haben wir doch endlich unseren Herrn gefunden«, sagte der Mann mit dem dunkelblauen Zweireiher, der gestern noch hier auf dem Sessel gesessen hatte. »Wo treiben Sie sich denn so herum, Remzi Bey?«

»Ich bin hier.«

Cenk stand neben der Tür zum Wohnzimmer und hörte zu. Wahrscheinlich wartete er, dass ich das Gespräch beendete, damit er gehen konnte.

»Erzähl keinen Scheiß, dass du da bist«, sagte der Mann am anderen Ende der Leitung. »Hast du die Nachrichten abgehört? Die letzte ist ein wenig zu hart geraten, aber du wirst uns das hoffentlich nicht übel nehmen.«

»Geht schon in Ordnung.«

»Und …?«, fragte er. »Wie sieht die Lage aus?«

»Schlecht.«

»Was soll das denn heißen, schlecht?«

»Es ist so, wie ich es euch gesagt habe«, erklärte ich. »Diese alte Geschichte ist nur eine Prahlerei von Kadir Güler gewesen. Genauer gesagt: Er hat den Mann nicht töten lassen, das war seine Frau. So wie sie alle Angelegenheiten ihres Mannes regelte, so hat sie auch das geregelt. Nun ist sie tot. Sie nützt euch gar nichts mehr.«

»Verdammt, was erzählst du da?«

»Und außerdem wurde die Frau von einem jungen Mann, der bei ihnen als Fahrer arbeitet, erdrosselt.«

Cenk Bozer starrte mich an. Sein Gesicht war blass.

Ich krümmte die Finger meiner rechten Hand zu einem Halbrund und strich mir über die Wange, machte ein Zeichen, als ob ich sehr sorgfältig rasiert wäre. Dabei blinzelte ich ihn an und verzog meinen Mund ein wenig. Der Typ am Telefon konnte ja meine Grimasse nicht sehen. Auf Cenk Bozers Gesicht zeigte sich ein überraschtes Lächeln. Ich nickte ihm vertrauensvoll zu.

»Verfluchte Scheiße«, sagte der Mann am anderen Ende der Leitung. »Was haben wir bloß für ein Pech …«

»So sieht das aus, glaub mir«, erwiderte ich, wobei ich Cenk die Zunge rausstreckte und ihn mehr als freundlich angrinste. Das Lächeln auf seinem Gesicht wurde breiter.

»Bist du sicher?«, fragte der Mann mit dem dunkelblauen Zweireiher. Oder was immer er gerade trug.

»Ich bin mir sicher.«

Er strengte sich gar nicht erst an, seine Wut zu unterdrücken. »Ich fick die Mutter von Kadir Güler und ich fick auch deine Mutter«, fluchte er und legte auf.

Ich wischte mir die imaginären Schweißtropfen von der Stirn und legte den Hörer auf. »Den haben wir aufs Glatteis geführt«, sagte ich.

»Das Herz blieb mir stehen, Remzi Abi, als ich gehört habe, was du gesagt hast«, sagte Cenk Bozer. »Der Typ wird mir doch nicht an den Kragen wollen, oder? Jeder, der …«

»Du nützt ihm nichts«, beruhigte ich ihn. »Der Typ war hinter Kadir

Güler her. Aber die Geschichte hat sich als Ente erwiesen. Der Betreffende hat das schon längst vergessen. Das ist auch gut so, glaub mir.«

»Verdammt noch mal! Ich hatte echt Schiss.«

»Ich auch«, antwortete ich. »Setz dich ruhig hin. Ich gehe ins Bad und wasche mich. Danach mache ich uns einen Kaffee.«

Cenk hatte sich sichtlich beruhigt. Er stellte sich ans Fenster. »Du hast ja eine tolle Aussicht von hier, Remzi Abi.«

»Die Fernbedienung für den Fernseher ist auf dem kleinen Hocker«, sagte ich ihm. »Schau dir etwas an, wenn du willst.«

Zuerst ging ich ins Schlafzimmer. Ich zog den Mantel aus und warf ihn auf das Bett. Dann zog ich den Umschlag aus der Innentasche, nahm eine saubere Unterhose aus einer Schublade, wickelte den Umschlag darin ein und versteckte ihn neben dem anderen am Fußende meines Bettes. Man bemerkte nichts. Dann vertrauen wir mal auf Gott, sagte ich mir. Die Maus, die ich bei SinanComp mitgenommen hatte, stopfte ich in die Hosentasche. Dann ging ich ins Badezimmer. Ich nahm Cenks Hose aus der Waschmaschine. Sie war mehr oder weniger sauber und fast trocken, aber vollkommen zerknittert. Wenn man im Haus eines ledigen Mannes auf seine Hose kotzt, kommt eben das dabei heraus, sagte ich mir. Mit der Hose in der Hand ging ich dann in die Küche.

Ich goss Wasser für zwei Tassen Kaffee in den Kocher, drückte auf den Knopf und ging dann auf den kleinen Küchenbalkon. Aus dem Eimer, in dem ich die Plastiktüten sammelte, suchte ich eine undurchsichtige heraus und steckte Cenks Hose hinein. Als wäre ich im Wettlauf mit dem fast kochenden Wasser, suchte ich zwei Tassen in der Küche. Ich tat in jede zwei Löffel löslichen Kaffee.

Dann öffnete ich den Schrank unter der Spüle. Dort stapelten sich die vollen Mülltüten. Ich versuchte, von außen ausfindig zu machen, welche Mülltüte ich brauchte. Ein unangenehmer Geruch drang mir in die Nase, der in einem sauberen Küchenschrank nichts zu suchen hat. Ich beugte mich hinunter und zog die Mülltüte hervor, die ich brauchte. Ich begann, den Knoten zu öffnen, und verfluchte mich, dass ich ihn so fest zugezogen hatte.

Aus dem Wohnzimmer war das neueste Lied von Sertab Erener zu hören. Ich war mir nicht sicher, ob dieses Mädchen eine gute Stimme hatte. Schließlich gelang es mir, die Mülltüte zu öffnen. Der Gestank wurde stärker. Ich steckte meine Hand in die Tüte.

Gott sei Dank befand sich das, was ich suchte, nicht ganz unten. Es war direkt unter dem Päckchen mit den Lahmacun, die ich nicht angerührt hatte.

Dann holte ich die Maus, die ich bei SinanComp mitgenommen hatte, aus meiner Hosentasche. Ja, in der kleinen durchsichtigen Tüte, in der die Maus verpackt war, befanden sich zwar keine Drogen, aber der Rest glich sich haargenau. Das Logo »CE« war an der gleichen Stelle aufgedruckt. Der mit Plastik umwickelte Draht, von dem ich angenommen hatte, dass er die Tüte mit den Drogen ordentlich verschließen sollte, wurde eigentlich dazu benutzt, das eingerollte Kabel der Maus in der Tüte zusammenzuhalten.

Erst nimmt man die Maus aus der Tüte. Dann löst man den mit Plastik umwickelten Draht, indem man die beiden verdrillten Enden auseinanderdreht, und schon hat man das losgelöste Kabel der Maus in voller Länge. Dann kann man damit machen, was man will.

Ich atmete tief aus, als ich aufstand. Die offene Mülltüte schob ich mit dem Fuß tief hinein in den Unterschrank. Soll sie nur stinken, mich störte es nun nicht mehr.

Die verpackte Maus legte ich auf den Küchentisch neben die beiden Einkaufstüten, die Cenk in die Küche gebracht hatte. Ich wischte mir die Finger, mit denen ich in der Mülltüte herumgewühlt hatte, mit einem Geschirrtuch ab und goss das Wasser, das schon längst aufgekocht war, in die beiden Tassen. Ich ging ins Wohnzimmer zurück. Wahrscheinlich trank Cenk Bozer seinen Kaffee mit Zucker, aber heute sollte er sich ausnahmsweise ohne begnügen.

Cenk hielt eine Pistole in der Hand. Er starrte mich an. Der schwarze, gefährliche Lauf der Pistole zeigte genau zwischen den beiden Kaffeetassen hindurch auf meinen Bauch.

»Ich habs nicht geschluckt, Remzi Abi«, sagte er. »Ich weiß nicht, welcher Idiot das gewesen ist am Telefon, der dir das so einfach abgenommen hat, aber ich habs nicht geschluckt.«

Bleib ruhig, Remzi Ünal, sagte ich mir.

»Alles klar, Cenk«, sagte ich. »Bleib ruhig. Es gibt gar keinen Grund, sich aufzuregen.«

Die Hand, die die Pistole hielt, zitterte nicht. »Ich bin ruhig, Remzi Abi«, erwiderte er. »Aber komm bloß nicht auf die Idee, eine deiner seltsamen Nummern abzuziehen.«

Ich wusste, dass bislang noch keine Aikidotechnik erfunden worden war, mit der man eine Kugel aufhalten kann, die blitzschnell zwischen zwei Kaffeetassen auf einen Bauch zufliegt. Und wenn es so eine Technik gäbe, so hatte sie mir bislang niemand beigebracht, aber das hatten wir schon mal. Ich stellte zuerst die beiden Kaffeetassen auf den Tisch.

»Keine Bewegung«, drohte er. »Ich drück wirklich ab, egal, was du machst.«

»Alles klar. Alles klar. Bleib ruhig.«

»Du wirst mich nicht Kadir Abi übergeben«, sagte er.

»Das hatte ich gar nicht vor«, antwortete ich.

»Und wegen welcher Scheiße wollte er mit Koray Abi hierherkommen?«

Das war eine gute Frage. Na los, gib ihm eine Antwort.

»Antworte!«, rief er, ohne die Pistole auch nur einen Millimeter zu bewegen. Als ich meinen Mund aufmachte, klingelte das Telefon.

Noch nie hatte ich mich so sehr über das Klingeln des Telefons in meiner Wohnung gefreut. Ich blickte Cenk nach dem Motto an: Du bist der Chef, was soll ich machen?

»Geh ran«, sagte er. »Wenn du Mist baust, drück ich ab.«

Bevor das Telefon ein drittes Mal klingeln konnte, nahm ich den Hörer ab. »Ja bitte?«

»Remzi Bey?«, fragte Koray Şimşek.

»Ich bins«, antwortete ich.

»Ich rufe an, um mich zu entschuldigen für das, was heute Morgen passiert ist.«

»Das ist nicht so wichtig.«

Cenk Bozer lauschte aufmerksam.

»Kadir hat mich benachrichtigt«, fuhr Koray Şimşek fort. »Er werde vielleicht heute Abend bei Ihnen vorbeischauen. Sie hätten auch mich eingeladen, sagte er.«

»Ja.«

»Sie wären mir doch nicht böse, wenn ich nicht käme, oder?«

»Wahrscheinlich nicht.«

»Ich denke, nachdem jetzt alles geklärt worden ist, ist es gar nicht mehr nötig, dass ich auch komme.«

Natürlich konnte ich ihm nicht sagen, dass noch nichts geklärt war. Aus den Augenwinkeln sah ich, dass Cenks Hand nicht im Geringsten zitterte.

»Alles klar«, sagte ich.

»War es das? Mehr nicht?«, fragte Koray Şimşek.

»Was soll noch sein?«

»Ich hatte eigentlich erwartet, dass unser letztes Gespräch anders verlaufen würde«, sagte Koray Şimşek. »Um ehrlich zu sein: Ich hatte sogar ein wenig Angst davor.«

»Da gibt es nichts zu befürchten«, antwortete ich.

»Sind Sie sicher?«

»Ja.«

»Anscheinend können Sie im Augenblick nicht sehr offen reden«, stellte Koray Şimşek am anderen Ende der Leitung fest.

»Das stimmt«, bestätigte ich. »Aber ich kann etwas fragen.«

»Fragen Sie.«

»Warst du diejenige, die mich neulich angerufen hat? Nach dieser ausgelassenen Feier?«

Ob Koray Şimşek verstand, vorauf ich hinauswollte?

»Ja«, antwortete er schließlich. »Ich hatte mir Sorgen gemacht, was passierte, nachdem ich gegangen war.«

»Damals ist nichts passiert«, sagte ich. »Du kannst also beruhigt sein.«

»Ich verstehe.«

»Also gut dann.« Ich legte auf.

Cenk Bozer starrte mich an. »Wer war das?«, fragte er.

»Eine alte Freundin.«

»Wahrscheinlich hat sie gedacht, dass du sie abwimmeln wolltest«, witzelte er. Aber auf seinem Gesicht war keine Spur von Lächeln zu sehen.

»Ich wollte sie sowieso abwimmeln«, sagte ich. »Darf ich einen Schluck von dem Kaffee nehmen?«

»Nein.«

Damit war das Heißen-Kaffee-ins-Gesicht-schütten-Projekt gescheitert. »Na gut. Es ist nicht so, dass ich noch nie einen Kaffee getrunken hätte«, entgegnete ich ihm. »Wenn du nicht willst, trinke ich also keinen. Was willst du jetzt machen?«

Cenk Bozer lächelte. Es war ein seltsames Lächeln. »Wahrscheinlich fahre ich nach Sivas.«

»Eine gute Idee«, sagte ich. »Dort gibt es bestimmt viele Menschen, die jemanden verstecken, der die Frau ermordet hat, die seinen Vater getötet hat.«

»Das stimmt.«

»Hast du das an jenem Abend begriffen?«

»Ja.«

»Wie kam das?«

»Sie hat es selbst gesagt.«

»Das glaube ich nicht.«

»Doch, aber nicht mir«, sagte Cenk Bozer. »Sie hat mit ihrem Mann am Telefon gesprochen. Es war ein heftiger Wortwechsel. Sie war laut und hörte gar nicht, dass ich schon in ihrem Büro war.«

»So eine Idiotin!«, entfuhr es mir.

Diesmal war ein echtes Lachen von ihm zu hören. »Sprich nicht schlecht über eine Frau, die von uns gegangen ist«, sagte er. Dann fügte er in einem Tonfall, mit dem man ein Gedicht aufsagt, das man besonders gerne mag, hinzu: *»Allahüm mağfir lihazihi meyyite.«*

»Was bedeutet das denn?«

»Das wird bei der Beerdigung gebetet«, antwortete er immer noch lachend. *»Mein Gott, vergib der Toten ihre Sünden.* Der Hoca hat das zwar falsch ausgesprochen, aber egal …«

»Hast du nicht geklingelt?«

»Ich hatte einen Schlüssel«, antwortete Cenk Bozer. »Sie hat nicht gehört, wie ich reingekommen bin. Sie war total wütend und hat lauthals in den Hörer geschrien. Ich habe aber nur zwei, drei Sätze gehört. Dann hat sie aufgelegt.«

»Was hast du gehört?«

»›Wenn du ein Mann gewesen wärest, hättest du Zübeyir erledigt‹, sagte sie. Und dann noch: ›Deine Frau vögelt mit dem Sohn des Mannes, den sie getötet hat, und du schaust nur zu.‹«

Ich entschloss mich, nicht weiter auf die Sache mit dem Vögeln einzugehen. »Zübeyir muss dein Vater gewesen sein.«

Er nickte. Bevor ich eine Frage stellen konnte, fuhr er fort. »Sie hat nicht gemerkt, dass ich das gehört hatte. Sie war sowieso mit ihrem Computer beschäftigt, während sie telefonierte. Ich wusste, dass sie verärgert über mich war.«

»Weil du ihr Geld zu spät gebracht hast«, sagte ich.

»Woher weißt du das?«

Wegen der Uhrzeit, die auf dem Beleg der Wechselstube stand, sagte ich zu mir selbst. Ich hatte mich zu dem Termin mit meiner Kundin verspätet. Und meine Kundin war verärgert, weil sie das Geld, das sie mir geben wollte, zu spät erhielt.

»Vergiss es«, sagte ich. Wenn er schon in Fahrt war, sollte er ruhig weitermachen. Deswegen schwieg ich. Anscheinend hatte er schon gestern das Bedürfnis gehabt, alles zu erzählen. Dieses Bedürfnis hatten die meisten. Besonders, wenn es um die letzten Dinge ging.

»Ich stand hinter ihr«, erzählte er. »Es war sehr leicht. Ihre Arme und Beine zuckten kaum. Wenn ich ihr Gesicht dabei gesehen hätte, hätte ich es nicht gekonnt.«

Jetzt wird er sich bestimmt mitten auf meinen Teppich übergeben. »Warum?«, fragte ich.

»Auch wenn man es tun muss, aber die Frau, mit der man im Bett war, zu …«, plötzlich hielt er inne. Er übergab sich aber nicht. Ich tat so, als hätte ich seinen letzten Satz nicht gehört.

»Warum erzähle ich dir das eigentlich alles?« Die Tonlage seiner Stimme hatte sich ein wenig verändert.

»Du weißt doch, dass ich nichts dagegen hab, wenn du dich umdrehst und durch diese Tür verschwindest?«, fragte ich ihn.

»Das weiß ich«, antwortete er. »Aber ich weiß auch, dass das keinen Sinn hat.«

»Mach das nicht, Cenk!«

»Entschuldige, Remzi Abi. Aber sobald ich hier verschwinde, würdest du sofort ans Telefon stürzen.«

»Aber Kadir weiß, dass du bei mir bist«, warf ich ein.

»Das macht nichts«, entgegnete er. »Die Polizei weiß ja nicht, dass du in diese Sache verwickelt bist. Und Kadir Abi würde von sich aus nicht zur Polizei gehen. Er würde vielleicht gar nicht erfahren, dass man deine Leiche gefunden hat. Niemand hat uns hier reingehen sehen. Und dieses Ding macht nicht viel Lärm. Wenn sie mich nach dir fragen, sage ich, dass du in Akarlar ausgestiegen und zu Fuß weitergegangen bist.«

»Du wirst mich also erschießen …«

»Das wird leider so kommen.«

Ohne den Blick von mir abzuwenden, griff er mit der freien Hand nach der Fernbedienung, die auf dem kleinen Hocker lag. Er drehte sich jedoch nicht zum Fernseher um, sonst hätte ich mein Glück versucht. Er richtete die Fernbedienung auf die Wand hinter mir. Die Stimme der Frau, die nur deswegen Sängerin geworden war, weil ihr Mann ein Programmmacher bei einem der Sender war, wurde lauter. Cenk Bozer fand es nicht ausreichend, er drückte wieder auf den Knopf, es wurde noch lauter. Das Wohnzimmer verwandelte sich in einen Festsaal, in dem eine Hochzeit stattfand. Ein Festsaal, in dem nicht auf die Qualität der Musik, sondern auf die Lautstärke Wert gelegt wurde.

Also werde ich wohl die letzte Leiche abgeben. Remzi Ünal … Der bei der Luftwaffe um Entlassung nachgesucht hat, der bei der Turkish Airlines rausgeflogen ist, der sich nicht einmal bei einer achtklassigen Chartergesellschaft halten konnte, von der kein anständiger *Frequent Flyer* je den Namen gehört hatte. Remzi Ünal, der ehemalige Flugkapitän, der Privatdetektiv, der aus dem Nichts aufgetaucht ist, wird in seinem letzten Abenteuer die letzte Leiche abgeben …

Cenk Bozers Gesicht war vollkommen ausdruckslos.

Ich durfte nicht verspannt sein. Gerade jetzt hätte ich mit meinem ganzen Körper, mit all meinen Muskeln, Sehnen und meinem Geist locker sein müssen, aber ich war völlig verspannt. Aber wenn einem eine Pistole auf den Bauch gerichtet wird, kann man wohl nicht anders reagieren, als verspannt zu sein.

Cenks Hand zitterte nicht.

Ohne irgendeine Hoffnung versuchte ich, mich zu entspannen und locker zu werden. Tausend Gedanken schossen mir durch den Kopf. Ich könnte das machen oder aber jenes … Wenn ich das mache, dann wird er soundso reagieren … Ich konnte keinen Ausweg finden.

Die Entfernung zwischen dem Revolver unter dem Zeitungsstapel und mir war viel zu groß. Man müsste erst mal dorthin gelangen und dann müsste man sie mit dem ersten Griff erwischen … Keine Chance … Ich wusste nicht einmal, ob sie überhaupt geladen war.

Remzi Ünal, sagte ich mir, du wirst einen Ausweg finden. Finde einen Ausweg, sagte ich mir. Vielleicht gab es einen Ausweg. Vielleicht auch nicht.

Als das Telefon noch einmal klingelte, atmete ich erleichtert auf.

Er gab mir mit dem Kopf ein Zeichen, ranzugehen. Wieder nahm ich den Hörer ab. »Ja bitte?«

»Remzi Abi?« Sinan Bozacioğlu war am anderen Ende.

»Was gibts?«

»Du warst hoffentlich nicht böse auf mich, weil ich abgehauen bin?«

»Nein.«

»Als ich aus dem Fenster die Männer sah, bekam ich es mit der Angst zu tun«, sagte er. »Ich dachte, dass sie zurückkommen.«

»Ich verstehe.«

»Selma hat mir von eurem Gespräch berichtet.«

»Das Mädchen liebt dich wirklich.«

»Woran hast du das gemerkt, Remzi Abi?« In seiner Stimme schwang ein stolzes Lächeln mit.

»Um den Fehler, den du begangen hast, auszubügeln, hat sie die Schuld auf sich genommen.«

»Was meinst du damit, Remzi Abi?«

»Du hattest ein Rendezvous mit den beiden Typen in der Karamsar-Bar, mit denen wir spontan den Paartanz veranstaltet haben. Du hattest mit ihrem Chef gesprochen und das Treffen selbst arrangiert.«

Vom anderen Ende der Leitung kam keine Antwort. Das war okay so.

»Aber dann hast du das Rendezvous bereut. Das Pärchen war wohl zu feurig für deinen Geschmack.«

»Als du in die Bar gekommen bist und mir erzählt hast, dass Muazzez Abla ermordet worden ist, hab ich Angst bekommen«, erklärte Sinan Bozacioğlu. »Weil ich in so eine üble Sache hineingeraten bin.«

»Gleichzeitig machte dir Kadir Güler Feuer unterm Hintern, weil Ağababa wie ein Täubchen gegurrt oder besser gesungen hatte. Ağababa hat ihm von deinem Beweismaterial erzählt und davon, dass du schon einen interessierten Abnehmer gefunden hattest, wohl in der Hoffnung, dafür Bares zu sehen. Und Kadir versuchte über mich, dich aufzuspüren. Dann hast du noch mal Schiss gekriegt und Selma losgeschickt. Wie auch immer. Es ist vorbei. Und alles, was zu einem guten Ende findet, ist okay.«

Für eine Weile herrschte Schweigen. »Remzi Abi«, sagte Sinan dann.

»Was gibts?«

»Du bist schon ein seltsamer Mann. Ich habe das schon vorher bemerkt, aber heute Abend redest du wirklich sehr merkwürdig. Ist irgendwas nicht in Ordnung?«

»Mach dir keine Gedanken darüber.«

»Wir brauchen nicht mehr bei dir vorbeizuschauen, nicht wahr, Remzi Abi?«, fragte er. Er schien erleichtert zu sein. »Es ist zwar so viel Lärm zu hören, als ob bei dir eine Party im Gange wäre, aber …«

»Jetzt … ist es … viel zu spät …«, summte ich die Melodie, an die sich wohl niemand mehr erinnern konnte.

»Ist mit dir wirklich alles in Ordnung, Remzi Abi?«, fragte er.

Cenk Bozer machte Bewegungen mit seiner Pistole und gab mir zu verstehen, dass ich das Gespräch beenden solle.

»Ich muss jetzt Schluss machen.«

»Viel Spaß noch, Remzi Abi«, sagte Sinan Bozacioğlu.

Ich legte den Hörer auf. Da hast du wieder eine Gelegenheit verpasst, seufzte ich innerlich. »Mann, hast du lange geredet«, schimpfte Cenk. »Wer war das denn?«

»Ich habe ein Mädchen und einen Jungen wieder zueinander geführt.«

»Das war dann wohl deine letzte gute Tat«, sagte er.

Nein. Ich konnte keinen Ausweg finden. Ich gab ihm keine Antwort.

Er hob den Lauf der Pistole unmerklich an. Ich konnte nicht erkennen, ob sich sein Finger am Abzug spannte, aber ich konnte es fühlen.

Die letzte Leiche, sagte ich zu mir. Die letzte Leiche. Ich atmete tief ein. Als ob ich den Flug der Kugel mit meinem Körper abstoppen könnte, wenn ich mein *hara* mit Luft füllte.

Cenk Bozer kniff die Augen zusammen, aber bevor er abdrücken konnte, klingelte erneut das Telefon. Ich nahm ab, bevor er es mir erlauben konnte. Er schoss nicht.

»Ja bitte?«

»Mein Gott, endlich treffe ich dich mal zu Hause an«, sagte die Stimme der Frau, die schon so oft eine Nachricht auf meinem Anrufbeantworter hinterlassen hatte, ohne ihren Namen zu nennen.

»Sie wollen dich sprechen«, sagte ich, während ich Cenk den Hörer reichte.

Ich hatte keine andere Wahl, als diese kurze Sekunde der Überraschung auszunutzen, die sich auf seinem Gesicht abzeichnete. Mit meiner ganzen Energie, mit meinem ganzen Körper, mit meinem ganzen Leben sprang ich ihn an. Er drückte ab, bevor ich ihn erreichen konnte. Er drückte ab, aber ich konnte den Knall gar nicht hören. Es gab nichts mehr zu hören. Ich spürte nur den Schmerz.

20

Ich starb nicht.

Nein, ich starb nicht.

An den Knall der Pistole konnte ich mich erst viel später erinnern. Und auch daran, wie wir miteinander kämpften. Cenk Bozer war jung. Vielleicht hatte ihm seine Tat Angst gemacht. Vielleicht war er aufgeregt. Wie auch immer, er wehrte sich nicht groß. Ich kann mich nicht sehr gut erinnern. Auf jeden Fall brachte ich mit letzter Kraft noch einiges zustande. Die dünnen Wände im Haus trugen die Geräusche unseres Kampfes nach außen. Auch der Hausverwalter, mein Freund, der pensionierte Militär, hörte den Lärm und kam mit zwei, drei anderen Nachbarn an meine Wohnungstür, wie er mir später erzählte. Als sie die Tür öffneten, taumelte ich ihnen entgegen und brach vor ihren Füßen zusammen, mit der Pistole in der Hand. Blutüberströmt. Sie hätten mich gerade noch rechtzeitig ins Krankenhaus gebracht, erzählte er mir später. Und an die Polizisten kann ich mich auch noch erinnern. Sie verhielten sich mir gegenüber anständig. Als die Nachricht am nächsten Tag in den Zeitungen stand, muss Kadir Güler der Polizei etwas geflüstert haben. Cenk Bozer hatte sich noch am selben Abend abgesetzt. Niemand hatte in meiner Wohnung nachgeforscht, weil alles so klar und deutlich auf der Hand lag. Aber ich musste umziehen. Nach dem Spektakel an jenem Abend blieb mir nichts anderes übrig. Gülendam Şenalp und Yildiz Turanli schwirrten im Krankenhaus um mich herum. Nach dem, was mir der Anwalt erzählt, den mein Freund aus der Werbebranche beauftragt hat, werde ich ohne große Scherereien aus der Sache rauskommen.

Es geht mir also gut.

Celil Oker

Celil Oker, geboren 1952 in Kayseri, besuchte die Amerikanische Mittelschule in Talas bei Kayseri, dann das Amerikanische Gymnasium in Tarsus. Von 1971 bis 1979 studierte er Englische Sprache und Literatur an der Bosporus-Universität in Istanbul. Bis 1983 verschiedene Tätigkeiten als Journalist, Übersetzer und Verfasser mehrerer Artikel der Enzyklopädie *Berühmte Persönlichkeiten in der Türkei und in der Welt.* Ab 1984 auch als Werbetexter tätig. Nach Mitarbeit in den Werbeagenturen Markom und Merkez Ajans gründete er 1987 mit Kollegen die Agentur Reklamcilik. Daneben war er weiterhin als Textautor für verschiedene Werbezeitschriften tätig. An der Fakultät für Kommunikation der privaten Hochschule Istanbul Bilgi Üniversitesi unterrichtet er das Fach Werbetexten.

Anfang 1980 erschienen in der Zeitschrift »Yarin« einige seiner Kurzgeschichten. Er hat diese Linie der E-Literatur dann allerdings nicht weiterverfolgt. Mit seinem ersten, im April 1999 bei Oğlak Yayinlari erschienenen Kriminalroman gewann er den ersten Preis des neu gegründeten Kriminalroman-Wettbewerbs »Kaktus«. Celil Oker ist verheiratet und Vater zweier Söhne.

Bibliografie

Çiplak Ceset (1999, dt. *Schnee am Bosporus,* 2000); *Kramponlu Ceset* (1999, dt. *Foul am Bosporus,* 2001); *Bin Lotluk Ceset* (2000); *Rol Çalan Ceset* (2001; dt. *Letzter Akt am Bosporus,* 2004); *Son Ceset* (2004; dt. *Dunkle Geschäfte am Bosporus,* 2008); *Bir Sapka, Bir Tabanca* (2005).

»Der Detektivroman ist eine Tragödie mit Happy End«

Celil Oker im Interview mit Thomas Wörtche

Thomas Wörtche: Herr Oker, Sie haben den zeitgenössischen türkischen Privatdetektivroman sozusagen erfunden. Das ist gerade mal sechs Jahre her. Inzwischen kommen eine Menge Kriminalromane aus der Türkei. Sind Sie stolz, diese Welle ausgelöst zu haben?

Celil Oker: Mir ist bewusst, dass ich das Kind einer starken kriminalliterarischen Tradition in der Türkei bin. Dabei handelt es sich natürlich hauptsächlich um Übersetzungen, aber seit rund hundert Jahren verfolgen die türkischen Leser das Genre anhand französischer, englischer und amerikanischer Autoren, und ein paar unserer türkischen Schriftsteller haben sich auch daran versucht. Wir haben sogar das Copyright von Mr. Spillane schwerstens verletzt und ungefähr dreihundert Mike-Hammer-Romane aus einheimischer Produktion auf den Markt gebracht. Ja, dreihundert. In den Fünfzigerjahren gab es einige Verlage, die ausschließlich Krimis gemacht haben. Und der Schriftsteller Ümit Deniz erfand in den Sechzigerjahren einen Journalisten als Ermittler und schrieb eine ganze Serie, die perfekt in dieses Format passte. Inzwischen benutzen auch einige moderne Schriftsteller eine gewisse kriminalliterarische Anmutung in ihren Büchern. Aber ein Privatdetektiv war nicht darunter, was natürlich verständlich ist. In gewisser Hinsicht habe ich tatsächlich der Kriminalliteratur in meinem Land einen neuen Schub gegeben. Stolz darauf? Ja, sehr sogar. So stolz wie ein Torhüter, der in der letzten Minute einen Unhaltbaren gehalten hat.

Warum aber kam die türkische Kriminalliteratur erst so spät zur Blüte? Istanbul ist ja seit Jahrzehnten und Jahrhunderten eine Metropole, nicht erst seit gestern …

Die türkische Gesellschaft, die Wirtschaft, der Alltag, die populäre Kultur und die zwischenmenschlichen Beziehungen haben sich seit Beginn der Regierung Özal drastisch verändert. Vielleicht haben wir endlich den Traum unserer rechten Politiker aus den Fünfzigern realisiert: ein kleines Amerika zu sein. Das hat natürlich auch das Verbrechen entscheidend verändert. Jahrzehntelang hatten wir den Typus Mörder, der öffentlich zu seiner Tat gestanden hat, die er aus diesen oder jenen Gründen begangen hat. Bekennende Mörderin oder bekennender Mörder war man hauptsächlich aus zwei Gründen: um soziale Akzeptanz zu bekommen, weil man aus Gründen der Ehre getötet hat, und um von erheblichen Strafminderungen dafür zu profitieren. In den letzten Strafrechtsreformen fallen diese Strafminderungsgründe weg. Also ist es heutzutage nur logisch, das zu verbergen, was man getan hat. Dazu kommt, dass die Akkumulation von Reichtum in gewissen Händen zu mancherlei legaler und illegaler Art der Umverteilung führt; so kam das sogenannte Mafia-Phänomen in unseren Alltag, besonders in den großen Städten. Das hört sich für das Land natürlich furchtbar an, ist aber ein Paradies für einen Kriminalschriftsteller. Was immer man sich ausdenkt, den Lesern kommt es plausibel vor.

Die Figur des Privatdetektivs funktioniert aber schon sehr gut in Istanbul, obwohl sie keine echte Tradition hat.

Ohne lebensweltliche Tradition und vor allem ohne rechtliche Grundlage. Aber das Detail aus den Remzi-Ünal-Romanen, ich meine die Zeitungsanzeigen von Privatdetekteien, das stimmt schon. Es gibt eine ganze Menge Leute, die sich Privatdetektiv nennen. Es gibt ein Gesetz hinsichtlich privater Sicherheitskräfte. Banken, Firmen, Prominente haben ihre eigenen Sicherheitsdienste. Aber dass die literarische Figur Privatdetektiv in einer Gesellschaft ohne solche Privatdetektive so gut funktioniert, liegt möglicherweise an der oben erwähnten literarischen Tradition. Und natürlich könnte es sein, dass die Literatur der Wirklichkeit vorgreift. Ich persönlich würde nicht mal im Traum daran denken, einen Kriminalroman ohne Privatdetektiv zu schreiben.

Für Sie persönlich, wie sieht der perfekte Kriminalroman – neben Ihren eigenen, natürlich – aus?

Danke für das Kompliment, das ich gar nicht verdiene. Ich weiß nicht, wie man den perfekten Kriminalroman definieren sollte. Ich könnte natürlich Beispiele nennen, aber das machen wir jetzt lieber nicht, weil das gefährlich ist. Wenn zwei Aficionados damit anfangen, kann das Stunden und Tage dauern ... Auf jeden Fall versuche ich die Bücher zu schreiben, die ich gerne lesen würde.

Derek Raymond hat einmal gesagt: »Der Detektiv ist der Dosenöffner der Gesellschaft. Aber wenn die Dose offen ist, dann zeigt sich, dass sie voller verfaulter stinkender Fische ist.« Können Sie dem zustimmen?

Ganz und gar. Ich glaube, wir laden die ganze Last des Lebens in einer Welt, in der fast alles Lüge ist, auf dem armen Detektiv ab und sagen: Übernimm du!, während wir auf der Couch sitzen. Es ist eine geringe Erleichterung, für die er bezahlt wird. Manchmal.

Wo liegt eigentlich der Unterschied zwischen Istanbul und anderen großen Städten?
Ich war schon in einigen großen Städte, aber nie lange genug, um alle Subtexte dort zu lesen. Aber ich glaube, Istanbul ist nicht gänzlich anders als die anderen. Der größte Unterschied ist vielleicht, dass Istanbul eine Stadt mit sehr vielen Schichten ist. Vermutlich ist das bei jeder Metropole so, aber Istanbul hat seine eigenen spezifischen Lagen von Geschichte, europäisch-asiatischen Demarkationslinien, ethnischen Mischungen und künstlerischem Erbe.

Mögen Sie Ihre Stadt? Lieben Sie sie gar?
Ich bin mit einundzwanzig Jahren nach Istanbul gekommen. Seitdem lebe ich hier. Die Beziehung zu meiner Stadt dauert länger als meine Ehe. Und wie ich irgendwo bei einer Lesung in Deutschland mal gesagt habe: Ich habe das Gefühl, dass die Hälfte jedes meiner Bücher von der Stadt geschrieben worden ist. Wie also kann man seinen Koautor nicht lieben?

Fühlen Sie europäisch?
Sehr sogar. Die Kriterien von Kopenhagen haben mein persönliches Leben seit Jahrzehnten sehr effektiv beeinflusst. Wie Sie wissen, hat man seit Jahrhunderten Istanbul in die europäische und die anatolische Seite geteilt. Das bedeutet auch unseren Willen, Teil von beidem zu sein. Auch da, wo die Teile aufeinander prallen. Ich wurde mit einer ganz natürlichen europäischen Perspektive geboren und erzogen, ich habe nach dieser Perspektive gearbeitet, geschrieben, gelebt. Trotzdem leugne ich nicht, ziemlich oft die anatolische Seite meiner Seele zu besuchen.

Mögen Sie Remzi Ünal?
Ich sehe ihn als einen Freund, den man ein-, zweimal im Jahr auf einen Kaffee mit Blick über den Bosporus trifft. Er erzählt nicht allzu viel über seine Abenteuer, und so muss ich seine dahingemurmelten Bruchstücke zusammensetzen und mir die Leute erträumen, mit denen er geredet hat, die er mit Fragen gelöchert hat oder mit denen er in eine Schlägerei geraten ist. Zu sich nach Hause lädt er mich nicht ein, und ich

mache mich nicht über sein größtes Dilemma lustig. Seinen Widerwillen, das Leben anderer Leute zu verändern, obwohl es jedes Mal genau so kommt.

Er ist ein Einzelgänger – Sie sind ein verheirateter Mann mit Frau, Kindern und Familienleben. Mag Ihre Frau Remzi?

Ich frag sie mal. Aha – sie findet ihn sehr attraktiv. Sie kreidet ihm an, dass er so unsozial ist. Er hat noch nicht mal eine Katze, sagt sie. Außerdem findet sie, dass er manchmal ziemlich langweilig ist. Er ist sportlicher, charismatischer und stattlicher als mancher Mann, den sie kennt, aber nicht so liebevoll und zärtlich. Sie hat auch noch nicht ganz raus, ob er ein komplexer Typ ist oder ein Typ voller Komplexe. Ich habe nur genau übersetzt, was sie gesagt hat …

Was ist eigentlich Ihr ganz persönliches Ding mit Privatdetektivromanen? Realistische Romane über Istanbul oder Unterhaltung? Oder gibts da keinen Widerspruch?

Zuallererst unterhalte ich mich dabei. Klar, der Akt des Schreibens ist nicht immer das reine Vergnügen, aber ohne heimliches Grinsen, während ich in die Tasten haue, wäre das nichts. Dann glaube ich ganz fest daran, dass Privatdetektivgeschichten zur populären Kultur gehören, und ich weiß, dass jedes Werk der populären Kultur etwas über seine Zeit, über seine Gesellschaft sagt, in der es steht. Was mein Werk dazu sagt, das steht mir nicht zu, zu formulieren. Ich hoffe, es hat was zu sagen, was Bedeutsames oder auch nicht. Aber das Gefühl, dass die Leute gerne lesen, was ich schreibe, das hält mich immer auf Trab.

Chandler und mehr noch Hammett hatten ja eine offen sozialkritische Einstellung zur Kriminalliteratur. Remzis Fälle sind eher menschliche Tragödien, die in jedem Umfeld passieren können.

Wenn wir gerade von Chandler und menschlichen Tragödien reden – es gibt ein Zitat von ihm, das genau beschreibt, was ich seit Jahren versuche: »Der Detektivroman ist eine Tragödie mit Happy End.« Ich will gar nicht über diese Definition hinaus. Ich überlasse es den Schriftstellern, die Literatur mit einem großen L machen, sich um Tragödien zu kümmern. Die machen das toll. Also, lasst mich meinen Spaß mit dem Ende aller meiner Bücher haben, die genau so happy ausgehen, wie Chandler das gemeint hat. Und ich weiß, dass ernsthafte Leser von Detektivromanen das genauso sehen und erwarten …

Hatten Sie schon einen Gesamtplan, als Sie mit der Serie angefangen haben?
Bevor ich auch nur einen Satz hingeschrieben habe, habe ich lange überlegt, was die Grundlagen für einen türkischen Detektivroman sein könnten. Der Held, seine Vergangenheit, der rechtliche Status und alle Probleme, die sich da anschließen. Wie ich gerade gesagt habe, nicht mal im Traum könnte ich mir vorstellen, einen Kriminalroman ohne Privatdetektiv zu schreiben. Nachdem dieses Hauptproblem gelöst war, ergab sich daraus alles andere: Wie geht der Held mit Mord um und so weiter. Was ich damals noch nicht kannte, war die Rolle von Ärzten und Piloten in bestsellernden Deppen-Büchern. Für mich war die besondere Position eines Piloten von Turkish Airlines, ich meine sein militärischer Hintergrund, nachgerade perfekt. Um die Wahrheit zu sagen: Lange bevor ich den »Kaktus-Preis« für das erste Buch *Schnee am Bosporus* gewonnen habe, habe ich alles aus imaginären Interviews heraus entwickelt. Mögliche Mängel und Einwände gegen Kritik waren schon in diesen imaginären Interviews enthalten. Jetzt kommt ein Geständnis: Vor dreißig und noch was Jahren, als ich noch sehr, sehr jung und literarisch sehr ambitioniert war, habe ich Stunden damit verbracht, meine Dankesrede für den Nobelpreis zu konzipieren. Das ist eine gute Technik, um sich über viele Dinge klar zu werden.

Und was kam dann – die Plots oder die anderen Figuren?
Von der eben besprochenen Basis aus gehts los: Manchmal hab ich den Eindruck, dass mein Held hart arbeitet, bis er den Mörder gefunden hat. Er tut, was er kann, als Privatdetektiv, geht Spuren nach, redet mit Leuten, denkt, muss kämpfen, schwitzen und so weiter! Und wenn er am Ende den Mörder hat, ist er genau da, wo die türkische Polizei auch ist, einfach indem sie einem der Verdächtigen ein paar Minuten lang die Fresse poliert. Die anderen Figuren, das Milieu, das alles basiert auf meinen Erfahrungen als Werbemensch. Und werden es auch weiter tun.

Remzi Ünal versucht immer, der Polizei aus dem Weg zu gehen. Ist das tatsächlich Remzi, oder sind das Sie?
Das hat mir der Situation zu tun, die ich gerade beschrieben habe. Die türkische Polizei hat seit Langem die Reputation, ihre Fälle zu lösen, indem sie nicht den Spuren zu einem Verdächtigen folgt, sondern den Verdächtigen erst mal dazu bringt, zu gestehen, und dann dazu, die passenden Spuren zu sammeln. Allerdings scheint sich das seit Kurzem zu ändern. Aber dennoch: Jeder Versuch – egal ob als Roman, Film oder Fernsehserie –, einen Helden, der der türkischen Polizei nahesteht, konträr zu

dieser Wirklichkeit handeln zu lassen, kommt mir immer sehr unwahrscheinlich vor. Nicht nur Remzi Ünal, sondern mein ganzes Konzept versucht, der Polizei aus dem Weg zu gehen. Und unter uns: Ich weiß nicht genug darüber, wie die Polizei arbeitet, spricht, scherzt, flucht, um daraus eine ganze Welt zu bauen. Und sowieso will das kein normaler Mensch wissen.

Der Übersetzer

Nevfel Cumart, geboren 1964, studierte Turkologie, Arabistik und Islamwissenschaft und lebt seit 1993 als freiberuflicher Schriftsteller, Übersetzer und Journalist in Stegaurach bei Bamberg. Neben vierzehn Gedichtbänden in Deutsch, Englisch und Türkisch veröffentlichte er eine Sammlung mit Erzählungen. Er übersetzte aus den Werken türkischer Autoren, darunter auch Yaşar Kemal, Fazil Hüsnü Dağlarca und Yaşar Nuri Öztürk. Für sein literarisches Werk erhielt er verschiedene Preise und Stipendien.

metro – Spannungsliteratur im Unionsverlag

»Die *metro*-Bände gehören auf jeden Fall zum Besten, was derzeit an sogenannter Spannungsliteratur zu haben ist.« *Michaela Grom, Südwestrundfunk*

Bernardo Atxaga
Ein Mann allein

Lena Blaudez
Spiegelreflex; Farbfilter

Patrick Boman
Peabody geht fischen; Peabody geht in die Knie

Hannelore Cayre
Der Lumpenadvokat

Driss Chraïbi
Inspektor Ali im Trinity College

Liza Cody
Gimme more

José Luis Correa
Drei Wochen im November; Tod im April

Pablo De Santis
Die Übersetzung; Die Fakultät; Voltaires Kalligraph; Die sechste Laterne

Garry Disher
Drachenmann; Hinter den Inseln; Flugrausch; Schnappschuss

Rubem Fonseca
Bufo & Spallanzani; Grenzenlose Gefühle, unvollendete Gedanken; Mord im August

Jorge Franco
Die Scherenfrau; Paraíso Travel

Jef Geeraerts
Der Generalstaatsanwalt; Coltmorde

Friedrich Glauser
Die Wachtmeister-Studer-Romane: *Schlumpf Erwin Mord; Matto regiert; Der Chinese; Die Fieberkurve; Die Speiche; Der Tee der drei alten Damen*

Joe Gores
Hammett

Jean-Claude Izzo
Die Marseille-Trilogie: *Total Cheops; Chourmo; Solea*

Stan Jones
Weißer Himmel, schwarzes Eis; Gefrorene Sonne; Schamanenpass

H. R. F. Keating
Inspector Ghote zerbricht ein Ei; Inspector Ghote geht nach Bollywood; Inspector Ghote hört auf sein Herz; Inspector Ghote reist 1. Klasse

Yasmina Khadra
Morituri; Doppelweiß; Herbst der Chimären

Thomas King
DreadfulWater kreuzt auf

Bill Moody
Solo Hand; Moulin Rouge, Las Vegas; Auf der Suche nach Chet Baker; Bird lives!

Christopher G. Moore
Haus der Geister; Nana Plaza; Stunde null in Phnom Penh

Bruno Morchio
Kalter Wind in Genua

Peter O'Donnell
Modesty Blaise – Die Klaue des Drachen; Die Goldfalle; Operation Säbelzahn; Der Xanadu-Talisman; Ein Hauch von Tod

Celil Oker
Schnee am Bosporus; Foul am Bosporus; Letzter Akt am Bosporus; Dunkle Geschäfte am Bosporus

Leonardo Padura
Adiós Hemingway;
Das Havanna-Quartett: *Ein perfektes Leben; Handel der Gefühle; Labyrinth der Masken; Das Meer der Illusionen*

Pepetela
Jaime Bunda, Geheimagent

Claudia Piñeiro
Ganz die Deine

Roger L. Simon
Die Baumkrieger

Susan Slater
Die Geister von Tewa Pueblo

Clemens Stadlbauer
Quotenkiller

Paco Taibo II
Vier Hände

Masako Togawa
Schwestern der Nacht; Trübe Wasser in Tokio; Der Hauptschlüssel

Tran-Nhut
Das schwarze Pulver von Meister Hou

Gabriel Trujillo Muñoz
Tijuana Blues; Erinnerung an die Toten

Nury Vittachi
Der Fengshui-Detektiv; Der Fengshui-Detektiv und der Geistheiler; Der Fengshui-Detektiv und der Computertiger; Shanghai Dinner

Manfred Wieninger
Der Engel der letzten Stunde; Kalte Monde